CIENCIA

DE DATOS

William Vance

Tabla de contenidos

CIENCIA DE DATOS
Guía completa para principiantes para
aprender los reinos de la ciencia de datos

CIENCIA DE DATOS
Consejos y trucos para aprender teorías
de ciencia de datos de manera efectiva

CIENCIA DE DATOS
Métodos y estrategias avanzados para aprender ciencia de datos para empresas

CIENCIA

DE DATOS

Guía completa para principiantes para
aprender los reinos de la ciencia de datos

William Vance

Introduccion

Los datos son un conjunto de información que refleja los valores cualitativa o cuantitativamente. Puede ser estructurado (correctamente categorizado) o no estructurado. La ciencia de datos se ocupa de todo tipo de datos. Es un campo multidisciplinar que se centra en la interpretación y orientación de datos utilizando un enfoque científico. Utiliza varios procesos científicos, algoritmos y sistemas. Es posible que se haya encontrado con términos como "big data" y "data mining". Estos tienen un concepto similar a la ciencia de datos. Mientras que la minería de datos se ocupa más del proceso, la ciencia de datos se ocupa del análisis de la estructura y la función de los datos. La ciencia de datos implica el uso de hardware potente, buenos sistemas de programación y algoritmos eficientes. Esta guía le proporciona información sobre el campo de la ciencia de datos de una manera simplificada y fácil de entender.

La ciencia nunca se puede aprender aislando y segregando temas. ¡Newton no podría haber expuesto las teorías relacionadas con la Física sin conocer las matemáticas! Del mismo modo, la ciencia de datos se desarrolla utilizando varios brazos de la ciencia, que incluyen matemáticas, estadísticas, ciencias de la computación y ciencias de la información. La ciencia de datos es una unión de los conceptos, técnicas y teorías extraídas de estos diferentes campos para entender el significado de los datos. El rápido avance de la tecnología ha tenido un inmenso impacto en la ciencia. Jim Gray fue un científico informático que recibió el premio Turing por sus contribuciones a la ciencia de datos. Consideró/creía que la ciencia de datos es el cuarto paradigma de la ciencia, siendo los tres primeros empíricos, teóricos y computacionales. En 2015, la Asociación Americana de Estadísticas identificó la gestión de bases de datos, las estadísticas y el aprendizaje automático, y los sistemas distribuidos y paralelos como las tres comunidades profesionales fundacionales emergentes.

Alrededor del año 2008, las empresas de todo el mundo se dieron cuenta de que se han hecho necesarios profesionales especializados en el manejo, organización y análisis de conjuntos de datos considerablemente grandes. Fue entonces cuando se acuñó el término "científico de datos". El economista jefe de Google, Hal Varian, reconoció la importancia de adaptarse a la próxima tecnología y sugirió reconfigurar los sistemas existentes en diferentes industrias.

Un excelente científico de datos puede:

- Identificar un problema relevante que debe resolverse;
- Recopilar información de varias fuentes
- Organizar la información sistemáticamente
- Analizar e interpretar los datos
- Generar resultados que respondan a las preguntas de manera eficiente
- Comparta el resultado de una manera que impulse el negocio

Estas habilidades se han considerado obligatorias y beneficiosas para casi todas las industrias. Esto ha llevado a un mayor reclutamiento de buenos científicos de datos. En la última década, ha habido un aumento en la cantidad de datos generados y retenidos por las empresas, así como los individuos (¡como tú y yo!). ¿Qué hacer con cantidades tan masivas de datos? ¿Quién lo procesaría y manejaría? ¿Quién vería qué reflejan las estadísticas? Alguien debe dar sentido a las montones de números y sets que tenemos, ¿verdad? Eso es lo que cuidan los científicos de datos. Convertirse en un científico de datos es buscado en los últimos años, tanto que ha sido titulado como "el trabajo más sexy del siglo XXI" por la Universidad de Harvard. Los científicos de datos tienen tanta demanda que McKinsey predice que habrá una brecha del 50 por ciento en la oferta de científicos de datos y su demanda.

¿No desea sin embargo, la tecnología que ve en las películas de ciencia ficción de Hollywood en la vida real? Bueno, esto realmente puede suceder por los avances en la ciencia de datos! La ciencia de datos es el futuro de la Inteligencia Artificial. Por lo tanto, es muy importante comprender qué es la ciencia de datos y cómo puede agregar valor a su negocio.

Ahora, vamos a profundizar en lo que es la ciencia de datos, su estructura, y el funcionamiento!

Capítulo 1

Ciencia de datos y el científico de datos

Los datos son algo que no tiene ningún valor si no se procesan correctamente. El objetivo de la ciencia de datos es descubrir el significado de los datos. Se hace mediante la combinación de varias herramientas, algoritmos y principios de aprendizaje automático. La década actual había sido testigo de un rápido aumento en todas las cosas relacionadas con las computadoras e Internet. Aproximadamente 2,5 quintillones de bytes de datos se generan todos los días, que proviene de varias fuentes posibles como:

- Sensores utilizados en centros comerciales, oficinas, etc.

- Medios digitales en nuestros smartphones

- Transacciones de comercio electrónico

- Publicaciones en redes sociales

La ciencia de datos se ocupa de conjuntos de datos pequeños en conjuntos de datos realmente enormes (dando lugar a "big data"). Por lo tanto, los enfoques tradicionales y los nuevos para analizar estos datos difieren ligeramente. Los datos generados en estos días se dividen en tres categorías: estructurada, semiestructurada y no estructurada. Según las últimas tendencias, se puede predecir que, a finales de 2020, más del 80% de los datos actuales podrían estar sin estructurar. ¿Cómo podríamos predecir esto? ¡La ciencia de datos es la respuesta!

Echa un vistazo a la imagen de abajo. Representa todos los dominios donde la ciencia de datos está marcando y impactándola. Incluye:

- Viajes

- Marketing

- Cuidado de la salud

- Medios sociales

- Ventas y crédito

- Seguros

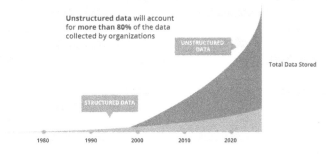

Considere los datos como el motor de ciencia de combustible y datos del automóvil de estas industrias. Así que el coche funciona debido al motor, que a su vez depende de los datos. Todos estos dominios funcionan de forma similar.

Veamos primero dónde se encuentra con la ciencia de datos en su vida diaria:

- ¿Qué tan fácil es conseguir un viaje de Uber? Bastante simple, ¿verdad? Todo lo que necesita hacer es abrir la aplicación, establecer su ubicación de recogida y entrega, y reservar un taxi. Luego convenientemente te recogen y luego pagas con tu teléfono o dinero en efectivo. Además, al reservar el taxi, incluso obtiene una una estimación de cuándo llegará a su destino, cuánto le costará, quién conduce el taxi, etc. ¿Alguna vez se ha preguntado cómo es posible que estas aplicaciones le muestren toda esta información? La respuesta, de nuevo, es la ciencia de datos!

- La evolución de las técnicas y los avances científicos pueden dar predicciones significativas sobre el clima. La fuente de esta información son satélites, barcos, radares, etc. Estos también emplean el uso de la ciencia de datos. Usando esto, muchas veces, se puede predecir la posibilidad de una calamidad natural. Esto ayuda a salvar muchas vidas.

- ¿Alguna vez te has preguntado cómo obtener todas las sugerencias de compra mientras navegas por Internet? ¿No refleja los elementos similares a los que había visto Internet recientemente? ¿Cómo funciona esto? ¡Todo gracias a la ciencia de datos!

La ciencia de datos utiliza muchas habilidades como estadísticas, matemáticas y conocimiento según el dominio empresarial. Ayuda a las organizaciones en:

- Reducción de los costes

- Entrar en nuevos mercados

- Apelar a varias categorías de la población

- Evaluar la importancia y la necesidad de ciertas campañas

- Lanzamiento de un nuevo producto o servicio

Estas son las diversas razones por las que y cómo la ciencia de datos sirve como parte integral de la cultura y la economía del mundo:

1. Una mejor comprensión de los clientes

La ciencia de datos funciona de una manera que se utiliza para entender a los clientes de una manera muy emancipada. Los clientes están en el corazón de cualquier marca. Por lo tanto, juegan un papel importante en sus ganancias o pérdidas. La ciencia de datos sirve como un enlace importante para conectar las marcas con sus clientes de una manera personalizada mediante la comprensión de los requisitos precisos de los clientes. Implica comprender el historial de navegación, el historial de compras, la edad y los ingresos para recomendar productos específicos requeridos por el cliente. Por lo tanto, la ciencia de datos garantiza un mayor poder de marca y el compromiso con los clientes.

2. Conectar con la audiencia

La ciencia de datos ayuda a las marcas a transmitir su historia de una manera muy atractiva y completa. Pueden inculcar cada emoción humana y así pueden conectarse. Esto ayuda a una mejor comercialización de la marca. Los comentarios de los clientes se analizan para tomar decisiones sobre una campaña. Por lo tanto, crea una mejor conexión entre la marca con el público objetivo.

3. Resolver complicaciones y tomar buenas decisiones

Mediante la utilización de diferentes herramientas y algoritmos, el big data ayuda a otras marcas y organizaciones a responder a complicaciones importantes en varios campos. Incluyen TI, recursos humanos y gestión de recursos de manera efectiva mediante el uso de cosas materialistas y no materialistas. Muchas empresas líderes invierten una cantidad considerable de dinero en ciencia de datos para obtener la información correcta, y al usar esta información, toman la decisión correcta.

4. Se relaciona con la vida diaria

La ciencia de datos ayuda a las industrias a tomar decisiones precisas y convierte los datos sin procesar en información significativa. Algunas de estas industrias son sectores importantes, como la salud, las finanzas, los bancos, los negocios, las empresas emergentes, etc. Estos sectores están asociados con la vida cotidiana de las personas y, por lo tanto, con la ciencia de datos indirectamente asociada con la comunidad humana.

Estadísticas Vs. Ciencia de Datos

Muchas personas tienden a confundir la ciencia de datos con estadísticas simples. Veamos cómo ambos difieren entre sí.

La diferencia básica radica entre explicar y predecir.

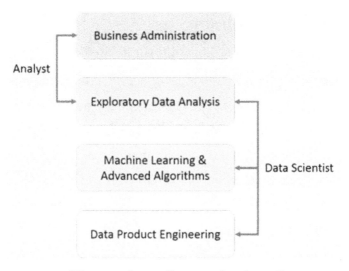

[Fuente - https://www.edureka.co]

Un analista de datos es responsable de explicar lo que representan los datos. Procesa el historial de los datos y describe los eventos que ocurren. Mientras que, un científico de datos participa en un análisis exploratorio de los datos, así como la identificación / predicción de la ocurrencia / predicción de la ocurrencia de eventos específicos mediante el estudio de los patrones en los datos utilizando herramientas avanzadas. Tiene que considerar los datos con múltiples puntos de vista para sacar el máximo provecho de ellos.

Técnicamente hablando, la ciencia de datos se utiliza para tomar decisiones y predicciones mediante análisis predictivo causal, análisis prescriptivo y aprendizaje automático. Entendamos estas tres cosas ahora.

- **Análisis causal predictivo**

Se utiliza para predecir la probabilidad de que ocurra un evento en particular en el futuro. Suponga que está proporcionando ayuda financiera a crédito, entonces debe asegurarse de que sus clientes le paguen dentro de un período de tiempo específico. Lo que suele suceder es que el análisis causal predictivo se utiliza en tales escenarios, para comprender los patrones de pago del cliente. Considera el historial de pagos y, a continuación, calcula la posibilidad de pagos futuros.

- **Análisis prescriptivo**

Esta es una era de dispositivos inteligentes. Con la próxima inteligencia artificial, incluso podría tener una verdadera "conversación" con una de estas aplicaciones / dispositivos. Por lo tanto, significa que necesitamos tener algoritmos para agregar "inteligencia" en nuestros dispositivos para proporcionarle capacidad de toma de decisiones. Para ello, los científicos de datos utilizan análisis prescriptivos. Tomemos, por ejemplo, el coche autónomo de Google. No sólo puede tomar sus propias decisiones, sino que también puede cambiarla con parámetros dinámicos. Usando algoritmos complejos, este coche sólo sabe cuándo girar, qué camino tomar, cuándo ir lento, o acelerar!

- **Aprendizaje automático para hacer predicciones**

Las máquinas de entrenamiento es una cosa más con la que se ocupa el científico de datos. La ciencia de datos implica optimizar el aprendizaje automático para que los propios procesos automatizados puedan predecir tendencias futuras. Por ejemplo, datos transaccionales de una empresa financiera. Esto se clasifica bajo aprendizaje supervisado ya que la base de datos para optimizar la máquina ya está presente.

- **Aprendizaje automático para el descubrimiento de patrones**

En caso de que no tenga los parámetros para la optimización de los datos, es necesario averiguar los patrones ocultos dentro del conjunto de datos. A diferencia de la sección anterior, se trata de un modelo no supervisado. La agrupación en clústeres es el algoritmo más común utilizado.

Responsabilidades de un científico de datos

A estas alturas, debe haber sido claro para usted que un científico de datos es un profesional que se ocupa de varios aspectos de la ciencia de datos. La forma de trabajar de un científico de datos es como el análisis por qué. Siempre preguntarán por qué a lo largo del proceso. Un científico de datos necesita probar diferentes tipos de modelos y algoritmos para comprobar cómo funcionan. El punto que estamos haciendo es que tienen curiosidad por los datos que se generan. Abarcan las habilidades y el funcionamiento de un estadístico, analista o ingeniero; los científicos de datos realizan poco algunas de las tareas realizadas por otros. Un científico de datos necesita realizar todo lo especificado por la empresa donde está trabajando. Pero esencialmente los siguientes son los métodos que necesitan para realizar:

1. Análisis de datos

2. Modelado/estadísticas

3. Ingeniería/prototipado

Estas son las tareas principales que un científico de datos suele realizar en un orden similar. Un paso antes de que el análisis de datos sea la limpieza de datos. Esto refleja el ciclo de vida del proceso de ciencia de datos, que se tratará en otros capítulos.

Limpieza de datos

Como se mencionó anteriormente, hay una gran cantidad de datos que se generan todos los días. Gran parte de estos datos están en un formato que no es fácilmente útil. Por lo tanto, el primer trabajo de un científico de datos es organizar, formatear los datos y ordenarlos de una manera que se pueda entender fácilmente mientras sigue un conjunto de reglas específicas.

Considere un CSV, que describe las finanzas de una franquicia de comida rápida que contiene información en varias columnas y filas. Por ejemplo, los nombres de los empleados, el idioma, las calificaciones y el número de días de licencia de una empresa se indican en una hoja. Este documento es fácil de leer, entender y procesar. Ahora, considere los mismos detalles presentes en diferentes archivos en orden aleatorio. La persona que procesa estos archivos ahora, primero debe recopilar la información y alinearla en un formato adecuado. Todos los datos innecesarios deben omitirse. Además, la persona debe asegurarse de que los datos introducidos tengan sentido. Por ejemplo, algunas columnas pueden tener "Master's in computer science" bajo la columna Name, mientras que

Robert Plant bajo la columna "Education details". La limpieza de datos se refiere a la alineación de los datos y la corrección de los errores. Una vez que los datos se ensamblan correctamente, los pasos adicionales se vuelven fáciles y claros.

Análisis de datos

Un científico de datos tiene que analizar una gran cantidad de datos presentes en varias hojas de Excel, como se mencionó anteriormente. Aquí, es responsable de trazar varios gráficos para entenderlo. Es un dominio de resultados visuales. A través del análisis de datos, un científico de datos intenta desarrollar una historia o presentar un resultado fácilmente comprensible. A veces, esta tarea es simple (como evaluar qué factores funcionan mejor para que los usuarios de servicios de una sola vez se conviertan en clientes a largo plazo). A veces, puede ser lento y difícil. Uno de los ejemplos que destacará lo que es el análisis de datos: los científicos de datos de Facebook evaluaron que tener al menos diez amigos puede garantizar que un usuario permanezca en línea durante largas horas. Por lo tanto, se esfuerza por ayudarle a conectarse a mucha más gente y "hacer amigos" en su sitio.

Modelado/Estadísticas

Dependiendo de sus antecedentes, un científico de datos se considera a sí mismo como haciendo modelado o estadísticas. En cualquiera de los casos, este es el paso en el que el conocimiento teórico del científico de datos se vuelve importante. Una vez que los datos se ensamblan y se entienden, es necesario predecir algo fuera de ella. Debe realizar predicciones a partir de los datos especificados o de un conjunto de datos similar. En el ejemplo anterior de Facebook, el sitio intenta aumentar el número de amigos. Pero, ¿cómo están haciendo para hacerlo? Esa respuesta se encontraría en este paso, y la implementación se recaerá en el siguiente. Este es un paso muy complejo. En esta era de aprendizaje automático, sin duda, obtendrá algoritmos potentes con el potencial de resolver su problema. Pero no es fácil encontrar la solución exacta. Un científico de datos pasa horas juntos, tratando de evaluar y ajustar el modelo para dar los mejores resultados.

Ingeniería/Prototipado

Simplemente haber ensamblado y analizado datos, con un modelo listo no es suficiente. ¿De qué sirve cocinar comida si no hay nadie para comerla? Del mismo modo, sólo tener los modelos listos no le hace mucho bien a nadie. Lo que el científico de datos necesita hacer ahora es diseñar y construir un producto utilizable a partir de él. ¿Recuerdas cómo mencioné la implementación del plan para aumentar los amigos de Facebook? Este es el paso en el que hacen que estos modelos estén disponibles para los clientes para que puedan ser utilizados por los plebeyos (personas que no son científicos de datos). Esto puede ser de muchas formas: forma visual (gráficos), una métrica en el panel o incluso una aplicación. Lo que crea un científico de datos depende del requisito/necesidad, la cantidad de datos y los consumidores finales.

Envolver

¿Recuerdas cómo mencioné que estos procesos reflejan el ciclo de vida? Estoy insistiendo más en la palabra "ciclo", así que tiene que entrar en un círculo completo. Así que, una vez que todo está hecho, a largo plazo, con avances en la ciencia y demandas/requisitos en constante cambio, un científico de datos tiene que volver al paso 1. Tiene que volver al análisis de los datos que se crearon más tarde para ver cómo funcionan las cosas o si tienen otra idea que puede agregar valor al proyecto. Puede haber innumerables razones. El ciclo sigue en marcha, y te encuentras para un desafío diferente cada vez. ¡Esa es la belleza de la ciencia de datos!

¿Qué papel desempeña un científico de datos en una organización?

1. Ayudar a la organización a tomar buenas decisiones

Un científico de datos encuentra su camino en el núcleo del equipo de alta dirección de una empresa. Es de confianza y es probable que sea un asesor principal y un socio estratégico de la organización. Es responsable de asegurarse de que el personal utiliza sus capacidades de análisis hasta el fondo. Comunicó y exhibió el valor de los datos de la organización para mejorar la etapa de toma de decisiones. Usted será responsable de diversas actividades, incluyendo el registro de métricas, el seguimiento de los datos, etc. y otra información listada a usted.

2. Definición de metas y acciones

Se requiere que un científico de datos examine y explore los datos de una institución. Después de una evaluación cuidadosa, necesita recomendar y prescribir acciones específicas que ayudarían a mejorar la actividad de la organización que involucra a más clientes y, finalmente, aumentar la rentabilidad general.

3. Priorizar y maximizar la eficiencia

Un científico de datos debe asegurarse de que el personal de la organización esté familiarizado y bien versado con el producto de análisis. Preparan al personal para un uso adecuado y adecuado del sistema para que se puedan extraer conocimientos significativos. Demuestra el uso y es responsable de hacer que todo el mundo lo entienda. Más tarde, también necesita entender la capacidad del producto. Sólo después de eso puede ayudar a la organización a cambiar el enfoque en abordar los principales desafíos del negocio.

4. Identificar oportunidades

La identificación se refiere al trabajo, que debe completarse según el sistema actual de la organización. Un científico de datos debe pensar profundamente en el sistema actual y creer en cuestionar la estructura y el funcionamiento del mismo. Debe ser capaz de volver a comprobar el sistema existente y construir sus suposiciones para desarrollar algunos algoritmos analíticos. También puede pensar en algunas maneras productivas de hacer que el sistema actual sea eficiente. Su papel principal reside en sus habilidades de pensamiento analítico y estructural, para lo cual obtienen oportunidades para improvisar el valor organizativo derivado de sus datos.

5. Probar decisiones vitales

Mientras se trata de decisiones, usted debe asegurarse de que todas sus suposiciones y teorías son correctas. Tomar decisiones puede ser muy crucial al pisar la siguiente piedra. ¿Siempre puedes confundirte sobre qué y cómo tomar una decisión? ¿Qué impacto tendrán las decisiones en la organización? En tal escenario, un científico de datos tiene un papel vital que desempeñar. Analiza las comprobaciones anteriores, así como las métricas clave, que están directamente relacionadas con los cambios importantes. De esta manera, ayudarán a cuantificar su éxito.

6. Adaptarse a las necesidades del público objetivo

Como se mencionó anteriormente, los clientes son el corazón y el alma de cualquier organización. Ya sea Google, Amazon o cualquier organización local, la mayoría de las empresas tienen al menos una fuente para recopilar datos de clientes. Pero, ¿qué hacen con los datos de los clientes? Se requiere un científico de datos para evaluar los datos correctamente e identificar los datos demográficos. Esto es para ayudar a las instituciones a adaptar y personalizar sus productos, establecer tendencias y conectarse con el público objetivo de una mejor manera.

7. Reclutamiento

¡Atrás quedaron los días en que el reclutador tenía que leer los currículums todo el día! La ciencia de datos está revolucionando la forma en que se produce el reclutamiento. A través de las redes sociales, bases de datos corporativas y sitios web de búsqueda de empleo, los especialistas en ciencia de datos se suman a través de todos los puntos de datos para encontrar los candidatos perfectos para la organización.

¿Cómo puedes ser un científico de datos?

Con un uso cada vez mayor de la ciencia de datos y big data, hay un cambio tremendo en la apariencia de la industria para un científico de datos. Incluye todas las técnicas y procesos que describen la fase de desarrollo del producto para la mejora de una fase de retención de clientes. También ayuda a encontrar nuevas oportunidades de negocio a través de la minería de datos y métodos relacionados. Esto se ha convertido en una elección tentadora como un camino profesional para los jóvenes entusiastas. A menudo es preguntado por un entusiasta, "¿Qué habilidades se requieren para convertirse en un científico de datos?"

Esta parte del libro destacará las habilidades técnicas y no técnicas necesarias para convertirse en un científico de datos. Después de obtener una visión general de las habilidades, estaría motivado para comenzar su carrera en la ciencia de datos.

Habilidades técnicas

Algunos de los conjuntos de habilidades más importantes/importantes son:

1. Conocimientos sobre Probabilidad y Estadísticas y cómo aplicarlas.

2. Conocimiento sobre procesos de marcos de trabajo, datos de minería de datos y el valor actual de los datos no estructurados.

Debe tener obligatoriamente buenas habilidades en matemáticas, programación y estadísticas. Por lo tanto, asegúrese de tener un antecedente académico relevante para las habilidades mencionadas. La mayoría de los científicos de datos tienen un mayor nivel de cualificaciones educativas. Esto crea una base rígida (con un punto de vista técnico) para permanecer en el campo de la ciencia de datos. Algunas escuelas y universidades de todo el mundo ahora ofrecen cursos y programas especializados exclusivamente para impulsar su trayectoria profesional en ciencias de datos.

Para aquellos que no quieren ir por este enfoque, hay otras opciones también. Los cursos en línea le ayudan a conocer la esencia detrás de la práctica de la ciencia de datos.

Aparte de tener una sólida formación académica, es necesario tener las siguientes habilidades técnicas.

Habilidades de programación

Tener práctica y conocimiento profundo con algunos lenguajes de programación comunes es esencial, siendo C++ el lenguaje tradicional más antiguo y Python el lenguaje de codificación de tendencia pero de uso común. Los lenguajes de programación le ayudan en los pasos de la limpieza de datos y le permite crear adecuadamente un conjunto de datos que no está estructurado.

Comprensión de las herramientas analíticas

Las herramientas analíticas le ayudan a extraer la información de un conjunto de datos. Hay diferentes herramientas analíticas que puede buscar. Puede configurar sus habilidades en la utilización de estos instrumentos de diagnóstico obteniendo diferentes acreditaciones. Las certificaciones de ciencia de datos se discutirán en uno de los capítulos posteriores para tener una visión general de la misma.

Funcionamiento con información desorganizada

Comprender los datos o la información no estructurados es una de las habilidades más cruciales que se requieren para convertirse en un científico de datos.

Habilidades no técnicas

Las habilidades no técnicas incluyen las habilidades personales necesarias para tener éxito en el campo de la ciencia de datos. Solo las cualificaciones y certificaciones educativas no le permitirán saber si es apto para ser un científico de datos. Aparte de las cualificaciones educativas, hay algunos requisitos especiales para convertirse en un científico de datos. Saber a fondo para lo que estás buscando es mucho más profundo que eso.

Son:

Un sentido empresarial

Todas las habilidades técnicas que un científico de datos ha adquirido no importarán mucho si no tiene una escoria empresarial básica. ¿Cómo podría esperar que un científico de datos ayude y haga crecer el negocio de una organización si no entiende el negocio él mismo, ¿verdad? Por lo tanto, para canalizar sus habilidades y permitir que una asociación perciba los problemas y posibles dificultades y problemas, intente y construya su prudencia de marketing esencial.

Sólidas capacidades relacionales

Como investigador de la información sin duda conocerá y comprenderá la información superior a los demás en la organización. Por lo tanto, es su trabajo entregar la información a otros para que su organización pueda beneficiarse de ella. Por lo tanto, se convierte en una necesidad de que usted tenga la opción de transmitir la información a individuos no técnicos de manera efectiva.

Gran intuición en los datos

Las habilidades de intuición de datos solo se pueden adquirir por experiencia. A medida que comienza a manejar conjuntos de datos muy a menudo, debe ser capaz de percibir intuitivamente patrones e identificar la posición o la cercanía exacta del valor en los bits de información. De esta manera, usted se vuelve más eficiente y más rápido en el procesamiento de los datos.

Este capítulo le dio una breve idea sobre qué es la ciencia de datos y cuáles son los científicos de datos. En el siguiente capítulo, comprenderá las habilidades necesarias para un científico de datos en profundidad.

Capítulo 2

Fundamentos de la ciencia de datos

En el capítulo anterior, aprendimos sobre lo que es la ciencia de datos y la necesidad de ciencia de datos. Pero lo más común que la gente piensa que aprender algunos conceptos básicos sobre la ciencia de datos sólo es necesario para sobresalir en la ciencia de datos. Antes de profundizar demasiado, debe entender los fundamentos de la ciencia de datos. Para ello, debe saber qué son los "datos" que está tratando de hacer con los "datos", y cómo aplicará los principios científicos, o cómo utilizará las herramientas para lograr sus objetivos deseados con esos datos?

¿Qué son los datos?

Los datos son un conjunto de información necesaria para un análisis posterior.

¿Cuál es el objetivo de la ciencia de datos?

El objetivo de la ciencia de datos es utilizar una herramienta en particular para analizar y resolver el problema específico y dar resultados precisos.

El método científico

Los métodos científicos son los procesos o algoritmos utilizados en la ciencia de datos.

Una vez que entienda estos tres pasos, entonces está listo para profundizar en el proceso de ciencia de datos.

Visión general de la ciencia de datos

La ciencia de datos es una tecnología de tendencia que toda empresa quiere. La ciencia de datos es un campo emocionante en el que interesarse. Hay una gran demanda de personas talentosas y con mentalidad analítica. Todas las empresas, ya sean pequeñas empresas, las grandes empresas están contratando científicos de datos a gran escala. El rol de ciencia de datos proporciona un valor real en el mundo real en una amplia gama de aplicaciones industriales. Por lo general, las personas abordan este campo leyendo e investigando programas de ciencia ficción, que son generados por grandes organizaciones de investigación. Con las tecnologías en progreso, la ciencia de datos se subclasifica con varias herramientas y algoritmos. No hay una definición declarada de herramientas de ciencia de datos, y tampoco la ciencia de datos no se limita a herramientas y algoritmos como el aprendizaje automático, el aprendizaje profundo y la PNL.

El valor comercial de un científico de datos está aumentando día a día, ya que son responsables de proporcionar claridad, resultados e información sobre la información, las cantidades que los datos pueden aportar. Este rol puede recopilar, colaborar, abarcar todo, desde la ingeniería de datos, hasta el análisis de datos, la clasificación y la generación de informes con la adición de algunos algoritmos como el aprendizaje automático o el aprendizaje profundo. Para concluir sobre el rol de científico de datos, los conjuntos de habilidades requeridos son amplios y variados. En la mayoría de las empresas, se aplica la regla Pareto o regla legendaria de 80:20, donde el 80% del valor proviene del 20% del conjunto de habilidades.

Echemos un vistazo a algunos de los fundamentos de la ciencia de datos que se requieren para que un aspirante a científico de datos domine.

1. Comience con Estadísticas

2. Evalúe sus suposiciones

3. Distribución > Ubicación

4. Muestreo adecuado

5. Ingeniería de datos

6. Programación en la práctica

7. Codificación efectiva

8. Comunicar claramente

9. El juego de gráficos

Comience con Estadísticas

El principal atributo en el que un científico de datos contribuye a su empresa es hacer datos complejos y sus cálculos de una manera fácil y bien ordenada. Esto se puede lograr mediante la comprensión y la utilización de estadísticas. ¿Qué son las estadísticas y el papel de las estadísticas en la ciencia de datos? Estadísticas le permite:

- Describa los datos para proporcionar una visión general detallada a todas las partes interesadas

- Comparación de los datos y las pruebas de hipótesis para proporcionar información a las empresas.

- Identifique y compare las nuevas tendencias antiguas y el establecimiento de relaciones que proporcionen valores predictivos del mundo real a partir de los datos.

El análisis estadístico es una de las potentes herramientas, que se utilizan con fines comerciales y operativos. Los conjuntos de habilidades y los detalles del análisis estadístico y las funciones se discutirán en detalle en uno de los próximos capítulos. Por lo tanto, es muy vital entender los fundamentos del análisis estadístico para principiantes. Varios principios rectores ayudan a comprender ese análisis en profundidad.

Evalúe sus suposiciones

Evaluar sus suposiciones es una de las cosas más importantes. El resultado depende de sus suposiciones. Compruebe siempre las tendencias de sus datos antes de hacer cualquier suposición con la validez de su prueba de estadísticas o metodología elegida. Compruebe que los datos cumplen todas las suposiciones subyacentes. Si se pierde alguno de estos, podría terminar haciendo la suposición equivocada. Muchas cosas dependen de sus suposiciones, como si sus hallazgos son interesantes y vale la pena informar.

Es importante saber para qué enfoque no debe optar en lugar de qué enfoque debe adoptar. Como hay muchas maneras de analizar los datos o el conjunto de datos, evite los errores comunes. Por ejemplo, en el escenario de comparaciones múltiples, no debe ir por el mismo enfoque, que usó para generarlo.

Distribución > Ubicación

Existe una relación establecida entre distribución y ubicación. La distribución de una variable o datos suele ser tan interesante o informativa como su ubicación.

La distribución de una variable suele ser más interesante de entender, ya que contiene información sobre los procesos de muestreo. Por ejemplo, los dos tipos de datos siguientes tienen dos patrones de distribución distintos. Los datos de recuento suelen seguir un patrón de distribución de Poisson, y el sistema de refuerzo seguirá un patrón de distribución de la ley de potencia. Nunca debe depender de los datos distribuidos normalmente sin comprobarlos manualmente. Sin embargo, ¡entender la distribución de datos es importante para saber cómo lidiar con ellos! La mayoría de los métodos estadísticos se basan en sus suposiciones sobre cómo se distribuyen los datos.

Hay dos distribuciones, a saber, unimodal y una distribución bimodal, que tienen la misma media, pero tienen características diferentes. Si hace caso omiso de su distribución, podría perder información crucial.

Un ejemplo interesante, que explica por qué es necesario comprobar los datos antes de informar, eche un vistazo al cuarteto de Anscombe que se muestra a continuación:

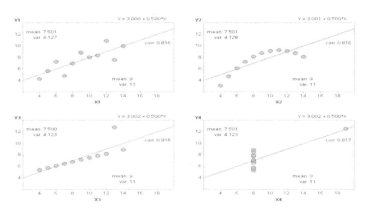

[Fuente - http://robslink.com]

Estas cifras tienen datos diferentes; pero medios casi idénticos, varianzas y correlaciones. Cada uno de los gráficos se ve muy diferente, pero tiene estadísticas de resumen idénticas.

La certeza del valor verdadero se revela a partir de la distribución de una distribución variable. Para obtener mayor certeza, la distribución es "estrecha", mientras que, para menos certeza, la distribución suele ser "amplia".

Muestreo adecuado

El muestreo adecuado significa que tiene que elegir el proceso de muestreo más adecuado para su proyecto. Cada muestreo debe implementarse cuidadosamente para producir resultados de alta gama. Para fines ilustrativos, podemos comprobar algunos métodos de prueba como pruebas A/B, métodos bayesianos, etc. Las pruebas A/B son una prueba que explica cómo los productos y la plataforma se pueden optimizar a nivel base sin tener que causar una perturbación significativa a las empresas. Las pruebas A/B son un estándar de la industria que se utiliza para comparar diferentes versiones de productos. Mientras que, el método bayesiano funciona bien con conjuntos de datos más pequeños si tiene conjuntos informativos de datos anteriores desde los que trabajar. Cada recopilación de datos tiene algunas limitaciones. Debe ser capaz de identificarlos o reconocerlos.

Los datos de la encuesta pueden ser sesgados de muestreo, donde los encuestados que tienen las opiniones más fuertes tardan más tiempo en completar cualquier encuesta. La figura siguiente ilustra las pruebas A/B:

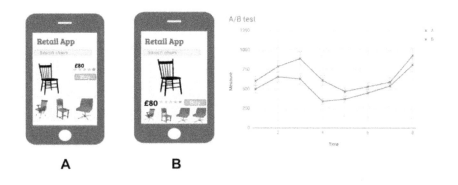

[fuente - https://cdn-media-1.freecodecamp.org]

El tiempo y los datos pueden verse afectados por la autocorrelación. Y por último, compruebe si hay multicolinealidad mientras analiza datos de cualquier fuente relacionada.

Ingeniería de datos

Mientras se trabaja en un proyecto, la ingeniería de datos es importante, ya que la mayor parte del tiempo, se prefiere el abastecimiento, la limpieza y el almacenamiento de nuevos datos sin procesar en el flujo de trabajo de datos para tener más análisis ascendente en lugar de implementar realmente herramientas y algoritmos estadísticos de Rasguño. La mayoría de las herramientas estadísticas tienen trabajos incorporados envueltos en paquetes de R y módulos de codificación, es decir, módulos Python.

La ingeniería de datos también incluye el proceso de "extracción-transformación-carga" (ETL), que es un proceso clave para el éxito de cualquier equipo de ciencia de datos y es seguido por la mayoría de las grandes empresas. Las empresas más grandes, incluidas todas las MNC, tendrán ingenieros de datos dedicados para implementar este proceso para evaluar los requisitos complejos de infraestructura de datos. Mientras que las pequeñas empresas y las empresas emergentes prefieren que el científico de datos realice ingeniería de datos integral y posea habilidades sólidas similares a las de un ingeniero de datos.

Programación en la práctica

Un programador debe tener altas habilidades analíticas, así como conocimientos específicos del dominio con sólidas habilidades de programación. Para convertirse en un científico de datos, es posible que se pregunte qué lenguajes de programación se van a aprender. Hay muchos lenguajes de programación; no todo se puede aprender a la vez, y no hay un idioma específico que usted tiene que aprender. Pero la mayoría de ellos prefieren el lenguaje de programación de Python o R.

Ambos lenguajes le ayudarán a iniciar su viaje de programación. Hacen el mejor punto de partida si trabaja con datos y conjuntos de datos. Sea cual sea el idioma que prefieras, debes tener como objetivo familiarizarte con toda su estructura, codificación, características y ecosistema circundante. Después de seleccionar cualquier idioma en particular, debe navegar por varios módulos y paquetes disponibles, familiarizarse con las API que puede necesitar para acceder a la plataforma y los servicios principales de su empresa.

Conocer las bases de datos también es igualmente importante. Puede comenzar con la base de datos de SQL Server y, a continuación, es posible que desee cambiar a otras bases de datos. Las bases de datos NoSQL también valen la pena aprender la base de datos; puede ir por esta base de datos si su empresa la utiliza.

Comience con secuencias de comandos simples y tareas repetitivas, incluyendo el mismo scripting, le impulsarán, y se pondrá en confianza. Escribir guiones largos puede ser difícil inicialmente, pero una vez que esté seguro de los scripts y familiarizarse con los scripts, puede impulsarse a ir detrás de largos scripts interesantes. De esta manera, aprenderás a programar en unos meses.

Codificación efectiva

Una vez que esté familiarizado con la escritura de scripts/códigos de programación, es de suma importancia tener una comprobación de lo que ha escrito. Inicialmente, un depurador de código actúa como asistente de ayuda. Pero a medida que avanza a scripts más altos y más grandes, debe estar seguro de que ha escrito el código de manera efectiva. La reutilización desempeña un papel vital en la codificación eficaz. Vale la pena invertir algunas de sus horas en la escritura de códigos a nivel de abstracción, lo que, por defecto, permitirá que se utilice más de una vez. Sin embargo, debe haber un equilibrio adecuado entre las prioridades a corto y largo plazo. Por ejemplo, cualquier código, que no sea reutilizable, no invierta su tiempo en practicar el mismo. Hay herramientas de administración que optimizan la implementación y el mantenimiento del código. También es posible automatizar sus procesos rutinarios con la ayuda de programadores de tareas. Para facilitar su trabajo, puede hacer uso de revisiones de código regulares y ver la documentación estándar. Además, puede hacer uso de ciertos marcos como Airflow, lo que ayuda a programar y supervisar los procesos ETL haciéndolos más fáciles y robustos. Apache Spark y Hadoop son beneficiosos para el almacenamiento de datos distribuidos y su procesamiento. Para un principiante, no se recomienda ir en tal profundidad, pero saber acerca de esto es una ventaja.

Informes efectivos

Los informes eficaces constituyen la base de la comunicación de ciencia de datos. Para traer a la comparecer el valor comercial de cualquier organización, debe tener una comunicación efectiva. Hay cuatro aspectos principales de la presentación de informes eficaces:

- **Precisión**

En este paso, sabrá cómo interpretar los resultados mientras evalúa las limitaciones y lagunas que se pueden aplicar. Por lo tanto, este es un paso crucial. La precisión durante la interpretación y recolección es importante para ayudar a evitar trampas. Uno debe evitar exagerar o subestimar cualquier resultado en particular.

- **Precisión**

Además de la precisión, la precisión también es importante porque cualquier ambigüedad en su informe puede tener un impacto negativo, así como malinterpretaría las conclusiones. Afectará a cada resultado en la línea.

- **Concisa**

Siempre tenga el hábito de preparar y mantener su informe en breve. Pero asegúrate de que no sea demasiado más corto. Informes más largos no se aconsejan y no se aprecian en niveles más altos. Un buen formato tendrá el contexto de la pregunta principal, una breve descripción de los datos, y dará una visión general de los resultados y gráficos en forma de titular. Si tiene alguna información adicional que incluir, guárdela en un apéndice. Evite mezclar la información principal con información menos importante.

El juego de gráficos

El juego gráfico o la representación gráfica siempre está en la parte superior de la pirámide de datos. Incluye visualización de datos, que le ayudará a interpretar y comunicar resultados complejos a las partes interesadas. La representación gráfica es mucho más eficaz que los párrafos de texto cuando se requiere para explicar cierta información a las partes interesadas.

Hemos enumerado algunas herramientas gratuitas, así como de visualización de pago y creación de tableros como Plotly, Tableau, Chartio, etc. Y muchos más.

También puede optar por herramientas modernas como hojas de cálculo de Microsoft Excel o Hojas de cálculo de Google. Pero estas hojas carecen de funcionalidades específicas que tiene un software de visualización diseñado específicamente. Además, algunos principios rectores están especialmente diseñados para crear paneles y gráficos; usted puede hacer uso de tales principios.

El principal desafío es maximizar la visualización del valor de la información sin comprometer la "legibilidad".

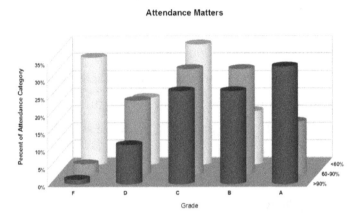

[fuente - https://cdn-media-1.freecodecamp.org]

Considere una representación gráfica de Asistencia donde en el eje X se asigna el "Porcentaje de Asistencia", mientras que en el eje Y, se asigna "Grado". Esta representación gráfica es interesante de ver, pero difícil de entender a primera vista. Siempre debe mantener su representación simple más bien una representación tan compleja. Haga sus gráficos tan simples como sea posible con la mayor parte de la información; de esta manera, usted será capaz de mostrar más información con menos tiempo. Los gráficos complejos consumen más tiempo para ser explicados, así como toma más tiempo para que las partes interesadas entiendan y digiere la misma información.

Por último, las habilidades necesarias para una gran visualización de datos están asociadas con la experiencia de usuario y el diseño gráfico. Debe estar familiarizado con todo esto para tener conocimiento de la visualización de datos y cómo funciona. La ciencia de datos requiere un conjunto de habilidades diverso. Estas cuatro habilidades básicas que se enumeran a continuación resaltan un gran valor para iniciar su viaje con la ciencia de datos:

Análisis estadístico, incluyendo la teoría básica, así como aplicaciones del mundo real.

- Programación/Codificación en al menos un lenguaje de programación, es decir, Python o R, así como bases de datos como SQL y NoSQL.
- Mejores prácticas de ingeniería de datos
- Comunicar su trabajo de manera efectiva.

Ahora echemos un vistazo a algunos métodos y teorías amplias.

Probabilidad y Estadísticas

Probabilidades y Estadísticas forman la base de métodos y teorías en ciencia de datos. En probabilidad, cualquier condición previa determinada del conjunto de datos puede dar lugar a una manera específica. Hay ciertas técnicas y métodos con los que debe estar familiarizado para aplicar la probabilidad y las estadísticas en la ciencia de datos. Las principales técnicas se pueden enumerar como "Distribuciones de probabilidad", "Distribución estadística", Dos características de los datos" y "Distribuciones de probabilidad común". Algunos métodos más, tal vez "Reglas de Baye", "Inferencia Bayesiana" y Probabilidades Conjuntas y Condicionales".

Teorías de la decisión

La toma de decisiones es uno de los fundamentos más importantes de la ciencia de datos. Ya sea que la teoría de decisiones se aplique en campos de ingeniería o de negocio, siempre trataremos de tomar decisiones utilizando datos. Imagine un escenario en el que tenga los datos delante de usted, pero ¿está tratando de decirle algo? Si no, entonces son sólo datos. Pero si te está diciendo algo, eso significa que lo estás manipulando tomando algunas decisiones y sabiendo exactamente lo que los datos están tratando de decirnos. Pero, ¿alguna vez ha pensado en cómo los datos nos hacen tomar decisiones? ¿Cuáles son esos factores que entran en el proceso de toma de decisiones? ¿Cuáles son los diferentes métodos para tomar las decisiones apropiadas? Las pruebas de hipótesis normal y hipótesis binarias son las pruebas iniciales necesarias para sobresalir en la ciencia de datos. Hay muchos más como Bayes Risk, Optimal Decision-decision-strategies, que son beneficiosos.

Teoría de la estimación

Después de tomar una decisión, calcule los resultados, que es el siguiente paso inmediato de la teoría de la decisión. A veces hay que estimar ciertas características de los datos, que pueden incluir promedios, ciertos parámetros, etc. Las principales teorías de estimación a las que puede hacer referencia son "Estimación imparcial", "Filtro Kalmar" y "Estimación de probabilidad".

Sistemas de coordenadas

El sistema de coordenadas se refiere a la alineación de los datos de varios elementos de datos en un marco común. Se recomienda encarecidamente adquirir conocimientos sobre los sistemas de coordenadas y cómo se utilizan. Hay muchos libros a los que puede consultar para obtener información sobre los sistemas de coordenadas, algunos de los libros son "espacios euclidianos", "sistema de coordenadas cartesianas", "sistema de coordenadas esféricas" y "sistema de coordenadas polares". Puede Google algunos libros más sobre los sistemas de coordenadas y aprender sus propiedades.

Transformaciones lineales

La transformación lineal es uno de los pasos básicos que se toman después de tener la idea de los sistemas de coordenadas. Una vez que se familiarice con los sistemas de coordenadas, la transformación lineal puede ser más fácil de entender. En este paso, puede obtener información sobre cómo se transforman los datos y por qué transformar los datos para obtener información subyacente. Transformaciones como "Multiplicación de matriz", "Transformaciones de Fourier", "Principio de incertidumbre" y "Transformaciones de ondas" ayudan a transformar los datos en otros productos de datos a través de varias transformaciones. Hay múltiples libros de referencia disponibles en el mercado para la iluminación básica en todo tipo de transformaciones.

Efectos computacionales de los datos y el conjunto de datos

Cuando escuchamos el término "cálculo", pensamos en la complejidad. Los cálculos se representan de diversas formas; una de las formas más comunes es la Representación Matemática del Cálculo. Los demás pueden aparecer como Cálculos Reversibles, Cálculos Irreversibles, etc. Siempre hay un impacto en la información cuando se aplican algoritmos o cálculos en los datos. El resultado puede verse afectado por los algoritmos y cálculos si no se aplican correctamente, lo que resulta en un efecto negativo en el resultado.

Codificación / Programación de Prototipos

Como ya hemos aprendido lo importante que es la programación para dar un paso hacia los científicos de datos. Debe poder escribir programas que accedan a los datos concretos, procesar los datos según los métodos y visualizar los datos en lenguajes importantes. Algunos tipos comunes de lenguajes de programación son C, C++, C, Python, R, etc. Algunas de las bases de datos son SQL, NoSQL, etc. Se recomienda familiarizarse con funciones y variables.

Teoría del gráfico

Los gráficos son responsables de conectar la información entre diferentes elementos de datos. Los gráficos comúnmente practicados son "Gráficos no dirigidos" y "Gráficos dirigidos". Usted debe referirse a libros de teoría básica como "Introducción a la teoría de gráficos", "Análisis gráfico", que puede aumentar su confianza mientras trabaja en gráficos.

Algoritmos

La ciencia de datos está incompleta sin algoritmos. Debe ser capaz de entender los algoritmos, y está configurado para aplicar algunos. ¿Desde dónde vas a empezar? Comience con algoritmos básicos como algoritmos recursivos, algoritmos heurísticos, algoritmos aleatorios, algoritmos codiciosos y algoritmos de ruta más cortos. A continuación, puede saltar a algunos algoritmos complejos como series, paralelos y algoritmos distribuidos.

Aprendizaje automático

No es de extrañar que Machine Learning sea la fase más importante y crucial de la ciencia de datos. Encabeza la lista de los fundamentos de la ciencia de datos. El aprendizaje automático se utiliza a una escala mayor que cualquier otra herramienta o lenguaje de programación. Tenemos un capítulo separado para que Machine learning aprenda en profundidad. Algunas de las cosas principales que debe entender en Machine learning son estructuras de árbol de decisión, modelos de Markov oculto, clasificadores lineales básicos, redes neuronales por aprendizaje profundo y cuantificación vectorial.

Capítulo 3

Comprender el ciclo de vida
y el arte de la ciencia de datos

Proceso de ciencia de datos

La ciencia de datos es ampliamente utilizada en el contexto de una organización. Cuando se le pida que realice un proyecto basado en la ciencia de datos, el paso más importante que tomará será la preparación de una carta de proyecto. Carta, en términos habituales, significa "Agenda". Cada vez que organice cualquier reunión, preparará una agenda, sin la cual la reunión no tendría ninguna definición. Del mismo modo, se prepara una carta de proyecto como el paso inicial, que contiene todos los detalles, como los datos de investigación, cómo su proyecto beneficiará a su organización, programación, datos que necesitará, tipo de recurso y, por último, entregables.

Después de este paso llega al segundo paso: Recuperar datos: en el primer paso, ya ha mencionado acerca de los datos y recursos que desearía. Debe asegurarse de que debe poder utilizar los datos del programa. Con esto, usted está comprobando la existencia de calidad y acceso a los datos. Algunos datos también pueden ser entregados por empresas de terceros en forma de Excel o diferentes tipos de bases de datos de código abierto.

El siguiente paso puede considerarse el paso más importante y crucial:

Recopilación de datos: la recopilación de datos siempre se realiza en pasos posteriores. Este es el paso en el que puede cometer errores más a menudo. Por lo tanto, se conoce como el paso más crucial. El proceso de recopilación de datos se subdivide en tres fases: limpieza de datos, integración de datos y transformación de datos.

- **Limpieza de datos - Ayuda a eliminar cualquier valor falso o de error de las fuentes de** datos e irregularidades, inestabilidades e incoherencias de las fuentes de datos.

- **Integración de datos** - La integración es un proceso de combinación de cualquier cosa; puede ser información o cualquier otra cosa. Del mismo modo, en este paso, la integración de datos desempeña un papel vital en la integración de información de varias fuentes de datos y, a continuación, en la combinación para obtener datos enriquecidos.

- **Transformación de** datos- Este paso ayuda a transformar los datos en un formato adecuado, que puede utilizar para el programa.

Después del proceso de recopilación de datos viene una exploración de datos:

Exploración de datos: La exploración de datos es responsable de desarrollar una comprensión más profunda de los datos. Por ejemplo, cómo funcionan las variables con cada una, cómo se distribuyen los datos y si los datos son un valor atípico o no. Esto puede ser entendido por algunas estadísticas o técnicas visuales y modelado simple. Este paso suele abreviarse como EDA, es decir, Análisis de datos exploratorios. Una vez que se entiende este paso, puede procesar el modelado de datos.

Proceso de modelado de datos: como su nombre indica, el uso de modelos, el conocimiento del dominio es necesario para analizar la información sobre los datos, que obtuvo de todos los pasos anteriores. Hay muchos procesos establecidos para la ciencia de datos; puede ir por cualquier proceso, es decir, Estadísticas, aprendizaje automático, técnica de investigación operativa, etc. La creación de un modelo de datos es un proceso matemático que implica seleccionar, ejecutar y diagnosticar las variables del modelo.

Ciclo de vida

El ciclo de vida de la ciencia de datos se divide en 6 fases principales. Echemos un vistazo a cada paso **en detalle:**

Paso 1 - Descubrimiento - Al seleccionar su proyecto, debe haber puntos de control regulares antes de continuar. Debe comprender las distintas especificaciones, cuál es el requisito, qué se debe priorizar y el importe del presupuesto, que sería necesario para el proyecto. Si usted tiene alguna duda, debe hacer las preguntas correctas a las partes interesadas correctas. También debe tener una comprobación de los recursos presentes en términos de recursos físicos, tecnología, tiempo y datos para el proyecto. Por último, tendrá que enmarcar los problemas de negocios. Y formular el análisis.

Paso 2 - Preparación de datos- En esta fase, puede ir por un enfoque analítico de sandbox o tanque de tiburón para realizar análisis, útil para la duración general del proyecto. Analytical Sandbox es un proceso estándar seguido por la mayoría de los profesionales. Tanque de tiburones es el proceso utilizado principalmente en el mundo corporativo. En primer lugar, tiene que preparar la estructura de espacio aislado, después de preparar el espacio aislado, para obtener los datos en el espacio aislado, tendrá que realizar una prueba conocida como ETLT (extraer, transformar, cargar y transformar). Antes de realizar el modelado de datos, deberá explorar, preprocesar y acondicionar los datos correctamente. Como se describe en el proceso de ciencia de datos anterior, la limpieza de datos, la integración de datos y la transformación de datos se pueden realizar mediante el método R. Esto eventualmente le ayudará a detener los valores atípicos. Una vez que los datos se limpian y preparan, puede realizar el análisis exploratorio.

Paso 3 - Planificación de modelos- En esta fase, pensará en planificar los métodos y técnicas para establecer relaciones entre varias variables y conjuntos de datos. Estas relaciones actuarían como un punto base para todos los algoritmos, que implementará en la última etapa. Existen tres herramientas comunes para las herramientas de planificación de modelos, como R, SQL Analysis Services y SAS/ACCESS.

A esta etapa, ha introducido sus datos y ha decidido qué algoritmos se van a utilizar. Más adelante, en esta etapa, aplicará un algoritmo y creará el modelo.

Paso 4 - Creación de modelos- Esta fase es exclusivamente para el entrenamiento y las pruebas de los conjuntos de datos. Examinará la eficiencia de las herramientas existentes y si son adecuadas para ejecutar los modelos actuales. También debe buscar un entorno robusto mientras realiza el procesamiento. El análisis de varias técnicas básicas como la clasificación, la asociación, la recopilación y la agrupación en clústeres es necesario al crear un modelo de datos. Las herramientas más comunes pero populares para la construcción de modelos se describen a continuación:

- SAS Enterprise

- Weka

- SPCS Modeler

- Matlab

- Alpine Miner

- Statistica

Paso 5— Operacionalizar: En esta fase, usted será responsable de documentar todos los datos requeridos, incluidos los informes finales, sesiones informativas, códigos y cualquier documento técnico, si los hubiera. Como esta es una fase operativa, es imprescindible que los operativos los documentos de una manera adecuada. También hay algunos proyectos de piloto automático, que se implementan en un entorno en tiempo real. Obtendrá una visión general completa del rendimiento y otras irregularidades antes de la implementación del proyecto.

Paso 6 - Comunicar resultados: Esta es la última pero más importante fase del ciclo de vida, donde realmente analizará el trabajo que ha realizado hasta ahora. Entonces, ¿cómo vas a hacer esto? Debe intentar evaluar si tiene éxito en lograr el objetivo deseado o es un error, y necesita trabajar en él de nuevo. Identificará todos los principales hallazgos de su proyecto y se comunicará con las partes interesadas para comprender sus puntos de vista sobre el mismo. Analizarán su trabajo en función de sus criterios, si están satisfechos con su trabajo, entonces usted ha completado el proyecto. Si no están satisfechos con su trabajo, se supone que debe refinar su trabajo, o a veces tendrá que redefinir el trabajo e iniciarlo desde el paso inicial.

Ciencia de Datos como Arte

La ciencia de datos es la ciencia de los datos, el análisis de los datos. El análisis de datos no es tan fácil como parece. El proceso de ciencia de datos puede ser explicado en detalle por muy pocas personas. Las personas analizan los datos a diario con cualquiera de las técnicas, pero la mayoría de ellas fallan en sus esfuerzos porque los profesionales del análisis de datos no han explicado cómo se analizan los datos ni comparten su experiencia al hacerlo. Esta es la razón por la que llamamos a la ciencia de datos un "arte". El arte puede estar muy relacionado con el análisis de datos. La ciencia de datos no se puede llamar como un concepto, que generalmente se utiliza para enseñar a una computadora sobre sus técnicas. Pero es una forma de arte como los analistas de datos utilizan diferentes herramientas para hacer su trabajo; entonces, puede variar desde gráficos lineales o regresiones lineales hasta varias clasificaciones. Se dice que la computadora sabe mejor que nosotros; del mismo modo, todas estas herramientas son bien conocidas por el ordenador. Pero el ordenador no es lo suficientemente inteligente como para rastrear la herramienta correcta y resolver el problema. En tal caso, los analistas de datos entran en escena donde realmente descubren la manera perfecta en que el problema puede ser resuelto, y en consecuencia, recopilan y hacen uso de las herramientas, las integran en los datos para desarrollar la respuesta correcta al problema.

Sin embargo, no hay una documentación adecuada del proceso de análisis de datos hasta la fecha. Puede leer una serie de libros escritos sobre estadísticas y probabilidad, pero carecen de abordar la solución de análisis de datos del mundo real. También hay muchos marcos importantes establecidos, que incluyen la clasificación de elementos de análisis de datos utilizando lenguaje complejo. Las matemáticas pueden ser un idioma. El análisis de complejidad se puede lograr mediante este análisis, que también produce resultados precisos.

El ciclo de análisis sigue un proceso lineal, paso a paso que tiene resultados de nivel avanzados. Sin embargo, el análisis de datos es un enfoque no lineal que está incrustado en varios epiciclos. En este enfoque, la información, que ha utilizado, se comprueba en cada paso, que luego decide que el paso debe deshacerse, o puede continuar hacia el siguiente paso. Ciertos análisis pueden ser fijos y lineales debido a algoritmos, que se encapsulan en el software diferente.

Por lo general, un estudio de datos incluye la creación e implementación de un plan para recopilar y recopilar datos, mientras que el análisis significa que los datos ya están recopilados. El estudio de análisis de datos implicará los fundamentos como la creación de hipótesis, el diseño del procedimiento de recopilación de datos, la recopilación de datos de diversos recursos y la interpretación de los datos.

Hay cinco actividades principales de análisis de datos:

- Estado y perfeccionar la pregunta

- Explorar los datos

- Crear modelos estadísticos formales

- Interpretar los resultados

- Comunicar los resultados

Para todas las actividades anteriores, debe incluir los siguientes pasos:

1. Definir o establecer las expectativas

2. Recopilar información

3. Compare los datos con sus expectativas

Si los datos no coinciden con los resultados deseados/esperados, debe rehacer o corregir los datos para que los datos que tenga coincidan con sus expectativas. Realizar los tres pasos anteriores se conoce como el ciclo de análisis de datos. Cada paso le dará un nuevo desafío mientras da un paso hacia el siguiente paso. Puede suceder que tenga que rehacer, deshacer, corregir los datos varias veces mientras navega por cada paso del análisis, pasará por el epiciclo para revisar rigurosamente su documentación viz. Preguntas, modelos básicos o formales, interpretación y comunicación. El ciclo repetido a través de cada una de las cinco actividades principales anteriores constituye la mayor parte del análisis de datos.

Definir las expectativas

En este paso, se definen las expectativas al establecer lo que se espera antes de poder realizar algo como planificar un procedimiento, la inspección de los datos o escribir un comando. Para los analistas de datos profesionales, crear expectativas es tan fácil como engrasar cualquier motor de vehículo. Para los principiantes, no es un trabajo imposible de aprender. Pero hay que hacer un estudio exhaustivo de esto para eximir en la definición y creación de expectativas. Por ejemplo, si está visitando algún centro comercial con sus amigos sin dinero en efectivo en la mano, pero desea retirar dinero en efectivo de ATM. Entonces tienes que pensar y decidir qué cantidad mínima de dinero sería suficiente. Usted debe tener algunas expectativas del precio en su mente antes de planear retirar el dinero. Esto ejemplifica que usted tiene conocimiento previo del precio que necesita para retirar. Otro ejemplo de conocimiento previo puede ser: Cuando usted está visitando un restaurante en la tarde por la noche o por la noche, debe saber cuál es la hora de cierre del restaurante. Con esta información, puede planificar su visita a ese restaurante dentro de tiempo. Si no tienes idea de la hora de cierre, siempre puedes optar por Googling el tiempo para conocer las horas exactas de trabajo del restaurante. Todas estas cosas son muy básicas, pero igualmente importantes. Estos procedimientos que usted aplica para obtener información previa son útiles para desarrollar expectativas. Este procedimiento es similar en todas las actividades principales del proceso de análisis mientras se implementa un procedimiento de análisis.

Recopilación de información

En el paso de recopilación de información, recopilará información relacionada con la pregunta o los datos mencionados. Para los datos, al utilizar el procedimiento de conocimiento previo anterior o si desarrolló las expectativas sobre los resultados, se recomienda llevar a cabo la operación una vez que se hayan inspeccionado los datos. El resultado de esta actividad puede ser los datos que necesita recopilar y determinar si los datos recopilados son según sus expectativas deseadas.

Comparación de expectativas

Una vez que tenga los datos disponibles con usted, el siguiente paso sería comparar los datos con sus expectativas. En comparación, probablemente terminaría con estos dos posibles resultados:

1. Sus expectativas coinciden con precisión con los datos

2. Sus expectativas no coinciden, y por lo tanto ha fallado.

Por ejemplo, considere que está a punto de igualar sus estimaciones de costos y el importe final. Si ambas entidades coinciden con precisión, puede pasar al paso siguiente. Pero en el caso, si la estimación de costos y el monto final no coinciden como si sus expectativas cuestan $50, pero el cheque es de $25, entonces usted no ha podido igualar. Puede haber dos posibilidades de obtener cantidades diferentes en este último ejemplo. En primer lugar, es posible que haya hecho las expectativas equivocadas, y necesita volver a visitarlas y corregirlas. En segundo lugar, es un control erróneo, que posiblemente contenga errores e irregularidades.

Aprendizaje automático

El aprendizaje automático se refiere a las técnicas de aprendizaje para los sistemas a partir de varios tipos de datos que procesan. Es mucho más fácil entrenar un sistema en datos particulares para predecir las decisiones. El proceso de capacitación está permitiendo continuamente que el sistema prediga, actualice y tome decisiones. Algunos sistemas, como Gmail, Outlook, etc. Utilice filtros de spam, que son excelentes ejemplos de sistemas de aprendizaje automático aplicados. Estos sistemas utilizan filtros bayesianos para tomar y cambiar las decisiones. Estas predicciones y decisiones ayudan a un sistema de este tipo a permanecer un paso por delante de los spammers. Otro ejemplo puede ser las aprobaciones de crédito, que utilizan redes neuronales que utilizan técnicas de aprendizaje automático. Los científicos de datos siempre han preferido usar técnicas de aprendizaje automático como primer método mientras evalúan los datos. Esa es la razón por la que el aprendizaje automático se conoce como cambio de juego. ¿Qué hace que el aprendizaje automático sea tan importante? Hay cuatro características de la inteligencia de la máquina:

1. Se basa en una base sólida de un avance teórico

3. Redefine el paradigma económico actual

4. El resultado final es la mercantilización

5. revela nuevos datos de la ciencia de datos

Aprendizaje supervisado y no supervisado

El aprendizaje automático se puede subdividir en dos grandes categorías: Aprendizaje supervisado y Aprendizaje no supervisado.

Aprendizaje supervisado: en este tipo de aprendizaje, el sistema toma decisiones en función del tipo de datos introducidos. Por ejemplo, puede decir que las aprobaciones automatizadas de tarjetas de crédito y los filtros de spam en los correos siguen la técnica de aprendizaje supervisado.

Cuando el sistema se suministra con muestras de datos pasadas/históricas de entradas y salidas, establece la relación entre los datos mediante el aprendizaje supervisado.

Aprendizaje no supervisado: en este tipo de aprendizaje, el sistema toma decisiones en función de solo los datos de entrada sin una variable de salida correspondiente. El aprendizaje no supervisado crea un modelo de la estructura subyacente de los datos para que pueda obtener más información sobre los datos. Se conoce como "no supervisado" porque no está supervisado por los datos totales, y los datos resultantes pueden o no ser inexactos. Ejemplos de aprendizaje no supervisado pueden ser el análisis de clústeres. En el análisis de clústeres, debe seleccionar un grupo de entidades, que tiene atributos diferentes, y dividirlos y categorizar estos espacios de entidades en función de lo lejos o cerca que estén. Otro ejemplo puede ser el análisis de factores, es decir, predicciones y datos de previsión. Pero ambos difieren en términos de resultado, que producen. Las predicciones se centran en resaltar un solo resultado, mientras que las previsiones tienen múltiples resultados en forma de probabilidades.

Capítulo 4

Visión general de la técnica de ciencia de datos, modelado y características

Para comenzar su carrera como científico de datos, debe ser un experto en análisis matemático y estadístico, y también debe estar bien versado en la codificación. Las habilidades de codificación forman una parte importante de la ciencia de datos. Debe poder jugar con datos y conjuntos de datos con facilidad. Debe ser un experto en uno de los temas en particular. A menos que seas un experto en un tema en particular, eres sólo un matemático o estadístico. Para ilustrar, una persona sin tener conocimiento o experiencia en herramientas de software y su análisis puede ser un programador de software y se llama un ingeniero de software o un desarrollador, pero no un científico de datos.

A medida que la demanda de información de datos ha aumentado enormemente, todas las organizaciones están dispuestas a adoptar la ciencia de datos. Hay expertos en todas las disciplinas que utilizan la ciencia de datos bajo ciertos títulos que pueden aparecer como científicos de datos de tecnología publicitaria, director de científico/analista de datos bancarios, analista de datos de geoingeniero, científico de datos clínicos, analista/científico de datos de análisis geoespacial, analista político, científico de datos de personalización de tiendas minoristas y analista de informática clínica en farmacia. Ahora echemos un vistazo más amplio a los componentes clave que forman parte de un rol de científico de datos:

C-ll-ting, consulta y consumo de datos

Normalmente, el rol de un ingeniero de datos es capturar y recopilar grandes volúmenes de datos estructurados, no estructurados y semiestructurados. A veces, al igual que durante el procesamiento de los datos, se supera la capacidad normal de la base de datos convencional, ya que no encaja en los requisitos estructurales de la arquitectura de base de datos tradicional. Una vez más, la tarea de un ingeniero de datos es una manera de diferente pero más fácil que un científico de datos. Los científicos de datos están más centrados en el análisis de los datos, la predicción de los resultados y la visualización de los datos. Pero hay cierta similitud en la funcionalidad de la ciencia de datos con un ingeniero de datos en términos de recopilación de datos, consulta y consumo de los datos durante el proceso de análisis.

Aunque se dice que se puede generar información valiosa a partir de una única fuente de datos o conjuntos de datos, la combinación de varias fuentes pero relevantes tiende a proporcionar información más contextual que da como resultado mejores decisiones informadas sobre los datos. La ventaja que tiene un científico de datos es que pueden trabajar a partir de varios conjuntos de datos que combinan para obtener suficiente información que se almacena en una sola base de datos, o pueden estar en diferentes bases de datos. A menudo, los datos de origen se almacenan y procesan en una plataforma basada en la nube. Esta plataforma basada en la nube está construida por software o por ingenieros de datos.

Si es un científico de datos, no tiene más remedio que consultar datos, es decir, escribir comandos o programas para obtener conjuntos de datos relevantes de cualquier origen de datos. Esto es válido para un único origen de datos de base de datos o una base de datos combinada. En términos simples, la mayoría de las veces, usará lenguaje de consulta estructurado (SQL) para consultar datos. Cuando trabaja con una aplicación o realiza análisis personalizados utilizando cualquier lenguaje de programación como R o Python, puede elegir cualquier formato de archivo aceptado universalmente, que se enumeran a continuación:

- *Archivos de valores separados por comas (CSV):*
Es común y el formato de archivo universalmente aceptado. Casi todas las aplicaciones de análisis basadas en web y empresas a gran escala aceptan este tipo de archivo. También lo aceptan muchos de los lenguajes de scripting comúnmente utilizados como Python y R.

- *Guiones:*
Casi todos los científicos de datos conocen lenguajes de scripting como la programación python o R, que utilizan para analizar y visualizar los datos. Estos archivos de script tienen la extensión .py o. ipynb (Python) o. R (R).

- *Archivos de aplicación:*

Uno de los ejemplos de los archivos de aplicación puede ser una hoja de Excel de uso común. Es útil para aplicaciones de análisis como ArcGIS y QGIS, que tienen su archivo proprietary formats (el archivo . MDX para ArcGIS y la extensión .qgs para QGIS).

- *Archivos de programación web:*

Si está intentando crear una visualización de datos personalizada basada en web, puede usar documentos controlados por datos para trabajar con ellos. Esta es una biblioteca JavaScript especialmente diseñada para fines de visualización de datos. Cuando necesite trabajar con D3.js, puede usar esos datos para manipular los documentos basados en web mediante archivos HTML, SVG y .css de hipertexto.

Descripción general de las técnicas de ciencia de datos

Cuando decimos técnicas, incluye todo lo relacionado con el análisis, la recopilación, la conceptualización y el contextualización de datos. Si está pensando profundamente en convertirse en un científico de datos, probablemente le gustaría trabajar con todas las nuevas tecnologías emergentes. Con el desarrollo de Machine Learning y la última tecnología de Deep Learning, que ha funcionado con redes neuronales, es interesante saltar con este tipo de tecnologías. Estas tecnologías están resultando muy beneficiosas para los investigadores. Los científicos de datos siguen disfrutando de estas innovaciones y nuevas tecnologías. Puede decir que un científico de datos es un todoterreno que tiene un sólido conocimiento sobre estadísticas, codificación y herramientas de ingeniería de software.

En resumen, un científico de datos debe tener una mezcla de habilidades. Scripting, codificación, pensamiento crítico y capacidad estadística. Usted debe sobresalir en sus habilidades en estadísticas, así como la programación. Un científico de datos debe entender todos los conceptos básicos y sería capaz de hacer un mapa de un punto. Por ejemplo, debe entender las ideas detrás de diferentes técnicas para que entiendan cómo y cuándo usar ese método. Es obvio que usted debe familiarizarse con los métodos más simples primero para entender los complejos. Además, debe saber cómo comprobar la eficiencia de su trabajo. Cuanto más eficiente sea tu trabajo, más precisos serás el resultado. La ciencia de datos es un campo interesante para fines de investigación que tiene aplicaciones significativas en muchas industrias como la ciencia, las finanzas, la medicina, etc., por nombrar algunas. Pero las estadísticas son un componente importante, que debe ser conocido por cualquier científico de datos. Estamos introduciendo algunos problemas de aprendizaje estadístico a continuación, que pueden ser útiles para el aprendizaje de estadísticas.

Algunos ejemplos de problemas de Aprendizaje Estadístico son:

- Personalizar un sistema de detección de spam de correo electrónico.

- No encontrar la posibilidad de tener un ataque cardíaco de una persona mediante el análisis de mediciones clínicas, datos demográficos y dieta.

- Clasificación de muestras de tejido en diferentes familias de cáncer.

- Identificación de la relación entre las variables demográficas y la asistencia a la encuesta de población.

Antes de entrar en las técnicas de ciencia de datos para tratar eficazmente con conjuntos de datos más grandes, se recomienda comprender la diferencia entre el aprendizaje estadístico y el aprendizaje automático. Tenemos un capítulo separado para el análisis estadístico y las herramientas, así como para el aprendizaje automático. Obtendrá una breve descripción de ambos procesos en los próximos capítulos.

La diferencia puede ser:

1. El aprendizaje estadístico comenzó como una rama de Estadísticas.

2. Machine Learning comenzó como una rama de la Inteligencia Artificial (IA).

3. El aprendizaje estadístico se refiere a los modelos y su interpretabilidad, incertidumbre y precisión.

4. Machine Learning incluye todo esto y también tiene una ventaja en una firma de Marketing.

1. Regresión lineal

Regresión lineal se refiere a la predicción de un destino en términos de estadísticas. La predicción de regresión lineal de un destino se logra teniendo la relación lineal correcta entre las variables o datos dependientes e independientes. El resultado perfecto se logra cuando hay una pequeña desviación en la suma de todas las distancias entre la forma y las observaciones anteriores. Este es el mejor ajuste, ya que no habrá otra posición que pueda tener un error tan pequeño. La regresión lineal se subdivide de nuevo en dos tipos amplios:

- Regresión lineal simple

- Regresión lineal múltiple

En la regresión lineal simple, tendrá una única variable/datos independiente, que predice una variable/datos dependientes al tener la mejor relación lineal. Mientras que, la regresión múltiple se refiere a tener varias variables/datos independientes para predecir una variable/datos dependientes.

2. Clasificación

La clasificación es una técnica de minería de datos. Esta técnica es un tipo de análisis que se utiliza para asignar entidades a un conjunto de datos para obtener un análisis preciso, así como predicciones. Existen dos tipos de técnicas de clasificación que se utilizan comúnmente para el análisis de un conjunto de datos avanzado:

1. Regresión logística

2. Análisis discriminatorio

Regresión logística

Como su nombre indica, se trata de una regresión logística en la que el análisis se realiza cuando se tiene una variable binaria, pero debe ser una variable dependiente. Se utiliza mejor para describir datos y explicar la asociación entre una variable binaria dependiente y una variable dependiente nominal.

Análisis discriminatorio

En el análisis discriminatorio, los clústeres de datos se conocen comúnmente a priori. En función de los datos, cualquier nueva observación se clasifica según la población en función de los tipos de entidades que se van a medir. Este método se utiliza para la distribución de predictores independientes 'A' en todas y cada una de las clases de respuesta. Dependiendo de la naturaleza de los modelos, se pueden distinguir entre el modelo lineal o el modelo cuadrático.

Análisis Discriminante Cuadrático.

El análisis discriminante cuadrático es una opción alternativa para el método anterior. Por este método, se supone que las observaciones o predicciones se extraen de una clase de 'B' y provienen de la distribución gaussiana. La matriz de covarianza puede ser la otra suposición realizada en este tipo.

Análisis Discriminante Lineal

Nos hemos encontrado con las observaciones y predicciones de los datos mediante análisis discriminantes, pero ¿cómo se calculan las puntuaciones discriminantes? La respuesta a esta consulta es

"Análisis discriminante lineal". Mediante esta técnica, podrás medir las "puntuaciones discriminantes" para cada una de las observaciones que realices, que son detectadas por las combinaciones lineales de variables independientes. En este método, se supone que todas las observaciones registradas en cada conjunto de datos proceden de la distribución gaussiana.

3. Selección de subconjuntos

Este método se utiliza para buscar un subconjunto de predictores 'x' que se pueden relación con la respuesta. Además, se crea un modelo seleccionando el menor número de cuadrados de las mismas entidades de subconjunto.

La mejor selección de subconjuntos

En este tipo de selección, se selecciona y aplica una regresión diferente, es decir, mínimo cuadrado ordinario (OLS), para cada posible combinación de predictores 'x' y para la observación del modelo que se ajuste a él. El algoritmo utilizado en esta selección generalmente tiene dos etapas:

1. Debe ajustar un modelo con predictores 'k'.

2. Resaltado de la predicción validada cruzada.

Aquí también, uno debe tener cuidado y no debe olvidarse de utilizar el error de validación. Esto se debe a que RSS y R2 pueden aumentar monotonicamente con el aumento variable. ¿Cómo va a validar cruzadamente? La mejor manera sería utilizar el R2 más alto mientras se tiene el valor RSS más bajo para estimar el error.

Selección escalonada hacia delante

La selección escalonada hacia delante funciona de forma recta cuando se consideran subconjuntos más pequeños de predictores x y se inicia sin un modelo de predictor. Los predictores se agregan al modelo hasta que el modelo se empaqueta con todos los predictores.

Selección escalonada hacia atrás

La selección escalonada hacia atrás funciona exactamente de la manera opuesta. Aquí, el modelo está lleno de predictores todo el tiempo. El predictor más bajo se elimina del modelo cada vez.

4. Encogimiento

La contracción se utiliza mejor para el modelo que tiene todos los predictores empaquetados en sí mismo. Aquí, se utiliza la selección escalonada hacia atrás. Los coeficientes estimados se desechan cada vez desde el modelo y se hacen a cero, lo que depende de las estimaciones menos cuadradas. En su mayoría, se utiliza la selección hacia atrás, pero también se abordan otros métodos; en el par, cualquier otro método se utiliza, los coeficientes se pueden acercar a cero aproximado. La reducción tiene dos técnicas principales enumeradas en los libros, viz.

Regresión de Ridge

La regresión de cresta es algo similar al análisis de mínimos cuadrados que tiene la única diferencia en la estimación de los coeficientes. En este paso, RSS se reduce cuando se tiende a seleccionar un coeficiente mediante Regresión de cresta. Además, una característica notable es que hay una penalización cuando los coeficientes se acercan a cero. Esta penalización, por todos los medios, afecta a las estimaciones del coeficiente a cerca del cero. Por lo tanto, al aplicar la regresión de cresta, es importante que elimine todos los rasgos, incluso cualquiera de la varianza de espacio de columna más pequeña. El problema principal con Ridge Regression es que tendrá todos los predictores x disponibles en el modelo final también. Por lo tanto o de otro modo, la penalización establece todos los predictores de nuevo a cero. Por lo general, esto no hace que sea imposible estimar el resultado; aún así, incluso se puede predecir con precisión. El único inconveniente es que se hace un poco difícil interpretar los resultados finales.

Lazo

Lazo funciona de una manera similar a la regresión de la cresta, pero la única diferencia es que fuerza los coeficientes específicos a cerca del cero, siempre y cuando tenga un valor más pequeño. Lasso puede corregir el problema, que generalmente ocurre en Ridge Regression.

5. Reducción de dimensiones

La reducción de dimensiones ayuda a reducir el problema de aproximación del coeficiente X+1 a un problema más simple, es decir, el coeficiente N+1 (N<X). Esto se puede lograr mediante el uso de una técnica informática. Aquí, usted tiene que calcular N diferentes combinaciones lineales y proyecciones variables. Aquí, n proyecciones se están extrayendo y se utilizan como predictores en el modelo de regresión lineal.

Regresión de componentes principales

La extracción de un conjunto de propiedades de baja dimensión de un vasto/gran grupo de variables es de qué componentes principales se trata regresión. El valor inicial del componente principal de los datos tiene las observaciones, que cambian mucho. Esto normalmente significa que el componente inicial representa una línea recta que se ajusta a los datos de cerca. Puede ajustar x componentes principales distintos. El siguiente componente principal sigue la combinación lineal de pasos de variables que son diferentes del componente principal inicial y contiene la varianza más alta que está sujeta a la restricción. Utilizando combinaciones lineales en direcciones ortogonales, el componente principal conserva la varianza en los datos originales. El método de regresión de componente principal incluye resaltar las combinaciones lineales de P que representarían los mejores predictores P. Este método sigue la técnica de aprendizaje no supervisado, ya que los predictores P dependen de la respuesta de Q para determinar las direcciones del componente principal. En otros términos, Q no puede supervisar la selección de cualquiera de los componentes principales. No se garantiza que cualquiera que sean las direcciones que se utilizan para definir los predictores se puede utilizar para la predicción de la respuesta. El mínimo cuadrado parcial puede ser una alternativa al aprendizaje supervisado; funciona de manera diferente. Selecciona nuevos conjuntos más pequeños de entidades incrustadas con una combinación lineal de entidades anteriores. Se utiliza para resaltar la respuesta de las nuevas características.

6. Modelos no lineales

En este tipo, la observación de los datos se modela mediante el uso de una función de combinación no lineal de los parámetros. Depende de más de una, o puede decir varias variables pero independientes. Los datos se aplican principalmente mediante la técnica de aproximación sucesiva. Hay algunas técnicas de modelo no lineal, que debe ser familiar:

Una función fragmentada

Esta es una función común en la que su función es aplicar un intervalo específico a la función del dominio principal con la ayuda de varias subfunciones. En este tipo de función, puede expresar la función en lugar de la propia función característica.

A Spline

Cuando se realiza una función por pieza con el uso de un polinomio, se conoce como una función spline. En el lenguaje informático, la representación gráfica se realiza utilizando esta función. Representa una curva paramétrica polinómica por parte. Representa una curva popular como resultado de la simplicidad en la construcción.

7. Los métodos basados en árboles

Este método se utiliza mejor cuando tiene problemas relacionados con la clasificación y la regresión. Los problemas pueden estar relacionados con la segmentación del espacio predictor en la construcción de regiones más simples. Puesto que hay un conjunto de reglas para dividir el espacio predictor, puede decidir y resumirlo en un árbol. Esto se conoce como el método de árbol de decisión.

Tenemos un capítulo separado para entender la esencia y el papel de un árbol de decisiones en la ciencia de datos. Hemos enumerado algunos métodos comunes de árbol para facilitar sus esfuerzos utilizando el mismo:

Embolsado

El etiquetado ayuda a producir datos de entrenamiento adicionales a partir de los datos o conjunto de datos iniciales, lo que se traduce en la reducción de la variación de la predicción. Cuando esto se realiza varias veces, en otras palabras, se realizan pasos de repetición, produce un paso múltiple de carnalidad similar. Funciona inversamente; a medida que aumenta el tamaño del conjunto de entrenamiento, automáticamente se reduce la varianza.

Impulsar

Esto también se conoce como una técnica de promediación. En este método, el resultado de diferentes modelos se calcula para obtener el promedio de los resultados a través de una técnica de promedio ponderado. Al predecir y determinar los méritos y deméritos de esta técnica, es posible desarrollar una excelente fuerza predictiva que se puede aplicar en una gran cantidad de datos de entrada.

Bosque aleatorio

El algoritmo utilizado en la Técnica de Bosque Aleatorio representa el famoso Algoritmo de embolsado. El desarrollo de muestras de arranque aleatorio de los conjuntos de entrenamiento es posible utilizando este algoritmo. No limitado a bootstrap, también es posible construir un subconjunto aleatorio de características que generalmente se utilizan para entrenar los árboles individuales. En el embolsado, se asigna un conjunto completo de entidades a cada árbol debido a esta selección de entidades aleatorias. Además, puede obtener un mejor rendimiento predictivo haciendo que los árboles sean más independientes entre sí que utilizando un método de embolsado normal.

8. Máquinas vectoriales de la ayuda (SVM)

La máquina de vectores de soporte se coloca junto a los modelos de aprendizaje supervisado en Machine Learning. Este método es un tipo de Aprendizaje automático. Alternativamente, se utiliza para calcular el hiperplano en dimensiones más altas como 2D y 3D. Un hiperplano explica el lado dimensional de los datos. Se define como un subespacio dimensional p-1 de un espacio dimensional p que se utiliza para predecir las diferencias entre dos clases de puntos que tienen el margen máximo. Generalmente, el margen está optimizado en este tipo. Los puntos de datos que se encuentran a ambos lados del hiperplano se conocen como vectores de soporte. Hay ciertas situaciones en las que no es posible separar los datos; en tales casos, los puntos deben definirse en un espacio dimensional mucho más alto donde se puede aplicar la separación lineal. El problema que consta de varias clases se puede distribuir en problemas de clasificación binaria uno contra uno.

9. El aprendizaje no supervisado

En el aprendizaje no supervisado, no se conocen los datos ni el grupo de datos. Los patrones de los datos proporcionados deben ser determinados por los algoritmos de aprendizaje. Anteriormente, hemos visto un ejemplo de aprendizaje no supervisado, es decir, agrupación en clústeres. En la agrupación en clústeres, los diferentes conjuntos de datos se agrupan en grupos de conjuntos de datos estrechamente relacionados.

Análisis de componentes principales

Anteriormente hemos visto la regresión del componente principal. Ahora echemos un vistazo al Análisis de componentes principales. La generación de la representación menos dimensional de cualquier conjunto de datos es posible mediante este método. Definir un determinado conjunto de propiedades lineales con varianza máxima y que son mutuamente no relacionados da como resultado un conjunto de datos. Esto es importante desde una perspectiva de aprendizaje para entender la interacción latente en el aprendizaje no supervisado.

Clustering jerárquico

Este es un tipo especial de agrupación que desarrolla un árbol de clústeres al tener una jerarquía multinivel de clústeres.

K-means Clustering

La agrupación en clústeres k-means se utiliza para dividir los datos en clústeres K en función de la distancia del clúster desde el centro del centroide. Esta agrupación en clústeres es una base de las técnicas estadísticas que ayudan a un administrador de programas de ciencia de datos. Ayuda a desarrollar un mejor conjunto de habilidades de lo que está sucediendo aparte de los Términos de ciencia de datos. Comprender los términos básicos de la ciencia de datos como algoritmos, estadísticas, probabilidad, etc. Son muy importantes que ayudarían a comprender mejor la ciencia de datos.

Descripción general del modelado de datos

El modelado de datos es un aspecto crucial de la ciencia de datos. Es la metodología más atractiva, que es utilizada y recompensada por la mayoría de los estudiantes básicos de ciencia de datos. El modelado de datos ha recibido la mayor atención que cualquier otro proceso definido en la ciencia de datos. Tiene varias funciones para trabajar; uno de ellos puede estar aplicando una función a una clase determinada de un paquete. Hacer que un modelo sea fuerte, confiable y robusto es lo que obtenemos del modelado de datos. También se asocia con la creación de información o conjunto de características de datos. Este proceso incluye varias funciones que aseguran un manejo adecuado y preciso de los datos de la mejor manera posible.

Modelo de datos robusto

Aprendimos sobre el diseño de los datos o conjunto de datos. Pero, ¿cómo produciría los datos? Lo hace el modelo de datos robusto y debe tener un buen rendimiento dependiendo de diferentes métricas. Depende de varias métricas, ya que una métrica simple puede tener algunos problemas en el diseño del modelo porque hay varios aspectos de los problemas de clasificación. El análisis de sensibilidad puede ser otro aspecto importante del modelado de ciencia de datos. La sensibilidad se refiere a una condición en la que si la entrada está destinada a cambiar ligeramente, entonces la salida se cambia considerablemente. Tal incoherencia no debería estar allí; por lo tanto, comprueba la sensibilidad también igualmente importante para tener un modelo robusto. Para terminar con la interpretación, lo que no es posible en ciertos casos, pero resulta ser un aspecto esencial de la ciencia de datos. Se refiere a la interpretación del resultado y a la facilidad de hacerlo. Hay una técnica conocida como caja negra que se utiliza para controlar la sensibilidad. Pero es algo difícil de interpretar debido a la técnica de la caja negra. Se recomienda que usted puede ir por un modelo relativamente interpretable para defender la salida de otros.

Descripción general de la caracterización de datos

La caracterización de datos es el siguiente paso después del modelado de datos. Tenemos una visión general de cómo modelar los datos de manera eficiente. Ahora, vamos a profundizar en la confección de datos. Para que cualquier modelo funcione mejor, es muy recomendable que tenga información que tenga conjuntos enriquecidos de características. Antes de proceder al desarrollo de los datos, deben limpiarse para determinados fines. La limpieza de los datos incluye la solución de problemas con cualquiera de las dos visualizaciones. Los conjuntos de datos o los puntos de datos, rellenando los valores que faltan siempre que sea posible y en algunas situaciones eliminando elementos ruidosos. La normalización sería el primer paso mientras se agregan variables en el modelo. Se realiza utilizando el método de transformación lineal, asegurándose de que las variables giren alrededor de un rango determinado. Normalmente, la normalización es suficiente para convertir variables en entidades si se limpian en el primer paso. Otro proceso de caracterización puede ser Binning. El proceso de binning se puede describir brevemente como la construcción de variables nominales, que se dividen en características binarias distintas que finalmente se aplican al modelo de datos. Por último, hay algunos métodos de reducción que son útiles en la creación de un conjunto de características. Pasando por esto, debemos comprobar algunas consideraciones importantes en la características de datos.

Consideraciones importantes

Para agregar valor al modelado de datos, un científico de datos debe ser capaz de considerar ciertas características importantes aparte de los atributos básicos del modelado de ciencia de datos. Esta importante consideración incluye pruebas en profundidad utilizando muestreo especializado, análisis de sensibilidad y varios aspectos del rendimiento del modelo para improvisar cualquier aspecto de rendimiento que pertenezca al modelado de ciencia de datos.

El futuro de la ciencia de datos y el modelado predictivo

No hay ciencia de cohetes que sepa que lo importante es el análisis predictivo en el campo de la ciencia de datos. Las nuevas empresas basadas en algoritmos nos han dado una dirección sobre cómo predecir y encontrar el resultado de un dato dado. Todos los casos de uso de la ciencia de datos y el modelado predictivo parecen tener un recorrido: planificación de herramientas para ayudar a los clientes a comprender y definir mejor las ubicaciones, las fechas, las necesidades del hotel y otros factores que afectan los detalles de los viajes. Estos productos han dado un paso adelante hacia una herramienta de ciencia de datos fácil de usar que puede convertirlo en un científico de datos.

De predictivo a prescriptivo

Los científicos de datos anteriores utilizaron técnicas predictivas, pero poco a poco están girando su cara hacia la técnica prescriptiva, que es una aplicación práctica. En la fase predictiva, hubo algunos datos históricos que predijeron las probabilidades de resultados futuros, mientras que los acuerdos prescriptivos con la suposición de que un agente humano activo puede afectar positivamente los resultados. Veamos algunas definiciones.

• *Análisis descriptivo*

La etapa inicial del análisis empresarial en la que se examinan los datos históricos y el rendimiento

• *Análisis predictivo*

La segunda etapa de la analítica de negocios, donde se elige el mejor curso de acción.

• *Análisis prescriptivo*

Este es el análisis empresarial final de tres etapas, donde se toma el mejor curso de acción considerando el curso de acción que se eligió anteriormente.

La razón principal para recurrir a la técnica prescriptiva es que ayuda a elevar el modelo para tener la oportunidad de convertir un cable para la oferta dada. Para ilustrar, para comprobar si la empresa envía un bono de inicio de sesión para ver cómo afecta a las posibilidades del empleado de aceptar el trabajo. De esta manera conduce a la planificación proactiva de la organización. Por otro lado, tales decisiones crean una línea entre la máquina y las interacciones humanas. Los modelos predictivos tradicionales proporcionaban información a los usuarios finales sobre la probabilidad de un evento. Estaba en manos de los humanos decidir qué pueden hacer con esta información. Sin embargo, el modelo predictivo edificante también es eficaz para determinar los eventos del resultado si se le da un curso de acción y se le pide que determine los eventos. Este método es especialmente importante cuando se prepara un modelo y se predicen resultados con respecto a la política, marketing, venta al por menor, médico, donaciones, etc.

Ciencia de Datos Convergiendo con IA

La Inteligencia Artificial ha dado un giro completo en el campo de la ciencia de datos. La Inteligencia Artificial tiene dos aplicaciones: Aprendizaje Profundo y Aprendizaje Automático. Ambas aplicaciones afectan en gran medida a la práctica de la ciencia de datos. Principalmente el aprendizaje automático se utiliza en abundancia en la ciencia de datos. Las herramientas de IA ayudan en el proceso de recopilación de datos e incluyen un análisis detallado y una organización de los datos en soluciones y diseños. Por ejemplo, un ingeniero de Auto Cad utiliza técnicas para producir estructuras tridimensionales utilizando Inteligencia Artificial. La IA también se puede utilizar en varios proyectos, incluyendo el diseño de modelos, chatbot, etc. La característica principal, al hacer este tipo de proyecto, no se limita a crear diseños. Además, crea diferentes conjuntos de conjuntos de datos en función de la estructura y las soluciones propuestas. Además, permite a los diseñadores desarrollar algunos prototipos que se centran principalmente en problemas/problemas personalizados. Herramientas como esta que se aplicarán y utilizarán en el futuro deben tener una función analítica estricta en la ciencia de datos; que proporcionarán ideas y recomendaciones a productos y aplicaciones de investigación y desarrollo. No sólo estas herramientas realizan tareas que un humano hace, sino que también asegura la eficacia. Tales máquinas pueden predecir ideas, emociones que un humano puede sentir. Por ejemplo, Google Alexa, que se ejecuta en la tecnología de IA que analiza el sonido. Además, algunos tipos de equipos que identifican las emociones humanas.

Fin de la ciencia de datos impulsada por el ser humano

Las últimas tecnologías están creciendo a un ritmo más rápido, y se están adoptando en todas partes, lo que eventualmente conducirá al final de la práctica de pedir a cualquier experto cualquier solución. Todas las soluciones serían dadas por la propia Máquina utilizando tecnología de IA. Por otro lado, la tecnología de aprendizaje profundo es reconocida como la mejor tecnología que tiene una red neuronal utilizada para analizar el trabajo de extremo a extremo. Conducirá a la automatización en un futuro próximo, y el trabajo de los científicos de datos puede reducir considerablemente. Se prevé que en las próximas décadas, todo se automatizaría y almacenaría en la nube eliminando los esfuerzos humanos manuales. En los próximos capítulos se explica una guía completa sobre Aprendizaje automático y Aprendizaje profundo: Trabajar con redes neuronales. Tendrá una breve descripción general del funcionamiento completo de dicha tecnología, cómo implementarla y cuándo implementarla para producir resultados más precisos.

Capítulo 5

Definición de herramientas de ciencia de datos

H ay muchas herramientas disponibles para el procesamiento de datos. En pocas palabras, el análisis de datos es una metodología que requiere inspección, limpieza, transformación y modelado de datos. Su propósito es descubrir información vital, el resultado final, una interpretación adecuada y descifrar un modo de acción adecuado. Este capítulo le da una idea sobre las mejores herramientas y técnicas que los científicos de datos utilizan para el análisis de datos.

Herramientas de datos de código abierto

Openrefine

Openrefine fue anteriormente conocido como Google Refine. Esta herramienta se encuentra más eficiente cuando se trabaja con datasets desorganizados. Esto permite a los científicos de datos limpiar y poner los datos en un formato diferente. También permite al científico de datos integrar diferentes conjuntos de datos (externos e internos). Google refine es una gran herramienta para la exploración de datos a gran escala, lo que permite al usuario descubrir los patrones de datos fácilmente.

Naranja

Es una herramienta de visualización y análisis de datos de código abierto diseñada y destinada a aquellas personas que no tienen experiencia en ciencia de datos. Ayuda al usuario a crear un flujo de trabajo interactivo que se puede utilizar para el análisis y la visualización de datos, utilizando un flujo de trabajo interactivo simple y una caja de herramientas avanzada. La salida de esta herramienta difiere de las gráficas de dispersión, gráficos de barras y dendrogramas convencionales.

Knime

Knime es otra herramienta de solución de código abierto que permite al usuario explorar datos e interpretar la información oculta de manera eficaz. Uno de sus buenos atributos es que contiene más de 1000 módulos junto con numerosos ejemplos para ayudar al usuario a entender las aplicaciones y el uso eficaz de la herramienta. Está equipado con las herramientas integradas más avanzadas con algunos algoritmos complejos.

Programación R

La programación R es la herramienta más común y ampliamente utilizada. Se ha convertido en una herramienta estándar para la programación. R es un software gratuito de código abierto que cualquier usuario puede instalar, usar, actualizar, modificar, clonar e incluso revender. Se puede utilizar de forma fácil y eficaz en la informática estadística y los gráficos. Se hace de una manera que es compatible con cualquier tipo de sistema operativo como Windows, plataformas macOS y UNIX. Es un lenguaje de alto rendimiento que permite al usuario administrar big data. Dado que es gratuito y se actualiza regularmente, hace que los proyectos tecnológicos sean rentables. Junto con la minería de datos, permite al usuario aplicar sus conocimientos estadísticos y gráficos, incluidas pruebas comunes como una prueba estadística, agrupación en clústeres y modelado lineal no lineal.

Rapidminer

Rapidminer es similar a KNIME con respecto a tratar con la programación visual para el modelado de datos, análisis y manipulación. Ayuda a mejorar el rendimiento general de los equipos de proyectos de ciencia de datos. Ofrece una plataforma de código abierto que permite Machine Learning, implementación de modelos y preparación de datos. Es responsable de acelerar el desarrollo de un flujo de trabajo analítico completo, desde los pasos de validación del modelo hasta la implementación.

Pentaho

Pentaho aborda los problemas a los que se enfrenta la organización en relación con su capacidad para aceptar valores de otra fuente de datos. Es responsable de simplificar la preparación de datos y la mezcla de datos. También proporciona herramientas utilizadas para el análisis, visualización, informes, exploración y predicción de datos. Permite a cada miembro de un equipo asignar el significado de los datos.

Weka

Weka es otro software de código abierto que está diseñado con una vista de manejo de algoritmos de aprendizaje automático para simplificar las tareas de minería de datos. El usuario puede utilizar estos algoritmos directamente para procesar un conjunto de datos. Puesto que se implementa en la programación JAVA, se puede utilizar para desarrollar un nuevo esquema de Machine Learning. Permite una transición fácil al campo de la ciencia de datos debido a su sencilla interfaz gráfica de usuario. Cualquier usuario familiarizado con JAVA puede invocar la biblioteca en su código.

El nodexl

El nodexl es software de código abierto, visualización de datos y herramienta de análisis que es capaz de mostrar relaciones en conjuntos de datos. Cuenta con numerosos módulos, como importadores de datos de redes sociales y automatización.

Gelphi

Gelphi es una herramienta de visualización y análisis de red de código abierto escrita en lenguaje Java.

Talend

Talend es uno de los principales proveedores de software de código abierto que la mayoría de las empresas basadas en datos buscan. Permite a los clientes conectarse fácilmente independientemente de los lugares en los que se encuentren.

Visualización de datos

Envoltorio de datos

Es un software de visualización de datos en línea que se puede utilizar para construir gráficos interactivos. Los datos en forma de CSV, Excel o PDF se pueden cargar. Esta herramienta se puede utilizar para generar un mapa, una barra y una línea. Los gráficos creados con esta herramienta tienen listos para usar códigos de inserción y se pueden cargar en cualquier sitio web.

Tableau Public

Tableau Public es una potente herramienta que puede crear visualizaciones impresionantes que se pueden utilizar en cualquier tipo de negocio. La información de datos se puede identificar con la ayuda de esta herramienta. Con las herramientas de visualización de Tableau Public, un científico de datos puede explorar datos antes de procesar cualquier proceso estadístico complejo.

Infogram

Infogram contiene más de 35 gráficos interactivos y 500 mapas que permiten al usuario visualizar datos. Puede hacer varios gráficos como una nube de palabras, pastel y barra.

Tablas de fusión de Google

Google Fusion Tables es una de las herramientas de análisis de datos más potentes. Se utiliza ampliamente cuando un individuo tiene que lidiar con conjuntos de datos masivos.

Solver

El solucionador puede apoyar informes financieros, presupuestación y análisis efectivos. Puede ver un botón que le permitirá interactuar con los datos lucrativos de una empresa.

Herramientas de sentimiento

Opentext

La identificación y evaluación de expresiones y patrones son posibles en este motor de clasificación especializado. Realiza análisis a varios niveles: documento, frase y tema.

Trackur

Trackur es un software automatizado de análisis de opiniones que enfatiza una palabra clave específica que es rastreada por un individuo. Puede extraer ideas vitales mediante el monitoreo de las redes sociales y las noticias principales. En definitiva, identifica y descubre diferentes tendencias.

Opinión Crawl

Opinion Crawl es también un software de análisis de opiniones en línea que analiza las últimas noticias, productos y empresas. A cada visitante se le da la libertad de acceder al sentimiento web en un tema específico. Cualquier persona puede participar en un tema y recibir una evaluación. Se muestra un gráfico circular que refleja el último sentimiento en tiempo real para cada tema. Diferentes conceptos con los que las personas se relacionan están representados por varias miniaturas y etiquetas en la nube. También se muestra el efecto positivo y negativo de los sentimientos. Los rastreadores web buscan en el contenido actualizado publicado sobre temas y temas recientes para crear un análisis completo.

Herramientas de extracción de datos

Content Grabber

Content Grabber es una herramienta diseñada para que las organizaciones habiliten la minería de datos y guarden los datos en un formato específico como informes CSV, XML y Excel. También cuenta con un módulo de scripting y edición, por lo que es una mejor opción para los expertos en programación. Las personas también pueden utilizar C, VB.NET para depurar y escribir información de script.

IBM Cognos Analytics

IBM Cognos Analytics se desarrolló después de Cognos Business Intelligence. Se utiliza para la visualización de datos en el producto de BI. Se desarrolla con una interfaz basada en Web. Abarca una variedad de módulos, como la gobernanza de datos, análisis sólidos y administración. La integración de datos de diferentes fuentes para hacer informes y visualizaciones es posible utilizando esta herramienta.

Sage Live

Sage Live es una plataforma de contabilidad basada en la nube que se puede utilizar en pequeños y medianos tipos de empresas. Permite al usuario crear facturas, pagos de facturas utilizando teléfonos inteligentes. Esta es una herramienta perfecta si desea tener una herramienta de visualización de datos que soporte a diferentes empresas, monedas y bancos.

Gawk GNU

Gawk GNU permite al usuario utilizar un ordenador sin software. Interpreta un lenguaje de programación único que permite a los usuarios controlar trabajos de reformadeo de datos simples. Los siguientes son sus principales atributos:

No es un procedimiento. Está basado en datos.

Es fácil escribir programas.

En busca de una variedad de patrones de las unidades de texto.

Graphlab crea

Graphlab puede ser utilizado por los científicos de datos, así como los desarrolladores. Permite al usuario crear productos de datos de última generación mediante Machine Learning para crear aplicaciones inteligentes.

Los atributos de esta herramienta son la integración de la ingeniería automática de características, visualizaciones de Machine Learning y selección de modelos en la aplicación. Puede identificar y vincular registros dentro y entre orígenes de datos. Puede simplificar el desarrollo de modelos de Machine Learning.

Netlink Business Analytics

Netlink Business Analytics es una solución integral bajo demanda que proporciona la herramienta. Puede aplicarlo a través de cualquier navegador simple o software relacionado con la empresa. Las características de colaboración también permiten al usuario compartir los paneles entre equipos. Las características se pueden personalizar según las ventas y la complicada capacidad analítica, que se basa en la previsión de inventario, la detección de fraudes, el sentimiento y el análisis de abandono sesión de clientes.

Apache Spark

Apache Spark está diseñado para ejecutar memoria y en tiempo real.

Las 5 principales herramientas y técnicas de análisis de datos

Análisis visual

Existen diferentes métodos que se pueden utilizar para el análisis de datos. Estos métodos son posibles a través de esfuerzos integrados que implican interacción humana, análisis de datos y visualización.

Experimentos de negocios

Todas las técnicas que se utilizan para probar la validez de ciertos procesos se incluyen en las pruebas de Business Experiments AB, los experimentos de negocio y el diseño experimental.

Análisis de regresión

El análisis de regresión permite la identificación de factores que hacen dos variables diferentes relacionadas entre sí.

Análisis de correlación

El análisis de correlación es una técnica estadística que detecta si existe una relación entre dos variables diferentes.

Análisis de series temporales

El análisis de series temporales recopila datos en intervalos de tiempo específicos. Identificar los cambios y predecir eventos futuros de una manera retrospectiva es posible usando esto.

Capítulo 6

Conceptos estadísticos básicos de los científicos de datos

A l optar por la ciencia de datos, uno de los principales conceptos que debe conocer cualquier persona en los fundamentos de la ciencia de datos. Los fundamentos incluyen estadísticas que se clasifican como distribuciones, realidad dimensional, probabilidad, etc. Uno debe estar familiarizado con los fundamentos mientras se piensa en entrar en la ciencia de datos. Echemos un vistazo a los conceptos estadísticos.

Estadísticas

La estadística es uno de los aspectos más importantes de la ciencia de datos. Por lo tanto, se puede decir que las estadísticas son una herramienta poderosa mientras se realiza el arte de la ciencia de datos. Entonces usted puede preguntarse cuáles son realmente las estadísticas. Las estadísticas se pueden definir como matemáticas de alto nivel, que se utilizan para realizar cualquier análisis técnico de datos. Por ejemplo, un gráfico de barras o un gráfico de líneas puede darle una visualización básica de los datos y la información de alto nivel, pero las estadísticas tienen una ventaja adicional de "más información", es decir, somos capaces de trabajar en los datos de una manera más profunda y dirigida, que puede ser "enfoque basado en la información". Las matemáticas involucradas en este enfoque dan como resultado conclusiones concretas y precisas, lo que eventualmente reduce sus esfuerzos en la estimación o adivinar datos.

Mediante el uso de estadísticas, somos capaces de obtener información detallada y más refinada sobre la visión estructural de los datos. La vista estructural nos ayuda a identificar y obtener más información aplicando de forma óptima otras técnicas de ciencia de datos. Hay cinco conceptos estadísticos básicos con los que un científico de datos debe estar familiarizado, ¡y debe saber cómo aplicarlos de la manera más eficaz!

Características estadísticas

El concepto más común y utilizado de estadísticas es Características estadísticas. Trabajarás con muchas cosas como sesgo, varianza, media, mediana, percentiles, gráficos y tablas. Estadísticas es probablemente la primera técnica de estadísticas con la que trabajará mientras explora un dato o conjunto de datos. ¡Entender y aprender estadísticas es más o menos fácil para un principiante!

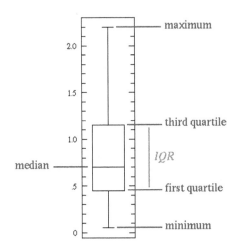

[fuente - http://www.physics.csbsju.edu]

Observe la figura anterior - La línea que corta el medio se conoce como el valor mediano de los datos. A veces, hay confusión entre una mediana y una media. La mediana se utiliza generalmente sobre un valor medio, ya que es más robusta, en relación con las superficies atípicos. Ahora, según la figura, se divide en tres cuartiles; El primer cuartil está aproximadamente en el percentil 25, es decir, el 25% de los puntos de datos se colocan por debajo de ese valor. Del mismo modo, el tercer cuartil está aproximadamente en el percentil 75, es decir, el 75% de los datos se colocan por debajo de ese valor. Los valores mínimo y máximo representan los límites inferior y superior del rango de datos, respectivamente.

La gráfica anterior define las características estadísticas:

- Si hay muchos valores en un rango pequeño con la mayoría de los puntos de datos similares, la gráfica de caja se representará como "corta".

- Si hay una amplia gama de valores con la mayoría de los diferentes puntos de datos, la gráfica de cuadro se representará como "alta".

- Dependiendo de la posición de la mediana, se puede decir que si el valor mediano está cerca del límite inferior, entonces la mayoría de los datos tendrían valores más bajos. Inversamente, si el valor mediano está cerca del límite superior, la mayoría de los datos tendrían valores más altos. En resumen: encontrará datos sesgados si el valor mediano no está exactamente en el centro de la gráfica de caja.

¿La cola es muy larga? Esto indica que los datos tienen una desviación estándar muy alta y varianza, es decir, los valores están dispersos y muy variables. Imagine que tiene la cola larga doblada hacia un solo lado de la caja y no en el otro lado, entonces sus datos pueden variar en esa dirección solamente.

El ejemplo de trazado de cuadro anterior era bastante simple de entender y calcular la información de la misma. Ahora echemos un vistazo a algunos conceptos similares en detalle:

Distribuciones de probabilidad

La probabilidad se puede definir como la ocurrencia de algún porcentaje de cambio en un evento. Por lo general, el valor de probabilidad se calcula o cuantifica entre el rango estándar de 0 a 1. Donde 0 indica que la probabilidad de ocurrencia de un evento no es repetitiva. Mientras que, uno indica que la probabilidad de ocurrencia de un evento es muy repetitiva. Una distribución de probabilidad es una función que representa todas las probabilidades de valores posibles en el modelo. Echemos un vistazo a algunos patrones comunes de distribución de probabilidad:

Patrón de distribución uniforme

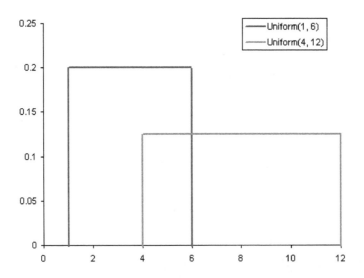

[fuente https://miro.medium.com]

La distribución uniforme es el tipo de distribución más simple y básico. Observe la figura anterior para las coordenadas X e Y y los puntos de las coordenadas. Esta distribución solo tiene un valor que se producirá en un intervalo determinado. Cualquier cosa fuera de ese rango de valores significaría que el rango es 0. También se conoce como distribución "activada o desactivada". Podemos categorizar los valores como 0 o el valor. La variable distinta de cero puede tener varios valores entre 0 y 1, pero puede ser visualización de una manera similar a como lo hicimos en la función por parte de varias distribuciones uniformes.

Patrón de distribución normal

Distribución normal también conocida como "Distribución gaussiana." Se define por el valor medio y la desviación estándar que se muestra. El valor inicial es responsable de desplazar y ajustar la distribución espacialmente, mientras que el spread está controlado por la desviación estándar. La diferencia más destacada en esta distribución es que la desviación estándar es la misma en todas las direcciones independientemente del cambio en el valor medio. Con la distribución gaussiana, podemos entender el valor medio general de la información o los datos. La difusión de datos de la visualización del modelo. También podemos identificar el rango de la propagación de datos, que puede estar en un formato concentrado de los datos que giran a los pocos valores, o puede tener un rango más amplio que se extiende sobre los valores.

Distribución de Poisson

Poisson Distribution

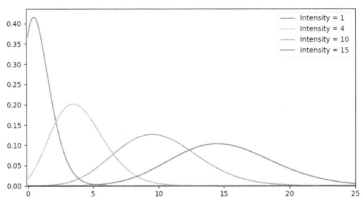

[fuente https://miro.medium.com]

El gráfico anterior representa una distribución de Poisson, donde todas las señales están en forma continua con intensidades variables. Poisson Distribution se puede comparar con la distribución uniforme, ya que es muy similar a eso; la excepción es sólo la asimetría. El asimetría o asimetría se puede definir como "ni paralelo ni perpendicular a una línea especificada o implícita." Si el valor de sesgo es menor, entonces tendrá un spread uniforme en toda la dirección como la distribución normal. Por otro lado, si la asimetría es alta, la distribución se dispersaría en diferentes posiciones. Puede estar concentrado en una posición, o puede estar disperso por todo el gráfico.

Esta es una visión general del patrón de distribución comúnmente utilizado. Pero las distribuciones no se limitan a estos tres; hay muchas más distribuciones que se utilizan en la ciencia de datos. De estos tres, la distribución gaussiana se puede utilizar con muchos algoritmos, mientras que elegir un algoritmo en la distribución de Poisson debe ser una discusión cuidadosa debido a su característica de asimetría.

Reducción de dimensionalidad

La reducción de la dimensionalidad puede ser un poco instintiva de entender. En ciencia de datos, se nos daría un conjunto de datos, y mediante el uso de la técnica de reducción de dimensionalidad, tendremos que reducir las dimensiones de los datos.

Imagine que se le ha dado un cubo de conjunto de datos de 1000 puntos de datos y es un cubo de 3 dimensiones. Ahora puede pensar que calcular 1000 puntos de datos puede ser un proceso fácil, pero a mayor escala, podría dar lugar a muchos problemas y complejidad. Ahora, utilizando la técnica de reducción de dimensionalidad, si miramos los datos en 2-Dimension, entonces es fácil reorganizar los colores en categorías. Esto reducirá el tamaño de los puntos de datos de 1000 a tal vez 100 si categoriza los colores en 10 grupos. Calcular 100 puntos de datos es mucho más fácil que los 1000 puntos de datos anteriores. En raras ocasiones, estos 100 puntos de datos también se pueden reducir a 10 puntos de datos mediante la técnica de reducción dimensional mediante la identificación de la similitud de color y la agrupación de tonos de color similares en un grupo. Esto solo es posible en la vista de 1 dimensión. Esta técnica ayuda en un gran ahorro computacional.

Pruning característica

La poda de características es otra técnica para realizar la reducción de la dimensionalidad. Como vimos que reducimos los puntos en la técnica anterior, aquí, podemos reducir el número de características que son menos importantes o no importantes para nuestro análisis. A modo de ejemplo, mientras trabajamos en cualquier conjunto de datos, podemos encontrarnos con 20 características; 15 de ellos pueden tener una alta correlación con la salida, mientras que cinco pueden no tener ninguna correlación, o tal vez pueden tener una correlación muy baja. A continuación, es posible que desee eliminar que cinco características mediante la técnica de poda de características para reducir los elementos no deseados, así como reducir el tiempo de cálculo y el esfuerzo, teniendo en cuenta que la salida sigue sin verse afectada.

Muestreo de más y menos

Las técnicas de muestreo de más y menos son las técnicas de clasificación utilizadas para la clasificación perfecta de los problemas. Las posibilidades están ahí cada vez que intentamos clasificar conjuntos de datos. Por ejemplo, imagine que tenemos 2000 puntos de datos en la clase 1, pero solo 200 puntos de datos en la clase 2. Esto requerirá una gran cantidad de técnicas de aprendizaje automático para modelar los datos y hacer predicciones sobre nuestras observaciones! Aquí, una y otra vez bajo muestreo, entra en escena. Mira la siguiente representación.

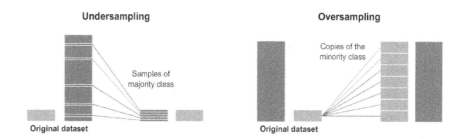

Mira la imagen con cuidado; se puede afirmar que en ambos lados, la clase azul tiene un mayor número de muestras en comparación con la clase naranja. En tal caso, tenemos dos opciones predeterminadas de preprocesamiento que pueden predecir fácilmente el resultado.

Definición de submuestreo

El submuestreo significa la selección de pocos datos de la clase principal, utilizando tantos puntos de datos como la clase menor está equipada con. Esta selección se realiza para mantener el nivel de probabilidad de la clase.

Definición del sobremuestreo

Sobremuestreo significa crear copias de los puntos de datos de la clase secundaria para nivelar el número de puntos de datos en la clase principal. Las copias se realizan teniendo en cuenta que se mantiene la distribución de la clase menor.

Estadísticas Bayesianas

Antes de entender las Estadísticas Bayesianas, necesitamos saber por qué el análisis de frecuencia no se puede aplicar aquí. Puede entender en el siguiente ejemplo.

Imagina que estás jugando al juego de dados. ¿Cuáles son las posibilidades de que ruedes un 6 perfecto? Probablemente dirías que la oportunidad sería 1 en 6, ¿verdad? En el caso, si realizamos una técnica de análisis de frecuencia aquí, veríamos que si alguien tiraba los dados por 10.000 veces, entonces usted puede salir con 1 en 6 estimaciones. Pero si se le da un dado que se carga para aterrizar siempre en 6, sería fácil poner seis en cada momento. Dado que el análisis de frecuencia tiene en cuenta los datos anteriores, a veces falla. Las estadísticas bayesianas tienen en cuenta la evidencia.

Teorema de Baye

Aprendamos el significado del teorema. La capacidad $P(H)$ es el examen de recurrencia. Dada nuestra información anterior, ¿cuál es la probabilidad de que suceda nuestra ocasión? El $P(E- H)$ en nuestra condición se conoce como la probabilidad y es básicamente la probabilidad de que nuestra prueba sea correcta, dados los datos de nuestro examen de recurrencia. Por ejemplo, si piensas en rodar los dados 5.000 veces y las 1000 veces iniciales que los dados se desplegaron para ser un 6, entonces está bastante claro que los dados están teniendo un seis perfecto solamente. Aquí, el $P(E)$ es la probabilidad de que la prueba real sea válida.

En el caso de que el examen de recurrencia realizado es generalmente excelente, en ese punto, puede estar seguro de que los dados se apilan con un impecable 6. Sin embargo, también debe reflexionar sobre la prueba de los dados apilados, independientemente de si es real o no fundada en su información anterior y la investigación de recurrencia que acaba de realizar. Todo y cada uno se tiene en cuenta en este teorema. El Teorema bayesiano es útil cuando usted tiene dudas de que los datos anteriores no son suficientes para predecir el resultado. Estos conceptos estadísticos son muy útiles para un aspirante a científico de datos.

Capítulo 7

Comprender la probabilidad
y la visualización de datos

Introducción a la probabilidad

En el capítulo anterior, hicimos un breve recorrido por la probabilidad. Pero es importante conocer el interior de la probabilidad de sobresalir en ciencia de datos. Tener conocimiento de probabilidad y matemáticas resuelve su 50% de los problemas mientras trabaja para un proyecto. La probabilidad es fácil de entender si piensas en ejemplos que giran a tu alrededor y los vinculas con la probabilidad. Uno de los mejores ejemplos podría ser un juego de dados. La probabilidad de que un seis perfecto llegara en ciertos giros. Está hecho de conjuntos universales de suposiciones. Supongamos que desea tirar 4 en los dados en sus 50 intentos. Entonces, ¿cuál será la probabilidad de obtener sólo 4 en 50 vueltas? Esto se conoce como un evento donde se calcula la probabilidad. Normalmente, la probabilidad se denota con "P". Para ciertos eventos, la probabilidad será denotada por P (E). Veamos cómo se usa la probabilidad en la ciencia de datos.

Eventos dependientes e independientes

Consideremos dos eventos, a saber, A & B. Se dice que los eventos A y B son dependientes si el evento A puede predecir la información que el evento B produciría. Por ejemplo, si lanzas una moneda y conoces el resultado del siguiente paso, entonces son eventos dependientes. Por el contrario, cuando no es posible que el evento A prediga la información de lo que el evento B produciría en el siguiente paso, se conocen como eventos independientes. Por ejemplo, si lanzas una moneda y obtienes una cola en el primer intento, no dará ninguna información sobre el resultado de la segunda voltereta. El siguiente tirón podría ser una cabeza o una cola. Estos eventos se conocen como eventos independientes. En Matemáticas, los eventos A y B se denominan independientes solo si sus productos de probabilidad independientes equivalen a la probabilidad de que ambos eventos se lleven a cabo.

$$P(A, B) á P(A) P(B)$$

En el ejemplo anterior, la probabilidad de que sea sólo Head es 0.5. Mientras que, la probabilidad de ambos eventos es 0.25. Entonces la probabilidad de que sea Tail es 0.

Probabilidad condicional

Si la probabilidad de cualquiera de los eventos no es cero, entonces se dice que está condicionado al otro evento. Supongamos que el evento B no es cero, mientras que el evento es A es cero, se dice que el evento A está condicionado a B. Se da por la fórmula:

$$P(A/B) á P(A,B) / P(B)$$

$$P(A,B) á P(A/B) P(B)$$

Si ambos eventos son independientes, entonces,

$$P(A/B) á P(A)$$

La expresión anterior indica claramente que la ocurrencia del evento B no proporciona ninguna información sobre la ocurrencia del evento A.

Este caso se puede ilustrar con un ejemplo de que el jardín tiene dos plantas desconocidas.

Las suposiciones se pueden hacer como:

- ➢ Ambas plantas son igualmente propensas a ser una planta con flores o no florecientes.

- ➢ Las características del segundo centro no dependen de las características del primer centro.

Por lo tanto, el evento "no floreciente" tendrá una probabilidad de 0,25. Mientras que, el evento "una floración, una no floreciente" tendrá una probabilidad de 0,5. Por último, el evento "dos no florecientes" tendrá una probabilidad de 0,25. Si necesita encontrar la probabilidad de si "ambas plantas no son florecientes" está condicionada al evento "la planta más antigua no es floreciente", puede utilizar la técnica de probabilidad condicional.

Teorema de Bayes

Hemos estudiado el Teorema de Bayes en los capítulos anteriores. Se utiliza básicamente cuando se requiere invertir la probabilidad condicional. Vimos el caso en el que la probabilidad del evento B está condicionada al evento A. Pero, ¿qué pasa con las condiciones inversas? El Teorema de Bayes nos ayuda a entender la condición inversa de la probabilidad. Por ejemplo, supongamos que 1 de cada 100 estudiantes ha fallado en el examen. Habrá un examen para la prueba donde el estudiante ha aprobado el examen. La prueba mostrará "pasar" si el estudiante es aprobado o "fallado" si el estudiante no ha aprobado el examen. En el ejemplo, mostrará "pasado" para el 99%. Pero según el Teorema de Bayes, la probabilidad de que los estudiantes fracasase condicionalmente en la prueba positiva será del 0,98%. Esto es menos del 1% de los estudiantes que han fallado.

Variables aleatorias

Una variable aleatoria es una variable de valor positivo que está asociada a un modelo de distribución de probabilidad. Teniendo en cuenta el ejemplo de voltear la moneda, entonces la variable aleatoria es 1 cuando es una cola y 0 cuando es una cabeza. Puede calcular el número de cabezas y colas para un rango de valores seleccionado de tal vez (10) donde la probabilidad de cada número volteado sería probablemente igual. Hay una similitud entre los dos valores de probabilidad cuando se voltea. El valor de la variable será 1 con una probabilidad de 0,5, mientras que el valor de la variable será 0 con la probabilidad de 0,5. Para un rango específico de valores de variable, teniendo en cuenta un rango de 10 valores de variable de 0 a 9, la distribución de probabilidad para todos los valores sería 0.5. Esto se conoce como el promedio de su valor ponderado calculado según sus probabilidades. Por último, podemos decir que el volteo de la variable de moneda tendrá un valor esperado de 0,5 x 1/2 (a 0 * 1/2 + 1 * 1/2). El rango de 10 valores de variable tendrá un valor medio de 4.5. Puede hacer uso de la probabilidad condicional para calcular las probabilidades de un rango específico de variables o cualquier variable aleatoria de eventos similares o distintos.

Hay diferentes patrones de distribución de probabilidad, tomando el mismo ejemplo de voltear una moneda, consideraremos dos distribuciones diferentes, es decir, distribuciones continuas y distribuciones normales. Más adelante, aprenderemos sobre el teorema del límite central que es muy importante para entender la probabilidad.

Distribuciones continuas

Voltear una moneda se refiere a una distribución distinta. Los resultados de probabilidad en estos casos son distintos. Por ejemplo, hay una uniformidad en la asignación de un peso para todos los números seleccionados, es decir, si el rango de números se selecciona entre 0 y 9, entonces el peso asignado a ellos es igual. Puesto que hay números entre el rango específico, el peso asignado a los números puede ser cero o cualquier número similar.

Distribución normal

Esta es la distribución más utilizada con dos parámetros: media y desviación. La ubicación de la variable centrada y la anchura del plano viene determinada por esta media y desviación, respectivamente.

El Teorema de Límite Central

En el caso, usted tendrá que lidiar con una gran cantidad de datos a la vez. Se hace difícil extraer información significativa de conjuntos de datos tan enormes. Por lo general, los científicos de datos extraen cierta cantidad de datos para estudiar e investigar más a fondo. Sin embargo, una cantidad limitada de datos no cumple con el resultado requerido. Algunos datos más se examinan y estudian para obtener información significativa. Se vuelve fácil predecir la media de los datos con su mediana y modo. A continuación, puede trazar cualquier diagrama de 7 herramientas de control de calidad; el mejor es histograma para producir información significativa y revisar los datos.

Distribución simétrica de frecuencias

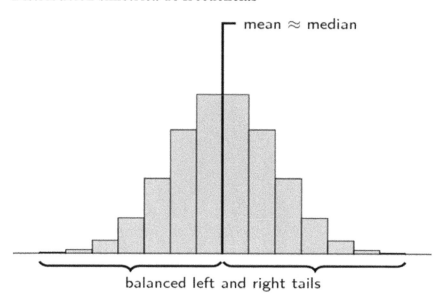

[fuente https://www.siyavula.com]

A partir de la figura de distribución de frecuencia simétrica anterior, puede averiguar que las colas izquierda y derecha son equilibradas y simétricas. La frecuencia es la más alta en la mediana, mientras que cae en ambas esquinas laterales. Esto sugiere que cuando se calcula la cantidad adecuada de datos de una enorme base de datos de datos, obtendrá el promedio que sería similar a la media de los datos generales donde la mediana es casi igual a la media de los datos.

Distribución normal

La distribución normal es el patrón de distribución más común y ampliamente utilizado. En los capítulos anteriores, tuvimos una breve visión general de esta distribución. También desempeña un papel mientras se trata de la probabilidad. La distribución normal se conoce como "normal", ya que es perfectamente simétrica a la media de los datos. La dirección de las probabilidades es también la misma que la de la mediana. Consulte el siguiente diagrama para comprender mejor esto.

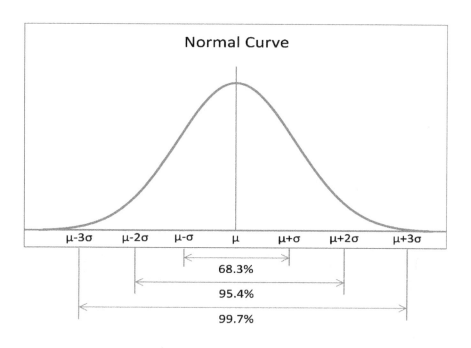

La figura representa el funcionamiento estándar de la distribución normal. El área cubierta por la curva central es 1 y el valor puede cambiar sobre la difusión de los datos. La desviación estándar en % se especifica para cada área del diagrama. Las probabilidades más cercanas a la mediana tienen menos desviación en comparación con el valor de probabilidad más lejano. A medida que aumenta el valor de probabilidad, la curva comienza a extenderse en ambas direcciones por igual, pero se adula aún más, como se muestra. Cuando la desviación alcanza casi el 100%, la curva se aplana totalmente. Del mismo modo, podemos decir que cuando la desviación estándar de los datos es la más baja, tocará la mediana.

Por el contrario, cuando la desviación estándar de los datos está en su valor máximo, saltará a la posición más lejana de la mediana.

Un área en la distribución normal

Analicemos qué tipo de datos se requieren en el área del patrón de distribución normal. Considere que tiene ciertos datos de plantas saludables y no saludables con usted y necesita predecir la probabilidad de las plantas sanas. Supongamos que el valor medio de todas las plantas es 150 y supone que la desviación estándar es equivalente a 15. Esto significa que las plantas sanas tendrán la desviación estándar inclinada hacia la media. Así que los límites superior e inferior serían 165 y 135 respectivamente. Al calcular la desviación porcentual de dicha curva, obtendrá una curva aproximada al 68%.

Puntuaciones Z

En las estadísticas, el valor de probabilidad estará entre 0 y 1 y se desviará según la situación y el modelo de los datos. El valor de probabilidad nunca será igual a 1o o 2o desde la distancia media. Entonces usted puede preguntarse, ¿qué es la puntuación Z? La puntuación Z es la distancia calculada que depende del número y el valor de la desviación estándar y la media de los datos, respectivamente. Hay valores positivos y negativos de Z; valor positivo se refiere a más desviación de la media, mientras que el valor negativo se refiere a menos desviación de la media.

Visualización de datos

La representación pictórica siempre simplifica el proceso de comprensión y descubrimiento de información de datos importantes. Son útiles cuando hay una necesidad de relacionar cientos de variables entre sí. Una gran cantidad de datos es generado cada día por todas las empresas. Cada empleado necesita manejar conjuntos de datos específicos. Deben ser particulares sobre el conjunto de datos que recogen para tomar mejores decisiones para un trabajo eficaz. Independientemente del tamaño de los datos, dominar relaciones importantes es a través de análisis rigurosos y visualizaciones simples. Dejar de lado en cualquier minuto detalle puede conducir a una interpretación errónea de los resultados reales. Mostrar el resultado de una manera sencilla permite a los lectores explorar los datos y generar consultas con respecto a los mismos. Esto ayuda a todos los miembros de la organización a llegar a una conclusión y obtener información sobre los datos rápidamente. Las cosas estándar que uno debe tener en cuenta para desarrollar objetos visuales significativos son el tipo de datos, el tamaño de los datos y la composición de las columnas. Uno de los mayores desafíos a los que se enfrentan los científicos de datos mientras tratan con grandes conjuntos de datos es determinar un método adecuado para mostrar datos. La sociedad actual exige el uso de la visualización y la interacción. Por lo tanto, la creación de gráficos que permiten a los lectores visualizarlo en teléfonos inteligentes mientras tienen la libertad de interactuar con los datos en tiempo real se ha convertido en la norma. Tome un ejemplo de Soporte analítico visual de SAS donde admite a muchos clientes empresariales para recopilar algunos resultados sin que tengan las habilidades de ciencia de datos. En función del tipo de datos resaltados, se han utilizado herramientas inteligentes y de trazado automático para la creación de los mejores objetos visuales. Usando estas herramientas, se ha hecho posible identificar los hallazgos relevantes sin escribir los algoritmos.

Tratar con gráficos
Trazar

Gráficos de líneas

Los gráficos de líneas ayudan a encontrar la relación entre las variables. Se representa mejor cuando tiene una gran cantidad de elementos de datos y necesita hacer comparaciones entre ellos. Tiene líneas de pila para diferentes variables y valores. Se utiliza para mostrar las tendencias. Sin embargo, de nuevo, en función del número de elementos de datos, se decidirá el tipo de objetos visuales que se van a usar.

Gráficos de barras

Los gráficos de barras permiten al usuario realizar comparaciones entre cantidades de diferentes grupos. Los valores de una categoría específica se muestran utilizando barras verticales u horizontales cuyas longitudes son proporcionales a los valores que se asignan. Si los datos se distribuyen en un rango grande y las diferencias entre puntos son más, se hace muy fácil leer un gráfico de barras. Sin embargo, en los casos en que la diferencia de valores es menor, se hace difícil comparar barras. Así que con el fin de evitar cualquier molestia, puede asignar diferentes colores a diferentes categorías.

Hay varios tipos de gráficos de barras, como un gráfico de barras progresivo. El gráfico de barras progresivo se utiliza para mostrar el incremento o decremento en medida de un valor original durante una transacción. El funcionamiento del gráfico de barras se puede explicar cuando la primera barra comienza desde el valor inicial y cada barra posterior comienza desde el final de la primera barra. Generalmente, estas barras muestran la longitud, así como la dirección para incluir la magnitud.

Gráficas de dispersión

Un gráfico bidimensional que describe la diferencia compartida de dos elementos de datos es un gráfico de dispersión. Cada observación está marcada por una marca de dispersión. El valor del elemento de datos se refleja en la posición del marcador. La creación de una relación entre el eje x e y se hace más fácil utilizando estas gráficas. Hay una correlación entre la dependencia de cada variable que puede afectarse entre sí. Es una de las mejores herramientas para visualizar fácilmente las relaciones en los datos. La correlación y la regresión se pueden utilizar para el análisis estadístico a través de estas gráficas. La correlación ayuda a identificar el grado de relación entre todas las variables de la gráfica. Mientras que, la regresión ayuda a definir las relaciones entre las 2 variables. Comprender la difusión general de los datos y la distribución se vuelve muy fácil con las gráficas de dispersión. Es beneficioso de usar cuando tiene un gran número de puntos de datos.

Gráficas de burbujas

Dispersión de trazados con burbujas como los marcadores no son más que parcelas de burbujas. Una gráfica de burbujas permite al individuo revelar la relación entre tres mediciones. Los ejes de trazado resaltan los puntos de datos si tiene 2 mediciones. Aplicar color para ilustrar la medición adicional y animar las burbujas ayuda a analizar eficazmente los cambios en los datos. Cada uno de los mapas se representa en una ubicación geográfica específica y un mapa de burbujas geográficas se coloca sobre un mapa geográfico.

Gráficos de tartas y donut

Los gráficos circulares y los gráficos de anillos ayudan a crear comparaciones entre partes. Comparar los ángulos visuales y la estimación de áreas con ojos desnudos no es muy evidente. Por lo tanto, comparar datos de tamaño similar con estos gráficos se vuelve difícil de leer. Debe analizar cómo funciona un anillo y un gráfico circular antes de hacer uso de estos gráficos. La cantidad de espacio que un gráfico necesita para dimensionar un informe revela la eficiencia de un gráfico circular. La mayoría de estos gráficos requieren espacio adicional debido a su forma circular.

Cómo visualizar Big Data

Los problemas específicos se presentan mediante big data. Es extremadamente útil utilizar gráficos cuando desea visualizar datos debido a la velocidad, el tamaño y la diversidad de los datos. La velocidad, el volumen y la variedad son los componentes básicos del Big Data. El análisis visual de SAS se encarga de un enfoque creativo para manejar los problemas relacionados con la visualización de Big

Data. La integración de SAS Analytics y las capacidades en memoria se utilizan para revelar nuevas formas de representar y analizar datos.

Tratar con grandes volúmenes de datos

Los científicos de datos realmente tienen dificultades cuando quieren presentar los resultados de una exploración y análisis de datos. Al trabajar con una gran cantidad de datos generados que pertenecen a diferentes categorías, solo los valores numéricos no serán suficientes para obtener información significativa sobre los datos. Esto hace que sea extremadamente importante para ellos utilizar herramientas de visualización. Atrás quedaron los días en que las imágenes simples eran de gran importancia. Los problemas inteligentes requieren soluciones inteligentes. En esta era del mundo inteligente, los puntos de datos interactivos dinámicos y los objetos visuales son de igual importancia. En función del tamaño y el tipo de datos, la función de gráfico automático integrada sAS Visual Analytics revisa los datos. Los empleados y análisis de negocios pueden utilizar esta herramienta con la máxima facilidad. Una jerarquía de datos y su exploración interactiva pueden tener lugar de todas las maneras posibles utilizando esta herramienta. El volumen de datos plantea un problema para la arquitectura tradicional y el software. Puede que no defina un tamaño tan grande de los datos inmediatamente. Por lo tanto, este tipo de aplicación puede no funcionar. Una solución para superar este problema es binning. La recopilación de datos de ambos ejes para visualizar el big data es un paso crucial en el binning. Una gráfica de cuadro describe una visualización geográfica de cinco estadísticas, a saber, medial, cuartil inferior, cuartil superior, máximo y mínimo. Estos valores son críticos cuando se desea presentar un resumen para definir la distribución de un conjunto de datos. Los científicos de datos utilizan estas gráficas de caja para identificar puntos anormales llamados valores atípicos.

Los científicos de datos prefieren las gráficas de caja sobre otras, ya que ayudan a identificar valores atípicos (puntos anormales en los datos). Esta proporción de datos no es difícil de notar para los conjuntos de datos tradicionales. Sin embargo, para aquellos que trabajan con un amplio conjunto de datos, puede ser muy difícil de identificar.

Cómo visualizar datos semiestructurados y no estructurados

Ya sean datos estructurados o semiestructurados, ambos requerirán técnicas de visualización de datos. Esto plantea un desafío para el científico de datos. La frecuencia de las palabras se puede indicar mediante la aplicación de un objeto visual de nube de palabras. Esto puede ser bajo o alto. Las nubes de palabras son importantes en la clasificación y creación de asociaciones en SAS Visual Analytics. En función de la forma en que se utilizan las palabras, estas palabras se clasifican aún más.

Los científicos de datos también visualizan datos semiestructurados mediante diagramas de red. Estos diagramas están especialmente diseñados para establecer relaciones entre individuos examinando los nodos. Los diagramas de red se pueden utilizar en diferentes disciplinas y aplicaciones. Por ejemplo, las empresas que analizan las redes sociales descubren interacciones con los clientes.

Capítulo 8

Aprendizaje automático con redes neuronales artificiales

¿**S**abe cómo un equipo le protege de correos electrónicos no deseados y enlaces de phishing maliciosos? El ordenador nos ayuda a mantenernos a salvo de tales troyanos. En la era moderna, las computadoras son cada vez más inteligentes debido a la interferencia humana. Puede enseñar a un ordenador a identificar a las personas en las imágenes, imágenes, etc. Pensarán que esto es simplemente imposible o muy difícil de hacer. Pero permítanme ayudarles con el hecho de que esto es posible. Debe agregar una nueva habilidad en su kit de herramientas, es decir, Machine Learning. Aprenderemos sobre Machine Learning y la Necesidad de Aprendizaje Automático. Más tarde, entrando en profundidad, veremos Deep Learning, es decir, Redes Neuronales Artificiales.

¿Qué es Machine Learning?

Machine Learning es un estudio científico de algoritmos y estadísticas que funciona en diferentes patrones e interferencias sin ninguna instrucción específica. El aprendizaje automático es un subconjunto de la Inteligencia Artificial. El aprendizaje automático se divide ampliamente en dos subcategorías, es decir, el aprendizaje supervisado y el aprendizaje no supervisado.

Para empezar con Machine Learning, los expertos desarrollan un algoritmo de uso general para garantizar que se pueda aplicar a grandes clases de problemas de aprendizaje. Cuando desee resolver cualquier problema específico, simplemente cargará el algoritmo con los datos necesarios. De forma predeterminada, programará un código. Generalmente, el ordenador hará los datos como su fuente inicial de información y comenzará a comparar su salida con la salida deseada que necesite. Si no se logra, entonces el ordenador lo corregirá hasta que obtenga la salida deseada. La computadora cargada con algoritmos específicos piensa de manera similar al pensamiento humano. Si agrega más datos al equipo, el equipo proporciona mejores resultados. El aprendizaje automático tiene muchas aplicaciones diarias.

Importancia del aprendizaje automático

En la era moderna, el aprendizaje automático se ha convertido en la necesidad básica de la ciencia de datos. Se utiliza en casi todas partes; entonces, puede ser la evaluación, el procesamiento, el aprendizaje, etc. del modelo de datos. Ayuda a resolver varios problemas que el procesamiento de imágenes, visión por computadora, producción de energía para carga, cálculos en el comercio de algoritmos, puntuación de crédito, reconocimiento de voz a través de PNL, y muchas más industrias como aeroespacial, automotriz, y Fabricación. El aprendizaje automático tiene amplias aplicaciones en casi todos los tipos de empresas.

Como hemos visto, los algoritmos de aprendizaje automático son muy diferentes de la metodología estadística, y también identifica la naturaleza pero patrones significativos para evaluar la información y tomar decisiones precisas. Algunas decisiones críticas en las que se utiliza el aprendizaje automático son diagnósticos médicos, acciones y comercio, previsión meteorológica. Tales decisiones son tomadas diariamente por los equipos. Por ejemplo, la previsión meteorológica requiere una predicción muy precisa, con la ayuda de aplicaciones de aprendizaje automático, es posible predecir el tiempo de mañana hoy. Analiza los datos y hace posibles predicciones, pero la más precisa se pasa al alumno. Además, el segundo ejemplo trata sobre la búsqueda de listas en Google sobre películas. Si escribe una palabra clave, le sugerirá varias opciones, pero incluso los motores de búsqueda hacen un análisis inteligente y predicen la mejor lista que coincida con su palabra clave y muestre el resultado.

¿Cuándo es correcto aplicar Machine Learning?

Pero podría pensar que cuando sea el momento adecuado para aplicar técnicas de aprendizaje automático. No siempre que puede optar por ML, sino solo cuando está trabajando en tareas complejas. Las tareas normales se pueden evaluar mediante un análisis estadístico normal. Para obtener una visión general de las aplicaciones, proyectos y categorías en las que puede aplicar técnicas de aprendizaje automático son Procesamiento de imágenes, Análisis de texto y Minería de datos. Echemos un vistazo amplio a estas categorías.

A. Procesamiento de imágenes

El procesamiento de imágenes es el proceso en el que tienes que ver las imágenes, analizarlas y extraer información significativa aplicando algoritmos. Ejemplos de procesamiento de imágenes pueden ser etiquetado de imagen, reconocimiento óptico de caracteres.

Etiquetado de imagen

En Etiquetado de imágenes, un algoritmo identifica la cara. Por ejemplo, en el iPhone hay una característica conocida como "detección de rostros", el móvil se desbloqueará solo cuando reconozca la cara de la persona que inicialmente ha bloqueado el teléfono registrando su cara.

Reconocimiento óptico de caracteres

En OCR, los algoritmos cambiarán un documento de texto escaneado a su versión digital. Por ejemplo, si carga una factura en el sistema donde OCR ya está implementado. OCR comprobará automáticamente el texto escaneado y los convertirá a formato digital.

B. Análisis de texto

Análisis en texto, los datos se identifican y clasifican a partir de documentos de texto como correos electrónicos, documentos, chats, etc. Ejemplos son –

Análisis de sentimientos.

Extracción de información.

Filtrado de spam.

C. Minería de datos

El proceso de minería de datos se usa cuando necesita determinar las predicciones a partir de cualquier dato. Este parece ser un proceso normal, pero también tiene el segundo lado. La información que se extrae es muy crucial y se toma de una vasta base de datos. Esto funcionará en el formato de fila donde se registran las instancias de entrenamiento. Las columnas tienen algunas reglas asociadas con ellas como reglas de asociación, detecciones de anomalías, predicciones, etc.

Reglas de asociación

Puede tomar un ejemplo de cualquier sitio de comercio electrónico. Los biggies como Amazon, Walmart, etc. Determina el patrón del producto que compró y analiza sus hábitos de compra. Además, añaden algunos descuentos a estos productos. Esta es la mejor estrategia de marketing utilizada por tales sitios de comercio electrónico.

• Detección de anomalías

Detección de anomalías se refiere a los valores atípicos de comprobación. El mejor ejemplo puede ser el fraude o robo de dinero con tarjeta de crédito. Es posible identificar el patrón de una transacción y el atípico del usuario.

Pasos en la aplicación del aprendizaje automático

1. Elija el enfoque de aprendizaje automático

Antes de elegir los pasos para resolver el problema, debe poder identificar el problema y decidir qué técnica de Aprendizaje automático se utiliza. ¿Preguntarse sobre cómo va a lidiar con este problema? ¿Qué técnica usarás? ¿Qué tipo de algoritmo será necesario? Una vez que analice esto, se hace fácil elegir el enfoque correcto para resolver el problema.

2. Recopilar datos

Después de decidir su enfoque, comenzará a anotar los datos importantes en el papel, pero recuerde, grabar y guardar los archivos en el servidor o en un formato electrónico siempre es fácil de almacenar y recuperar. Puede almacenar en una base de datos SQL o simplemente grabar y guardar los archivos en el dispositivo.

3. Explorar y preparar datos

Después de almacenar los archivos o grabarlos en el papel, debe comprobar la exactitud de los archivos y, a continuación, preparará los datos según la calidad requerida. La eficacia reside en la mejor calidad de los datos. Este método requiere la intervención humana para mantener la calidad de los datos. Una vez que prepare los datos, es el momento en que los explora y los aplica al modelo de datos.

4. El modelo de formación sobre los datos

En este paso, obtendrá datos precisos en el modelo de datos. Las tareas de aprendizaje automático identifican el algoritmo adecuado y correcto para usted. Un alumno de aprendizaje automático es el que está entrenado en los algoritmos para ajustar los datos en el modelo de la mejor manera posible.

5. Evaluar el realizado de un modelo

En cada paso, la exactitud de los datos no debe ser alterada. La precisión debe mantenerse. Al evaluar el modelo de datos, es necesario comprobar la precisión de nuevo. El alumno debe ser capaz de generar la mejor manera posible en la que los algoritmos aprenden de la experiencia.

6. Mejorar el rendimiento del modelo

Hasta ahora, vimos el esquema de cómo seleccionar el enfoque de aprendizaje automático hasta alimentar los datos en el modelo de datos con precisión. Pero estos pasos también necesitan mejoras, y deben completarse a un ritmo más rápido. Usted está obligado a hacer uso de técnicas y mecanismos avanzados. Una vez que haya asegurado la calidad, puede implementarla para la tarea necesaria. Estos modelos son útiles en la generación de puntuaciones de predicción, valores de datos nuevos e información útil para propósitos de random. Además, debe poder realizar un seguimiento de los errores, si los hay, en el modelo.

Uso del aprendizaje automático en la ciencia de datos

Aunque la regresión y la clasificación forman la base de la ciencia de datos, para comprender este concepto, es necesario comprender Machine Learning. En la ciencia de datos, en casi todos los pasos, Machines Learning es útil y utilizado. Dado que está relacionado principalmente con el modelado de datos, pero se utiliza en todos los sistemas de ciencia de datos. Para embarcar con la fase de preparación de datos, es necesario utilizar ML y procesar hacia la fase de modelado de datos que requiere datos sin procesar cualitativos para comenzar. Tome un ejemplo de una cadena de texto, donde necesita agrupar las cadenas similares en un grupo y resaltar cadenas no similares; con la ayuda del aprendizaje automático, puede diferenciar fácilmente las picaduras similares y no similares y agrupar en consecuencia.

Cuando se hace difícil explorar los datos solo con la ayuda de gráficos y lógicas, los algoritmos pueden explorar los patrones con Machine Learning. ¡No es de extrañar que varias bibliotecas de Python se desarrollen para el mismo propósito!

Aprendizaje automático con herramientas de Python

Python viene con un paquete de paquetes que se pueden utilizar en la configuración de Machine Learning. El ecosistema de Python ML se divide en tres categorías principales de paquetes:

- Paquetes utilizados en tareas simples con una pequeña cantidad de datos que caben fácilmente en la memoria.

- Publique la optimización pro-tipadeo de la codificación que se ejecuta en la memoria.

- Trabajar en Python con Big Data Technologies.

Algunos paquetes y bibliotecas se utilizan para mejorar las funcionalidades de la codificación. Algunos de ellos son scipy, numpy, Matplotlib, Pandas (paquete de alto rendimiento), Stats Models, Scikit-learn, Rpy2, NLTK (Natural Language Toolkit – centrándose principalmente en el análisis de texto).

Optimización de las operaciones

A medida que la aplicación entra en el servidor de producción, deberá trabajar a una velocidad mayor. Las bibliotecas que se enumeran a continuación le ayudarán a obtener alta velocidad. Esto puede implicar la conexión con infraestructuras de Big Data como Hadoop y Spark. Echemos un vistazo a las bibliotecas rápidamente viz. Número y numbapro, pycuda, Cython o C Python (lenguaje de programación C con Python), Blaze, Display e ipcluster, PP, Pydoop, y Hadoop, pyspark, etc.

En la ciencia de datos, puede encontrarse con ciertas tareas que son muy complejas de programar, incluso mediante el aprendizaje automático, tales tareas son un reto. Las tareas son "Las tareas realizadas por Animales/Humanos" y "Tareas realizadas más allá de las Capacidades Humanas". Entendamos lo que significan.

Tareas realizadas por los seres humanos

Tales tareas son tareas normales realizadas por los seres humanos en el día a día. Pero para planificar y trabajar en las tareas y cómo se puede producir un tema de programa bien definido. Ejemplos comunes son impulsar el reconocimiento de voz y la comprensión de la imagen. En todas estas tareas, los programas que aprenden de sus experiencias funcionan mejor y los resultados son sobresalientes. Pero inicialmente, es posible que le resulte difícil manejar este tipo de tareas comunes si no tiene suficiente experiencia.

Tareas más allá de las capacidades humanas

Estas tareas se benefician de las técnicas de Machine Learning relacionadas con conjuntos de datos muy complejos; ejemplos son convertir los archivos médicos en conocimientos médicos. Otros ejemplos pueden ser predicciones meteorológicas, análisis de datos genómicos, motores de búsqueda web y comercio electrónico. Hay un gran conjunto de datos digitales disponibles en el almacenamiento de datos que tiene una parte de información significativa incrustada en los archivos de datos. Estos conjuntos son muy complejos y muy grandes de predecir para los seres humanos. Debido al almacenamiento en la nube con capacidad de memoria ilimitada, se pueden extraer patrones significativos de conjuntos grandes mediante Machine Learning.

Herramientas de aprendizaje automático

Las herramientas de aprendizaje automático ofrecen una solución a problemas tan complejos, ya sea por naturaleza, o interactúan con los cambios adaptativos del entorno. Las herramientas de aplicación relacionadas con Machine Learning que ayudan a abordar estos problemas incluyen el programa de decodificación de texto escrito a mano; análisis de programas como identificar diferentes variaciones entre la escritura a mano de diferentes usuarios. Otros ejemplos incluyen programas de detección de spam, cambio automático de la naturaleza del correo electrónico y reconocimiento de voz.

Comprender el aprendizaje automático

No solo aprender Machine Learning, sino cualquier tipo de Aprendizaje es un dominio amplio con varias estrategias, programas y análisis. Machine Learning es un subconjunto de Inteligencia Artificial, subdividido en Aprendizaje Supervisado y Aprendizaje No Supervisado. Ambas categorías trabajan en diferentes técnicas y patrones. Se relaciona principalmente con la entrada y salida de la información o los datos. Hay cuatro parámetros a lo largo de los cuales se puede clasificar el aprendizaje.

Aprendizaje supervisado frente a aprendizaje no supervisado: puede dividir la tarea teniendo en cuenta la naturaleza de la interacción entre el alumno y el entorno. Lo primero es saber cuál es la diferencia entre el aprendizaje supervisado y el no supervisado. Piense en un ejemplo como aprender a detectar correos electrónicos no deseados frente a la detección de una anomalía. Para las tareas de detección de correo no deseado, se le dará un conjunto específico de instrucciones o entrenamiento que tendrá etiquetas de spam/ no spam. A partir de ahora, tendrá que evaluar y comprobar nuevos correos electrónicos y etiquetarlos en consecuencia. Esta es una tarea sencilla en la que aprenderás de las instrucciones. Aparte de esto, en las tareas de anomalías, obtendrá un gran grupo de correos electrónicos sin ninguna etiqueta, y estará detectando mensajes inusuales de la misma. En resumen, el aprendizaje como un proceso de "adquirir experiencia mientras se usa la experiencia", el aprendizaje supervisado explica la formación basada en el aprendizaje de algunos hechos. En la tarea de detección de correo no deseado, es evidente que se le dieron algunos datos (etiquetas) para aprender, y luego se le dijo que se identificara de la siguiente tarea. El alumno tiene los datos a mano para evaluar y procesar más a fondo. Esto se conoce como aprendizaje supervisado. Por otro lado, la tarea de anomalía no implica ningún tipo de formación o aprendizaje; por lo tanto, se conoce como aprendizaje no supervisado. En tales casos, hay casos desconocidos en los que no se le proporciona ningún tipo de entrada, y tendrá que predecir el resultado de su habilidad. Tendrá que venir con algún resumen de entrada para sus datos comprimidos. La agrupación en clústeres es un ejemplo común de aprendizaje no supervisado. En esto, la tarea es agrupar un conjunto de datos en subconjuntos de características similares. Existe un sistema intermediario en el que los ejemplos de formación proporcionan más información que los casos de uso. En tal caso, debe predecir más información. Para ilustrar, puede aprender una función de valor que describe cómo la posición del blanco es mejor que la posición del negro en el tablero de ajedrez. Además, cómo las piezas blancas son dominantes sobre las piezas negras. Pero la única información que está disponible para el alumno son las posiciones iniciales del tablero de ajedrez con posiciones generales de juego y análisis, finalmente etiquetado por quien fue el campeón. Estos marcos son monitoreados e investigados bajo el título de Aprendizaje de Refuerzo.

Hay dos tipos de estudiantes que visualizan. Se diferencian en función del papel que desempeñan en los paradigmas de aprendizaje.

Aprendizaje activo frente a aprendiz pasivo

Un alumno activo interactúa con el instructor en las sesiones de entrenamiento, produciendo algunas consultas o realizando varios tipos de experimentos. Un alumno pasivo es aquel que no interactúa con el entorno, sino que solo observa los datos o la información que se proporciona en el entrenamiento sin tratar de alterarlo de ninguna manera. Uno de los ejemplos más comunes de estudiantes pasivos es el filtro de spam, donde espera a que el usuario marque los correos electrónicos con las observaciones adecuadas. Para explicar a los alumnos activos, podemos tomar el mismo ejemplo de correos electrónicos donde se pide a los usuarios que etiqueten el correo electrónico de spam elegido por los alumnos, que entiendan el significado del spam y cómo etiquetar los correos electrónicos no deseados. Otro ejemplo puede ser de un maestro útil en una escuela; el maestro generalmente evalúa a los niños pensando, y basándose en eso, el maestro trata de hacer que los niños entiendan el tema. Este proceso del maestro que trata de alimentar el conocimiento en el alumno para mejorar su capacidad de pensamiento y lograr sus metas. Por el contrario, el director de la escuela que observa el trabajo realizado por el maestro puede ser un ejemplo clásico de aprendizaje pasivo. El concepto de estudiantes activos y pasivos son los componentes básicos de la ciencia de datos. Es una rama del aprendizaje estadístico. Se dice que un alumno está incompleto sin un maestro adversario. Esta instrucción se puede justificar por el ejemplo de un filtro de spam. Si el spammer o los hackers hacen un intento de enviar spam al diseño de filtrado, entonces podría conducir a algunas complicaciones. No sólo en el caso de filtros de spam o buenos escenarios, sino también profesor adversario ayuda en los peores escenarios. Si usted puede aprender contra un maestro adversario, usted tendrá éxito en interactuar con el tipo de maestro extraño. Se trataba de estudiantes activos y pasivos. Pero hay otro concepto de aprendizaje en línea y por lotes.

Protocolo de aprendizaje por lotes en línea frente a

En la comparación anterior, vimos que hay situaciones distintas en las que el alumno responde a las situaciones en línea a lo largo del proceso de aprendizaje. Para procesar un gran conjunto de datos, el alumno aprende la configuración en la que tiene que participar a lo largo de todo el proceso de aprendizaje, para adquirir experiencia solo después de evaluar y analizar un conjunto de un gran conjunto de conjuntos de datos. Para ilustrar lo mismo, considere un ejemplo de corredor de bolsa, tiene que hacer algunas predicciones sobre los datos y actualizarse a sí mismo con datos precisos. Después de esto, tiene que tomar decisiones basadas en su experiencia; ha recogido hasta ahora. El mayor revés que se puede observar en tal caso es que él / ella obtendrá conocimiento y se convertirá en experto con el tiempo, pero el sistema podría quedar con errores menores o mayores. A diferencia del aprendizaje en línea, el aprendizaje por lotes incluye un lote de alumnos que analiza un gran grupo de datos de formación juntos. Entonces podrían ser mineros de datos o modeladores de datos; saltan a la salida después de analizar la información.

Relación del aprendizaje automático con otros campos

El aprendizaje automático no se limita a algoritmos específicos o a la simplificación y análisis de varios patrones; también está conectado con los campos de las estadísticas, la teoría de la información, la optimización, etc. Todos estos son los subcampos de la informática. El objetivo principal de la informática se define como la programación realizada a las máquinas que hará que el rendimiento del sistema sea más eficiente y robusto. El aprendizaje automático es una rama de la Inteligencia Artificial (IA); ayuda a detectar patrones poderosos que se convierten en resultados fructíferos. En resumen, con Machine Learning, se puede convertir la experiencia en experiencia mediante la evaluación de datos complejos como la inteligencia humana. Tradicionalmente, el aprendizaje automático se utilizaba para crear scripts automatizados y desarrollar patrones significativos, pero el avanzado método de evaluación del aprendizaje automático incluye el uso de fortalezas y habilidades de una computadora para comportarse y analizar como la inteligencia humana.

Estas tareas son muy difíciles de analizar manualmente, pero gracias al aprendizaje automático avanzado que facilita el análisis del sistema de manera eficaz. Por ejemplo, una percepción humana no puede escanear y manejar una cantidad limitada de trabajo, no puede

129

analizar datos complejos al mismo tiempo, mientras que las enormes bases de datos son escaneadas y procesadas por el programa de aprendizaje automático para dibujar patrones que un cerebro humano no puede hacer. Los datos se generan aleatoriamente mediante la programación de aprendizaje automático. Estos datos generados aleatoriamente se utilizan para concluir por los alumnos que son adecuados para las organizaciones. El aprendizaje automático tiene una estrecha vinculación con las estadísticas y las técnicas de probabilidad que se demuestran en esto. Las técnicas utilizadas en las estadísticas son demasiado similares a Machine Learning.

Podemos ilustrar la similitud, así como la diferencia en las técnicas utilizadas en las estadísticas, así como el aprendizaje automático por el siguiente ejemplo: Si un médico dice que hay una correlación entre fumar con enfermedades del corazón; puede dar una vista estadística como si tuviera que ver todas las muestras y luego comprobar si es verdadera o no. Esto también se conoce como el método de prueba de hipótesis estadísticas. Un ejemplo similar en caso de aprendizaje automático funciona de una manera diferente donde el médico identifica la causa de la enfermedad después de comprobar las muestras de los pacientes. En el aprendizaje automático, hay un proceso de automatización en el que se descubren patrones significativos que pueden perderse por el análisis humano.

Por otro lado, en el enfoque estadístico tradicional, los algoritmos son la columna vertebral del análisis. El aprendizaje automático sustituye a los métodos estadísticos tradicionales. La creación de algoritmos y el análisis de la información se sustituyen por la recopilación de datos y el dibujo de patrones significativos. Los algoritmos se desarrollan para que los alumnos entiendan las tareas computacionales.

Otra diferencia que se puede poner en luz es que el aprendizaje automático está bien enfocado en la unión de muestras finita, a diferencia de las estadísticas que están más centradas en el comportamiento asintótico. La teoría del aprendizaje automático funciona como; cuando se le asigna cualquier tamaño de muestras disponibles, tratará de encontrar la intensidad de las muestras y la precisión que un alumno puede predecir. No se limita a esto, hay varias otras diferencias entre el aprendizaje automático y las estadísticas. Un mejor ejemplo es que mientras se trabaja con estadísticas, es común asumir ciertos modelos de datos previos, es decir, linealidad de dependencias funcionales. Sin embargo, en el aprendizaje automático, se le da la libertad de trabajar en un entorno "libre de distribución". Aquí, las suposiciones del alumno son muy pequeñas en proporción en comparación con el alumno en el análisis estadístico. El alumno tendrá que averiguar qué modelo es el más adecuado para el proceso de generación de datos. Para hacer frente a tales estadísticas y aprendizaje automático, el alumno debe ser ingenioso, y algunos conocimientos básicos son imprescindibles.

El aprendizaje automático se ha convertido en una tendencia, y muchos aspirantes a científicos de datos profundizan en la base de conocimientos del Machine learning para entender cómo desarrollar patrones significativos y obtener los resultados deseados. El aprendizaje automático ha supervisado y no supervisado el aprendizaje, pero se limita a grandes conjuntos de datos. Para cada conjunto de datos más grande y complejo o fuente de información, el aprendizaje automático muestra algunas limitaciones. Por lo tanto, se desarrolló una técnica avanzada para resolver cálculos tan complejos. Esto se conoce como aprendizaje profundo, como su nombre indica, cada modelo está profundamente investigado en esta técnica. Pero es posible que se pregunte qué hace que el aprendizaje profundo destaque en comparación con el aprendizaje automático. La base del aprendizaje profundo son las "redes neuronales". Una vez más, en el aprendizaje automático, también, usted puede encontrar "redes neuronales." Pero hay una gran diferencia entre manipular datos en ambas técnicas. Veremos qué son las redes neuronales artificiales y cómo ayudan a construir soluciones modelo y a obtener resultados precisos.

Redes Neuronales Artificiales

Machine Learning acelera el rápido crecimiento de las empresas. Su función es aprender el algoritmo y permitir que la máquina reconozca patrones significativos basados en los algoritmos, desarrollar algunos modelos e imágenes y videos basados en el aprendizaje. Aprendimos que los algoritmos de aprendizaje automático se construyen utilizando diferentes métodos de visualización, árboles de decisión, métodos de regresión, es decir, regresión lineal, regresión de clúster, etc. Y muchos más. La idea principal detrás de las redes neuronales artificiales es reconocer y analizar los patrones basados en los modelos biológicos del cerebro y las redes neuronales.

En resumen, las redes neuronales artificiales son una representación computacional de la red neuronal humana. Se basa en la inteligencia humana, la memoria y el razonamiento. Pero, ¿por qué es necesario desarrollar redes neuronales como el cerebro humano? También puede preguntarse acerca de la necesidad de que el cerebro humano por igual para desarrollar algoritmos de ML eficaces. La razón detrás de esto es que las redes neuronales artificiales han demostrado ser muy útiles en cálculos avanzados y representaciones jerárquicas de la información. La técnica básica de visualización detrás de la construcción de redes neuronales es que el paso y el intercambio de la información es realizado por dendritas y axones en las neuronas que se conectan entre sí para formar un sistema neuronal complejo. Esto también almacena resultados computacionales. Sin embargo, los modelos computacionales deben estar representados en formato biológico para que sean eficaces.

El primer algoritmo de este tipo fue propuesto seis décadas antes para entender y construir un modelo computacional que represente una red neuronal biológica. Sin embargo, la evolución de esto dio un giro recientemente, donde la versión se actualizó a una red neuronal avanzada. Esta versión tiene varias capas, neuronas y nodos. El procesamiento de imágenes y DLP son ejemplos comunes de redes neuronales artificiales. Ha dado un gran éxito en los campos del procesamiento de imágenes, visión por ordenador, reconocimiento de imágenes, etc. Varias aplicaciones proporcionan patrones muy complejos mediante la extracción de la información de los conjuntos de datos.

Uno de los ejemplos es Procesamiento de lenguaje natural (NLP). Las redes neuronales resultan beneficiosas en caso de que esté trabajando para la hipótesis no lineal. Esta hipótesis incluye varias entidades y puede tener polinomios de alto orden que pueden resultar en un ajuste excesivo. El sobreajuste implica problemas relacionados con imágenes y videos. Hacen un ruido inusual en lugar de mostrar los patrones subyacentes. Algunos ejemplos son el reconocimiento de imágenes, el procesamiento de imágenes, etc. Las redes neuronales se forman debido a muchas neuronas que se unen para formar una red. Pero existen muchas redes limitadas en el aprendizaje automático. Tales redes se conocen como "Red de neuronas únicas" o "Red neuronal simple con una sola neurona."

Una red neuronal simple que tiene una sola neurona

Esta es la red más simple y más pequeña que tiene una sola neurona. Esta neurona tiene una sola entrada y una salida, donde pasa información de la entrada eléctrica a través de su entrada a la siguiente salida de red utilizando axones.

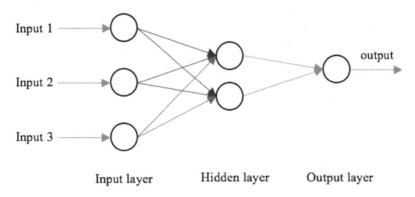

[fuente https://www.researchgate.net]

Considere el ejemplo anterior. En la figura, puede ver que una red de neuronas simple tiene una sola entrada con una entrada de sesgo del valor 1. También tiene algunas capas ocultas que no se muestran en el front-end. La última capa es la capa de salida que está conectada a una de las capas de entrada de la siguiente red. Las capas de entrada también se conocen como dendritas; de la misma manera, la capa de salida se asemeja a los axons. La entrada de sesgo actúa como constante en la red. Tiene una sola entrada, una capa oculta y la capa de salida. Para habilitar el aprendizaje para esta red, las capas de entrada aceptan varias entradas destacadas para muestras de entrenamiento específicas que, a cambio, las alimentan en la fase de activación que requiere el cálculo en la capa oculta.

Las redes neuronales y la regresión logística están estrechamente relacionadas cuando se está aprendiendo aprendizaje automático. La función de activación es como la regresión logística aplicada en la clasificación de las capas de entrada. La regresión logística define la asignación de la entrada-salida de la neurona. Finalmente, la red de neuronas se construye mediante una sola entrada con la capa oculta realizando cálculos que finalmente se pasan a la capa de salida. Esta capa tiene toda la información, los patrones y los datos necesarios asignados. También hay redes neuronales de varias capas.

Red neuronal multicapa

Para entender cómo funcionan las redes neuronales multicapa, consulte la figura siguiente:

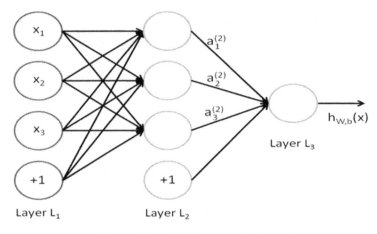

$a_1^{(2)}$

$a_2^{(2)}$

$a_3^{(2)}$

$h_{w,b}(x)$

Layer L_3

Layer L_1 Layer L_2

[fuente http://ufldl.stanford.edu]

La arquitectura de varias capas tiene una capa de entrada con muchas entradas. Esta es la capa inicial desde donde se transmite la información a la red. Tiene tres capas de entrada (x1, x2, x3) y una entrada sesgada (+1). Las entradas se transmiten a la capa oculta con diversa información para un cálculo posterior. Las capas ocultas (a12, a22, a32) recopilan la información de varias entradas que pueden formar un patrón. Se conocen como capas ocultas, ya que no son visibles para nosotros, pero realizan la tarea de cálculo eficaz. La capa oculta se conoce como capa 2. Una arquitectura de varias capas contiene varias capas ocultas que pasan los cálculos de nivel avanzado a la capa de salida desde el nivel base. Las unidades de capa ocultas se representan mediante funciones de activación. Por lo tanto, la tarea principal de la red se inicia y se completa en la propia capa oculta. Además, la red que tiene varias capas ocultas se utiliza en algoritmos de aprendizaje profundo. El funcionamiento básico de las unidades de la capa oculta es que la primera unidad activa la neurona de la segunda capa. La activación se puede explicar ya que el valor calculado por la primera capa se pasa a la entrada de la siguiente capa por su salida por la activación de la función. La última capa es la capa de salida, donde obtiene la información de la capa oculta, y de forma predeterminada, aplica su función de activación y calcula el valor final del proceso. Este ciclo se completa solo cuando el algoritmo da el valor mejor previsto. Este es el proceso general de la red neuronal multicapa.

Capítulo 9

El concepto de árboles
de decisión en la ciencia de datos

Descripción general del árbol de decisión

En los capítulos anteriores, tuvimos una visión general de los árboles de decisión. En este capítulo, entenderemos los conceptos de los árboles de decisión y su importancia en la ciencia de datos. Cuando cualquier análisis está relacionado con múltiples variables, el concepto de árboles de decisión entra en escena.

Entonces usted podría pensar, "¿Cómo se generan estos árboles de decisión?" Se generan mediante algoritmos específicos que utilizan diferentes formas para dividir los datos en segmentos. Ahora, estos segmentos forman un grupo tras la combinación y se convierten en un árbol de decisión al revés que tiene un nodo raíz que se origina en la parte superior del árbol. La información principal se encuentra en el nodo raíz. Esto suele ser una pantalla simple de 1 dimensión en la interfaz del árbol de decisión.

Un árbol de decisión tendrá un nodo raíz dividido en dos o más nodos de decisión que se clasifican por regla de decisión. Además, los nodos de decisión se clasifican como un nodo terminal o un nodo hoja.

El nodo hoja tiene la variable dependiente o de respuesta como valor. Una vez establecida la relación entre los nodos hoja y los nodos de decisión, resulta fácil definir la relación entre las entradas y los destinos al crear el árbol de decisión. Puede seleccionar y aplicar reglas al árbol de decisiones. Tiene la capacidad de buscar valores ocultos o predecir nuevos para entradas específicas. Esta regla asigna observaciones de un conjunto de datos a un segmento que depende del valor de la columna de los datos. Estas columnas se conocen como entradas.

Las reglas de división son responsables de generar el esqueleto del árbol de decisión. El árbol de decisiones aparece como una jerarquía. Hay un nodo raíz en la parte superior, seguido de los nodos de decisión para los nodos raíz y los nodos hoja son la parte de los nodos de decisión. Para un nodo hoja, hay una ruta de acceso especial definida para que los datos identifiquen en qué hoja debe ir. Una vez definido el árbol de decisión, será más fácil para usted generar otros valores de nodo dependiendo de los datos no vistos.

Historia del árbol de decisión

La decisión Tree concept fue practicada hace más de cinco décadas; el primer concepto de árbol de decisión fue utilizado en la invención de la radiodifusión televisaria en 1956 por Belson. A partir de ese período, el concepto de árbol de decisión se llevó a cabo ampliamente, y se desarrollaron varias formas de árboles de decisión que tenían capacidades nuevas y diferentes. Se utilizó en el campo de la minería de datos, aprendizaje automático, etc. El concepto

Decision Tree fue renovado con nuevas técnicas y se implementó a mayor escala.

Técnicas de modelado en árboles de decisión

El concepto de árbol de decisión funciona mejor con la regresión. Estas técnicas son vitales para seleccionar las entradas o generar variables ficticias que representan los efectos en las ecuaciones que tratan con la regresión.

Los árboles de decisión se utilizan para contraer un grupo de valores categorizados en rangos específicos alineados con los valores de variable de destino. Esto se conoce como colapso de valor óptimo. En esto, una combinación de categorías con los mismos valores de ciertos valores objetivo, hay mínimas posibilidades de pérdida de información mientras se contraen categorías juntas. Por último, el resultado será una predicción perfecta con las mejores salidas de clasificación.

¿Por qué son importantes los árboles de decisión?

El concepto de árboles de decisión se utiliza para el análisis de varias variables. El análisis de múltiples variables nos ayuda a explicar, identificar, describir y clasificar cualquier objetivo. Para explicar múltiples análisis de variables, tome un ejemplo de ventas, la probabilidad de venta o el tiempo necesario para que una campaña de marketing responda debido a los efectos de las múltiples variables de entrada, dimensiones y factores. El análisis de múltiples variables abre las puertas para descubrir algunas otras relaciones y explicarlas de múltiples maneras. Este análisis es crucial en términos de resolución de problemas, ya que el éxito de cualquier entrada crucial depende de múltiples factores. Hay muchas técnicas variables múltiples descubiertas a partir de la fecha, que es una parte atractiva de la ciencia de datos y árboles de decisión y depende de factores como la facilidad, robustez y potencia relativa de diferentes datos y sus niveles de medición.

Los árboles de decisión siempre se representan en formato incremental. Por lo tanto, se puede decir que cualquier conjunto de influencias múltiples es un grupo de relaciones de un solo efecto de una causa representadas en el formato recursivo del árbol de decisión. Esto implica que un árbol de decisión es capaz de manejar problemas de memoria corta humana de una manera más controlada. Se hace de la manera más simple que es fácil de entender en comparación con técnicas complejas, múltiples variables.

Un árbol de decisiones es importante porque ayuda en la transformación de cualquier dato sin procesar en una versión altamente experta y una conciencia especial sobre cuestiones específicas como los negocios, científicos, sociales e ingeniería. Esto le ayuda a implementar el conocimiento frente a un árbol de decisiones de una manera sencilla, pero en un formato muy potente y comprensible para el ser humano, ya que los árboles de decisión ayudan a descubrir y mantener una relación de fortaleza entre los valores de entrada de los datos y los valores de destino en cualquier conjunto observaciones que se utilizan para crear un conjunto de datos. Si el conjunto de valores de entrada forman una asociación con el valor de destino mientras el proceso de selección, todos los valores de destino se clasifican por separado y se combinan para formar una ubicación que, finalmente, forma la rama de decisión del árbol de decisión. Este es un caso especial observado en este tipo de agrupación; el valor bin y el valor objetivo. Considere un ejemplo de binning como; Supongamos que el promedio de los valores de destino se almacenan en tres ubicaciones que se crean mediante valores de entrada, a continuación, binning intentará seleccionar cada valor de entrada y establecer la relación entre el valor de entrada y el valor de destino. Por último, se determina cómo se vincula el valor de entrada al valor de destino. Necesitará una habilidad de interpretación sólida para conocer la relación entre el valor de entrada y el valor de destino. Esta relación se desarrolla cuando usted es capaz de predecir el valor del objetivo de una manera eficaz. No solo comprender álavalora la relación entre los valores de entrada-destino, sino que también comprenderá la naturaleza del objetivo. Por último, puede predecir los valores en función de dichas relaciones.

Capítulo 10

Técnicas de minería de datos en ciencia de datos

L os conceptos básicos de Matemáticas y Estadísticas ayudan a un científico de datos a crear, analizar y crear algunos análisis complejos. Para obtener información precisa sobre los datos, los científicos de datos deben interactuar con el lado empresarial. Business Acumen es una necesidad cuando se trata de analizar datos para ayudar al negocio. Los resultados también deben estar en línea con las expectativas de las empresas. Por lo tanto, la capacidad de comunicar verbal y visualmente resultados avanzados y observaciones al negocio y ayudarles a entender fácilmente. La minería de datos es una estrategia que se utiliza en la ciencia de datos que describe el proceso en el que los datos sin procesar se estructuran de tal manera que se pueden reconocer patrones en los datos a través de algoritmos matemáticos y computacionales. Vamos a obtener una visión general de cinco técnicas principales de minería de datos que cada científico de datos debe tener en cuenta:

1. Técnica Mapreduce

Las aplicaciones de minería de datos administran grandes cantidades de datos constantemente. Debe optar por una nueva pila de software para abordar este tipo de aplicaciones. El software de pila tiene su propio sistema de archivos almacenado que se llama un sistema de archivos distribuido. Este sistema de archivos se utiliza para recuperar el paralelismo de un clúster informático o clústeres. Este sistema de archivos distribuido replica los datos para aplicar la seguridad frente a errores de medios. Aparte de este sistema de archivos de pila, hay un sistema de programación de nivel superior desarrollado para facilitar la visualización del proceso Mapreduce. Mapreduce es una forma de computación implementada en varios sistemas, incluyendo Hadoop y Google. La implementación de Mapreduce es una técnica de minería de datos que se utiliza para abordar cálculos a gran escala. Es fácil de implementar, es decir; sólo tiene según tres funciones, ver. Mapa y Reducir. El sistema controlará automáticamente la ejecución paralela y la colaboración de tareas.

2. Medidas de distancia

La principal limitación de la minería de datos es que no puede realizar un seguimiento de datos/elementos similares. Considere un ejemplo en el que tiene que realizar un seguimiento de sitios web duplicados o contenido web mientras navega por varios sitios web. Otro ejemplo puede ser la detección de imágenes similares de una base de datos grande. Para manejar estos problemas, la técnica de medición de distancia se hace disponible para usted. Medida de distancia ayuda a buscar los vecinos más cercanos en un espacio de mayor dimensión. Es muy crucial definir lo que es una similitud. Jaccard Similarity puede ser uno de los ejemplos. Los métodos utilizados para identificar la similitud y definir la Técnica de Medida de Distancia

- Shingling

- Min-Hashing

- Municipio Sensible Hashing

- A K-Shingle

- Hashing sensible a la localidad

3. Análisis de enlaces

El análisis de enlaces se realiza cuando puede analizar las vulnerabilidades de spam. Anteriormente, la mayoría de los motores de búsqueda tradicionales no pudieron analizar las vulnerabilidades de spam. Sin embargo, a medida que la tecnología tenía sus alas, Google fue capaz de introducir algunas técnicas para superar este problema.

Pagerank

Las técnicas de Pagerank utilizan el método de simulación. Supervisa todas y cada una de las páginas que está navegando para escanear la vulnerabilidad de spam. Todo este proceso funciona de forma iterativa, lo que significa que las páginas que tienen un mayor número de usuarios se clasifican mejor que las páginas sin que los usuarios visiten.

El contenido

El contenido de cada página está determinado por algunas frases específicas utilizadas en una página para vincular con páginas externas. Es un pedazo de pastel para que los spammers modifiquen la página interna donde son administradores, pero se hace difícil para ellos modificar las páginas externas. A cada página se le asigna un número real a través de una función. La página con un rango más alto se vuelve más importante que la página que no tiene un rango de página considerable. No hay algoritmos establecidos para asignar rangos a las páginas. Pero para gráficos web altamente confidenciales o conectados, tienen una clasificación basada en matriz de transición. Este principio se utiliza para calcular el rango de una página.

Transmisión de datos

A veces, es difícil conocer los conjuntos de datos de antemano; además, los datos aparecen en forma de secuencia y se procesan antes de que desaparezcan. La velocidad de llegada de los datos es tan rápida que es difícil almacenarlos en el almacenamiento activo. Aquí, la transmisión de datos entra en escena. En el sistema de administración dataStream, se puede almacenar un número ilimitado de secuencias en un sistema. Cada secuencia de datos produce elementos en su propio momento. Los elementos tienen la misma velocidad y tiempo en un ciclo de secuencia determinado. Tales secuencias se archivan en la tienda. Al hacer esto, es algo difícil responder a las consultas ya almacenadas en el archivo. Pero estas situaciones se controlan mediante métodos de recuperación específicos. Hay una tienda en funcionamiento, así como una tienda activa que almacena los resúmenes para responder a consultas específicas. Hay ciertos problemas de transmisión de datos visualización.

Datos de muestreo en una secuencia

Seleccionará atributos para crear algunos ejemplos de las secuencias. Para determinar si todos los elementos de ejemplo pertenecen al mismo ejemplo de clave, tendrá que girar la clave hash del elemento de secuencia entrante.

Flujos de filtrado

Para seleccionar tuplas específicas que se ajusten a un criterio determinado, existe un proceso separado en el que las tuplas aceptadas se llevan adelante, mientras que otras se terminan y eliminan. Existe una técnica moderna conocida como Bloon Filtering que te permitirá filtrar los elementos extraños. El proceso posterior es que los elementos seleccionados se telidan y se recopilan en cubos para formar bits. Los bits tienen un funcionamiento binario, es decir, 0 y 1. Estos bits se establecen en 1. Después de esto, los elementos se establecen para ser probados.

Contar elementos específicos en una secuencia

Si necesita contar los elementos únicos que existen en un conjunto universal, es posible que tenga que contar todos y cada uno de los elementos del paso inicial. Flajolet-Martin es un método que a menudo aplica hash de elementos a enteros, descritos como números binarios. Mediante el uso de funciones hash e integración de ellos puede resultar en una estimación confiable.

4. Elemento frecuente – Establecer análisis

En Análisis frecuente de conjuntos de artículos, comprobaremos el modelo de cesta de mercado y la relación entre ellos. Cada cesta contiene un conjunto de artículos, mientras que el mercado tendrá la información de datos. El número total de artículos siempre es mayor que el número de artículos de la cesta. Esto implica el número de artículos en la cesta puede caber en la memoria. Las cestas son los archivos originales y genuinos en el sistema distribuido en general. Cada cesta es un conjunto de tipos de artículos. Para concluir sobre la técnica de la cesta de mercado, la caracterización de los datos depende de esta técnica para descubrir el conjunto de elementos frecuentes. Estos conjuntos de artículos son responsables de revelar la mayoría de las cestas. Hay muchos casos de uso disponibles a través de Internet para esta técnica. Esta técnica se aplicó anteriormente en algunos grandes centros comerciales, supermercados y cadenas de tiendas. Para ilustrar este caso, estas tiendas realizan un seguimiento de cada una de las cestas que el cliente lleva al mostrador de pago. Aquí, los artículos representan los productos vendidos por la tienda, mientras que las cestas son un conjunto de artículos que se encuentran en una sola cesta.

Capítulo 11

Datos en la nube

La ciencia de datos es una mezcla de muchos conceptos. Para convertirse en un científico de datos, es importante tener algunas habilidades de programación. Aunque es posible que no conozca todos los conceptos de programación relacionados con la infraestructura, pero tener habilidades básicas en conceptos de ciencias de la computación es una necesidad. Debe instalar los dos lenguajes de programación más comunes y más utilizados, es decir, R y Python, en su equipo. Con los análisis avanzados en constante expansión, la ciencia de datos continúa extendiendo sus alas en diferentes direcciones. Esto requiere soluciones colaborativas como el análisis predictivo y los sistemas de recomendación. Las soluciones de colaboración incluyen herramientas de investigación y bloc de notas integradas con el control de código fuente. La ciencia de datos también está relacionada con la nube. La información también se almacena en la nube. Por lo tanto, esta lección le iluminará con algunos hechos sobre los "datos en la nube". Así que vamos a entender lo que significa la nube y cómo se almacenan los datos y cómo funcionan.

¿Qué es la nube?

La nube se puede describir como una red de servidor global, cada una con diferentes funciones únicas. La comprensión de las redes es necesaria para estudiar la nube. Las redes pueden ser grupos de información o datos simples o complejos.

Red

Como se especificó anteriormente, las redes pueden tener un grupo simple o pequeño de equipos conectados o grandes grupos de equipos conectados. La red más grande puede ser Internet. Los grupos pequeños pueden ser redes locales domésticas como Wi-Fi y red de área local que se limita a ciertos equipos o localidades. Hay redes compartidas como medios, páginas web, servidores de aplicaciones, almacenamiento de datos e impresoras y escáneres. Las redes tienen nodos, donde un equipo se conoce como nodo. La comunicación entre estos equipos se establece mediante protocolos. Los protocolos son las reglas intermedias establecidas para un equipo. Protocolos como HTTP, TCP e IP se utilizan a gran escala. Toda la información se almacena en el ordenador, pero se hace difícil buscar información en el equipo cada vez. Dicha información suele almacenarse en un centro de datos. El Centro de Datos está diseñado de tal manera que está equipado con soporte de seguridad y protección para los datos. Dado que el costo de los equipos y el almacenamiento ha disminuido sustancialmente, varias organizaciones optan por hacer uso de varios equipos que funcionan juntos que uno quiere escalar. Esto difiere de otras soluciones de escalado como la compra de otros dispositivos informáticos. La intención detrás de esto es mantener el trabajo en marcha continuamente, incluso si un equipo falla; el otro continuará la operación. También es necesario escalar algunas aplicaciones en la nube. Tener una visión amplia de algunas aplicaciones informáticas como YouTube, Netflix y Facebook que requiere algo de escalado. Rara vez experimentamos este tipo de aplicaciones fallando, ya que han configurado sus sistemas en la nube. Hay un clúster de red en la nube, donde muchos equipos están conectados a las mismas redes y realizan tareas similares. Puede llamarlo como una única fuente de información o un único equipo que administra todo para mejorar el rendimiento, la escalabilidad y la disponibilidad.

Ciencia de datos en la nube

Todo el proceso de ciencia de datos tiene lugar en la máquina local, es decir, una computadora o portátil proporcionada al científico de datos. El ordenador o portátil tiene lenguajes de programación incorporados y algunos requisitos previos más instalados. Esto puede incluir lenguajes de programación comunes y algunos algoritmos. El científico de datos más tarde tiene que instalar paquetes de desarrollo y software relevantes según su proyecto. Los paquetes de desarrollo se pueden instalar utilizando gestores como Anaconda o gestores similares. También puede optar por instalarlos manualmente. Una vez que instale e introduzca en el entorno de desarrollo, el primer paso, es decir, el flujo de trabajo comienza donde su compañero es sólo datos. No es obligatorio llevar a cabo la tarea relacionada con la ciencia de datos o Big Data en diferentes máquinas de desarrollo. Echa un vistazo a las razones detrás de esto:

1. El tiempo de procesamiento necesario para llevar a cabo tareas en el entorno de desarrollo falla debido a un fallo de alimentación de procesamiento.

3. Presencia de grandes conjuntos de datos que no se pueden incluir en la memoria del sistema del entorno de desarrollo.

4. Las entregas deben ser en forma de arreglo en un entorno de producción e incorporadas como un componente en una aplicación grande.

5. Se recomienda utilizar una máquina que sea rápida y potente.

El científico de datos explora muchas opciones cuando se enfrentan a estos problemas; utilizan máquinas locales o máquinas virtuales que se ejecutan en la nube. El uso de máquinas virtuales y clústeres de escalado automático tiene varias ventajas, como pueden abarcary descartarlo en cualquier momento en caso de que sea necesario. Las máquinas virtuales se personalizan de una manera que satisfaga las necesidades de almacenamiento y potencia informática. La implementación de la información en un entorno de producción para insertarla en una canalización de datos grande puede tener ciertos desafíos. Estos desafíos deben ser entendidos y analizados por el científico de datos. Esto se puede entender por tener una esencia de arquitecturas de software y atributos de calidad.

Arquitectura de software y atributos de calidad

Arquitectura de Software desarrolla un sistema de software basado en la nube. Tales sistemas pueden ser producto o servicio que depende del sistema informático. Si está creando software, la tarea principal incluye la selección del lenguaje de programación correcto que se va a programar. El propósito del sistema puede ser cuestionado; por lo tanto, hay que considerarlo. El desarrollo y el trabajo con la arquitectura de software deben ser realizados por una persona altamente cualificada. La mayoría de las organizaciones han comenzado a implementar un entorno en la nube eficaz y fiable mediante la informática en la nube. Estos entornos en la nube se implementan en varios servidores, almacenamiento y recursos de red. Esto se utiliza en abundancia debido a su menor costo y alto ROI.

El principal beneficio para los científicos de datos o sus equipos es que están utilizando el gran espacio en la nube para explorar más datos y crear casos de uso importantes. Puede liberar una característica y hacer que se pruebe el segundo siguiente y comprobar si agrega valor o no es útil llevar adelante. Toda esta acción inmediata es posible debido a la computación en la nube.

Compartir Big Data en la nube

El papel del Big Data también es vital mientras se trata de la nube, ya que facilita el seguimiento y el análisis de información. Una vez establecido esto, el big data crea un gran valor para los usuarios.

La forma tradicional era procesar datos cableados. Se hizo difícil para el equipo compartir su información con esta técnica. Los problemas habituales incluían la transferencia de grandes cantidades de datos y la colaboración de los mismos. Aquí es donde la computación en la nube comenzó a sembrar su semilla en el mundo competitivo. Todos estos problemas fueron eliminados debido a la computación en la nube, y gradualmente, los equipos fueron capaces de trabajar juntos desde diferentes ubicaciones y en el extranjero también. Por lo tanto, la computación en la nube es muy vital tanto en la ciencia de datos como en los Big Data. La mayoría de las organizaciones hacen uso de la nube. Para ilustrar, algunas empresas que utilizan la nube son Swiggy, Uber, Airbnb, etc. Utilizan la computación en la nube para compartir información y datos.

Gobernanza de la nube y de Big Data

Trabajar con la nube es una gran experiencia, ya que reduce el costo de los recursos, el tiempo y los esfuerzos manuales. Pero surge la pregunta de que ¿cómo las organizaciones se ocupan de la seguridad, el cumplimiento, la gobernanza? La regulación de la misma es un desafío para la mayoría de las empresas. No se limita a los problemas de Big Data, pero trabajar con la nube también tiene sus problemas relacionados con la privacidad y la seguridad. Por lo tanto, es necesario desarrollar una política de gobernanza sólida en sus soluciones en la nube. Para asegurarse de que sus soluciones en la nube sean fiables, robustas y gobernables, debe mantenerlas como una arquitectura abierta.

Necesidad de herramientas de nube de datos para ofrecer un alto valor de datos

La demanda de un científico de datos en esta era está aumentando rápidamente. Son responsables de ayudar a las organizaciones grandes y pequeñas a desarrollar información útil a partir de los datos o conjuntos de datos que se proporcionan. Las grandes organizaciones llevan datos masivos que necesitan analizarse continuamente. Según los informes recientes, casi el 80% de los datos no estructurados recibidos por las organizaciones están en forma de redes sociales, correos electrónicos, es decir, Outlook, Gmail, etc., videos, imágenes, etc. Con el rápido crecimiento de la computación en la nube, los científicos de datos se ocupan de varias cargas de trabajo nuevas que provienen de IoT, IA, Blockchain, Analytics, etc. Tubería. Trabajar con todas estas nuevas cargas de trabajo requiere una plataforma estable, eficiente y centralizada en todos los equipos. Con todo esto, es necesario gestionar y registrar nuevos datos, así como documentos heredados. Una vez que un científico de datos recibe una tarea y tiene el conjunto de datos en el que trabajar, debe poseer las habilidades adecuadas para analizar los volúmenes cada vez mayores a través de las tecnologías en la nube. Necesitan convertir los datos en información útil que sería responsable de elevar el negocio. El científico de datos tiene que construir un algoritmo y codificar el programa. En su mayoría utilizan el 80% de su tiempo para recopilar información, crear y modificar datos, limpiar si es necesario y organizar datos. Descanso 20% se utiliza para analizar los datos con una programación eficaz. Esto requiere el requisito de contar con herramientas en la nube específicas para ayudar al científico de datos a reducir su tiempo buscando información adecuada. Las organizaciones deben poner a disposición nuevos servicios en la nube y herramientas en la nube para sus respectivos científicos de datos para que puedan organizar datos masivos rápidamente. Por lo tanto, las herramientas en la nube son muy importantes para que un científico de datos analice grandes cantidades de datos en un período más corto. Ahorrará tiempo a la empresa y ayudará a construir modelos de datos sólidos y robustos.

Conclusión

Este libro le ha dado una información detallada sobre la ciencia de datos. Se esbozaron conceptos básicos de ciencia de datos que le permiten comprender cómo aplicarlos mientras practica la ciencia de datos. La práctica de la ciencia de datos se puede explicar como una combinación de análisis estadísticos, big data y minería de datos.

Los científicos de datos analizan y resuelven los problemas a los que se enfrentan las organizaciones o empresas involucradas en el negocio. La ciencia de datos ayuda a conectar una empresa con su público objetivo, mejorar las estrategias de marketing y predecir tendencias futuras. Recuerde que los científicos de datos son responsables de manejar los datos desde su recopilación, montaje hasta procesamiento y encontrar información significativa. No termina ahí. Usted necesita tener habilidades no técnicas adecuadas, así, para sobresalir en este campo. Todos los datos presentes deben ser formateados primero de una manera adecuada. Necesita conocer los cálculos adecuados, conceptos de probabilidad, estadísticas, trabajar con bases de datos comunes como Structured Query Language (SQL) o Apache Hive.

Así que, ahora que lo sabes lo suficiente, ¡no te olvides de convertirte en un increíble científico de datos! Tenga en cuenta todos los puntos críticos destacados en este libro y seguir adelante y lograr grandes alturas en su viaje de convertirse en un científico de datos!

Esperamos que haya encontrado este libro útil, y le agradeceríamos que cayera en sus comentarios en Amazon!

CIENCIA

DE DATOS

Consejos y trucos para aprender teorías de ciencia de datos de manera efectiva

William Vance

Introducción

Es muy popular que piensen que un científico de datos es alguien que conoce más ciencias de la computación que un estadístico y conoce más estadísticas que un científico de la computación. Si bien es cierto que para convertirse en un buen científico de datos, no se necesita sólo el conocimiento de las computadoras y las estadísticas, para convertirse en un científico de datos profesional, uno debe ser extremadamente brillante en la informática y las estadísticas. Esto se debe a que el conocimiento de ambos campos es lo que permite a los científicos de datos ser capaces de crear información a partir de datos dispersos en la pantalla del ordenador. En la misma línea, el conocimiento de los campos fuera de estos dos ayuda al científico de datos a hacer preguntas inteligentes, tanto formales como informales, sobre los datos. Usa esto para generar una visión clara.

Esta es la razón por laque, en la mayoría de los casos, un científico de datos está bien entrenado no sólo en campos relacionados con la informática, sino también en otros campos como la economía, los negocios, el derecho y muchos más. Esto ayuda al científico a convertirse en vasta en las preguntas requeridas en cualquier dominio con el que esté trabajando. También le ayuda a resumir esta pregunta según sea necesario. Un buen ejemplo de un sitio que utiliza preguntas de dominio adicional aparte de la computadora y las estadísticas es el sitio de citas OkCupid. Antes de que una persona pueda convertirse en miembro del grupo, se le requeriría responder muchas preguntas. El sitio utiliza las respuestas dadas a estas preguntas para resumir las características personales del candidato y luego fusionarlo con la persona adecuada disponible. Como resultado, para poder construir estas preguntas de manera inteligente, el científico debe ser vasto en el campo de la psicología y la humanidad.

Del mismo modo, Facebook, una de las redes sociales más populares, como el sitio de citas mencionado anteriormente, también utiliza algunas preguntas personales. La razón de esto es hacer que sea fácil para las familias y amigos para encontrar y conectar con la persona.

En relación con esto, en 2012, durante la campaña de Obama en los Estados Unidos, empleó a una gran cantidad de científicos de datos para utilizar su habilidad para descubrir a los votantes las partes del país que necesitan extra . Esto dio origen a las diferentes apelaciones y programas de recaudación de fondos que se pusieron en marcha antes de las elecciones. Este esfuerzo singular desempeñó un papel importante en la reelección del presidente y muestra que en cada año que pasa, los científicos de datos son cada vez más necesarios y valiosos.

La creciente tasa tanto de las redes sociales como de Internet, como los canales básicos,, para obtener cualquier información sobre cualquier campo imaginable,, ha generado más datos de los que podemos comprender. Cada vez que pasan, los usuarios suben videos en YouTube. No sólo esto, la tasa a la que la gente está utilizando Facebook y Twitter crece en cada día que pasa. Los negocios se sienten atraídos por el mundo digital. El marketing digital se está afianzando rápidamente, es decir, que se trata de más datos de los que podemos imaginar.

Estas breves explicaciones muestran que el dominio de la ciencia de datos es vasto y requiere formación continua no sólo en el campo de la computadora, sino también en otros campos donde se necesitarían científicos de datos. Sólo unos pocos científicos están realmente armados con la capacidad requerida. En una organización empresarial, por ejemplo, se requiere un científico de datos para ayudar a generar inteligencia empresarial aplicable.

Sin embargo, los datos no son información, y hasta que se agrega un análisis a él, es sólo ruido. Aquí es donde entra este libro. Explica las diferentes teorías y modelos, aplicaciones y cálculos requeridos en la ciencia de datos. Los libros explican los diferentes aspectos del análisis de datos y la ciencia.

A esto se suma el hecho indiscutible de que el mundo se está ahogando rápidamente en el consumo de datos. Cada clic en un sitio web está siendo rastreado y monitoreado por la ciencia dedatos; cada smartphone está construido con una capacidad para entregar su ubicación en cada momento que se necesita con precisión. Los vendedores cuantificados siempre están en podómetros-en-uso de esteroides para registra su movimiento, frecuencia cardíaca, dieta, hábito, e incluso su método de sueño. Internet representa el lugar que sucede. Contiene información que va desde la base de datos, enciclopedia, detalles específicos del dominio sobre la música, el deporte y cualquier evento de su elección. No sólo esto, en Internet,, es información como estadísticas gubernamentales, escritos académicos, libros de texto, productos de diferentes gamas, juegos y muchos más.

Estos datos contienen información que parece esquiva para todos. Esta información es lo que se explicaría en este libro. La ciencia de datos ha aumentado más de lo que pensábamos a menudo. Se está convirtiendo rápidamente en el más ordenado después del campo en estudios de computación. El mundo está empezando a reconocer el impacto del científico de datos. Este libro se centra en explicar los aspectos rudimentarios de la ciencia de datos. Explica en detalle las importantes teorías y modelos utilizados en la ciencia de datos. Si el enfoque se centra en explicar a fondo cómo se aplican las teorías en la ciencia de datos y cómo estas teorías se pueden utilizar para explicar algunos de los aspectos básicos de la ciencia de datos.

El libro se divide en quince capítulos, y cada capítulo se centra en explicar a fondo e indeleblemente todo lo que hay que saber sobre la ciencia de datos. Los primeros capítulos explican en detalle qué es la ciencia de datos y los diferentes aspectos de la ciencia de datos. Los otros capítulos se concentran en las diversas teorías y modelos utilizados en la ciencia de datos.

Al final del libro, se espera que el alumno esté bien informado sobre el uso de teorías y modelos en ciencia de datos. También se espera que sea capaz de construir preguntas inteligentes y pronosticar o predecir el resultado de las preguntas y su importancia para el dominio en general.

Capítulo Uno

¿Qué es la Ciencia de Datos?

Con la creciente tasa de tecnología actual, la ciencia de datos está transformando las empresas y las carreras. Tanto las asistencias médicas como los bufetes de abogados utilizan datos en su dominio. Las organizaciones empresariales no están fuera del uso de datos. Según Josh Wills de Cloudera, "Un científico de datos es una persona que es mejor en las estadísticas que cualquier ingeniero de software y mejor en ingeniería de software que cualquier estadístico." Por lo tanto, un científico de datos es alguien que es excelente en ingeniería de software y estadísticas. Un científico de datos sabe todo lo que hay sobre modelos de negocio y paradigmas.

La ciencia de datos abarca la generación de nuevas ideas y enfoques y la fusión de nuevas teorías con nuevos algoritmos. Implica el dominio tanto de las estadísticas como de los estudios informáticos. La ciencia de datos se centra más en los datos y algoritmos y en las diversas teorías y modelos que se pueden utilizar para interpretar los datos y algoritmos. La ciencia de datos abarca la creación de un excelente plan de análisis de datos y la implementación de esos datos utilizando teorías y modelos.

Para crear un buen plan de análisis de datos, McKinsey argumenta que debe contener estos tres elementos: modelo analítico, entradas de datos entrelazadas y herramientas de apoyo a la toma de decisiones. Del mismo modo, Halevy, Norvig y Pereira argumentaron en un artículo seminal publicado en 2009 que incluso las teorías y modelos simples, con big data, tienen el potencial de hacerlo mejor que los modelos complejos con menos datos. Esto es para mostrar que la eficacia del análisis de datos no depende de la cantidad de datos. El tamaño de los datos tiene poco que jugar en la eficacia de los datos. Una de las científicas de datos más popular, Hilary Masón, explicó que la fabricación de "productos de datos" implica tres aspectos importantes. El primero son los datos en sí, el segundo es la excelencia técnica que abarca el aprendizaje automático y la tercera parte son las personas y el proceso;; esto implica talento. Un buen ejemplo de un producto de datos que comprende los tres elementos es Google Maps. Hilary fue más allá para enumerar la habilidad necesaria para ser un excelente científico de datos. Estos incluyen matemáticas y estadísticas, comunicación y codificación.

Sin embargo, antes del dominio y la implementación de estas habilidades, cada individuo que aspira a convertirse en un buen científico de datos debe poseer una habilidad valiosa. Esta es la capacidad de hacer preguntas relevantes y excelentes. La respuesta a estas preguntas es qué desbloquear los valores para los consumidores, las empresas e incluso la sociedad en general. Por lo tanto, convertirse en un buen científico de datos comienza con la capacidad de hacer preguntas relevantes y resolver un problema. Convertirse en una buena ciencia de datos requiere el dominio no sólo de la computadora o las estadísticas, un científico de datos es conocedor en otros campos de estudio.

El objetivo principal de la ciencia de datos
Predicciones y pronósticos

Estos dos aspectos desempeñan un papel muy importante en el objetivo principal de la ciencia de datos. Sin embargo, hay una diferencia entre cómo funcionan estos dos. Las previsiones cubren una serie de resultados, mientras que la predicción se centra en identificar un solo resultado. Tomemos, por ejemplo, la declaración "va a nevar esta semana" es una predicción. Sin embargo, cuando decimos que hay un 50% de probabilidad de que nieve esta semana. Esto significa que también hay un 50% de probabilidad de que no nieve. La predicción representa la certeza, mientras que el pronóstico ofrece un rango de posibilidades.

Los cuatro V de la ciencia de datos
El big data se compone de varios V sin embargo, para el propósito de este libro, estos cuatro serán nuestra concentración.

- Volumen

- Velocidad

- Variedad

2. Veracidad

Volumen

El volumen de big data supera rápidamente la capacidad de la mayoría de las bases de datos. La escala de generación de datos ha aumentado en la medida en que lo que solía ser el registro generado en años ahora se está generando en dos días. Esto es confirmado por un analista de datos muy popular, Eric Schmid de Google. Señaló que a partir de 2003, lo que se generó en el volumen de big data son 5 exabytes de datos - un exabyte es 1000x6 bytes o mil millones de miles de millones de bytes. Hoy en día, lo que se generó en 2003 se genera en sólo dos días.

La razón de este aumento masivo en el volumen de datos es simplemente la introducción de datos de interacción. Este es el nuevo tipo de datos que produce más resultados que los datos de transacción que se usaron antes de su desarrollo. Los datos de interacción implican el registro de las actividades diarias en aplicaciones, que pueden incluir actividades en un navegador, datos RFID, datos de geolocalización,, etc. Todas estas actividades recopilan más de millones de miles de datos en un solo día. La verdad es que estamos en la era del "internet de las cosas" (o IoT);; cada pequeña cosa que nos concierne está disponible en Internet o en las redes sociales y esto está generando un crecimiento significativo constante en la cantidad de datos.

Como tal, se espera que un buen científico de datos sea muy hábil en la gestión del volumen de datos. Esto no se limita únicamente a la base de datos técnica, sino también a la capacidad de crear algoritmos que ayudan a administrar el tamaño de los datos de forma inteligente.

Esto se debe en parte a que, cuando se trata de big data, ninguna de las correlaciones se deja fuera, todas ellas son muy importantes. Por lo tanto, para poder manejar esto eficazmente, un buen científico de datos debe ser vasto en técnicas que ayudarían a extraer causalidad de correlaciones.

Velocidad

A medida que aumenta el volumen de datos, la velocidad también aumenta. Las entradas de Facebook aumentan cada segundo; tweets están creciendo en Twitter; en cada segundo, la información parece y es generada por los usuarios. El aumento de la velocidad también afecta al volumen de datos. Aunque , esto podría afectar a la ventana de la aplicación de datos.

Variedad

La variedad de datos ha crecido más que antes. Antes de ahora, los modelos que funcionan con variables son muy mínimos. Sin embargo, estos han aumentado a medida que aumenta la potencia de cálculo. El aumento y el cambio en la velocidad, el volumen y la variedad de datos requirió una nueva econometría y un par de nuevas herramientas para establecer preguntas en la ciencia de datos.

A medida que avanzamos en el libro, explicamos las diferentes técnicas econométricas y conceptos de modelado que se darían.

Sin embargo, es importante tener en cuenta que la ciencia de datos no se limita al análisis de datos de gran tamaño; también requiere la creación de datos.

Ganancia de el aprendizaje automático

El aprendizaje automático es solo un aspecto de la ciencia de datos. Esto implica que la ciencia de datos implica algo más que aprendizaje automático. Los sistemas suelen estar capacitados en datos para tomar decisiones. Aunque , este es un proceso continuo. A medida que el sistema se entrena continuamente en la toma de decisiones, la capacidad del sistema mejora con más datos. Un buen ejemplo de un sistema entrenado en la toma de decisiones es el filtro de spam. A medida que los datos crecen, el filtro de spam utiliza un filtro bayesiano para cambiar su toma de decisiones. Esto sucede constantemente y ayuda a mantener el filtro por delante de los spammers. Es esta capacidad de mantenerse por delante de los spammers que ellos de jugar el filtro.

Sin embargo, las técnicas de aprendizaje automático favorecen los datos sobre el juicio. Se requiere una buena ciencia de datos para combinar ambos aspectos de manera excelente. El aprendizaje automático está progresando rápidamente;; Hilary Mason destacó cuatro características del aprendizaje automático. La característica se enumera a continuación y se explicaría en detalle en los capítulos posteriores.

1. El aprendizaje automático se basa generalmente en un avance teórico y, por lo tanto, está bien fundamentado en la ciencia.

   1. El aprendizaje automático cambia el paradigma económico existente.

   2. El resultado es la mercantilización (por ejemplo, Hadoop)

3. pone a disposición nuevos datos que conducen a una mayor ciencia de datos.

Aprendizaje supervisado y no supervisado

Al explicar el aprendizaje automático, se mencionó que los sistemas están capacitados en la toma de decisiones, y esta formación es un proceso continuo. Hay dos formas principales de capacitación de un sistema. Estos incluyen el aprendizaje supervisado y no supervisado.

En el aprendizaje supervisado, la salida se produce en función de los datos de entrada. Para ello, el sistema se proporciona con datos históricos de entrada y salida. A continuación, el sistema utiliza una de las varias técnicas de la máquina para aprender la relación entre las dos. La sentencia también se utilizaría para decidir cuál de las técnicas de aprendizaje automático sería apropiada. Algunos ejemplos de aprendizaje supervisado son la aprobación automatizada de tarjetas de crédito y el filtro de spam.

En el aprendizaje no supervisado, las entradas se organizan y reorganizan para estructurar los datos sin etiquetar. Esto se hace reorganizando los datos y etiquételos con etiquetas. Un buen ejemplo es el análisis de factores

Privacidad

A medida que aumenta el volumen, la velocidad y la variedad de datos, la privacidad individual se inunda. Como seres humanos, a menudo estamos divididos entre participar en la interacción social con los demás y mantener nuestra privacidad, y la tecnología ha hecho que suceda de tal manera que la guerra contra el mantenimiento de nuestra privacidad crece cada día bendito. Todos los días estamos en una lucha para evitar que nuestra información privada se filtre al público. La razón de esto es simplemente como resultado de la participación de la ciencia d ata. Las partes interesadas, los gobiernos, los propietarios de empresas y un servicio de datos más útil para obtener acceso a la información privada de las personas. Estamos muy familiarizados con los sitios que hacen preguntas personales que van desde nuestra edad, estado civil, lugar de origen, ocupación e incluso dirección a nuestras áreas de residencia. Este tipo de preguntas ayudan a filtrar información privada.

Además, la pérdida de privacidad también es causada por lo que se conoce como "perfil humano". Esta es una situación en la que cuanto más trasladamos nuestras actividades diarias a la web, más empresas y organizaciones utilizan la minería de datos y el análisis para construir perfiles de quiénes somos aún más de lo que a menudo nos damos cuenta. Por ejemplo, cuando tuiteamos "tomar a mi perro para dar un paseo", esta información se incrementa a través del análisis de datos como "propietario de una mascota" cuando tuiteamos "ir a casa a cocinar para mis hijos," esto se incrementa como "una madre".." Esto muestra que una pequeña información que aparece como un tweet ordinario para nosotros en Facebook o Twitter revela más de lo que a menudo sabemos. En sucinto, una máquina te conoce mejor de lo que crees.

Aparte de los tweets en las redes sociales, las llamadas telefónicas, el rastreador de ubicación GPS y los correos electrónicos también

173

son parte de lo que las empresas y organizaciones pueden usar para crear perfiles humanos. Aquellos que no suelen tuitear información sobre sí mismos están siendo grabados como personas de bajo perfil digital. Sin embargo, para crear un equilibrio, es aconsejable no ocultar para no ser conocido, sino mantener un perfil medio como sea posible.

El perfil humano significa la separación de un espacio específico para un público o grupo de personas independientes. Esto permite prestar atención a ese grupo de personas a través de lo que se conoce como discriminación de precios. Por ejemplo, si mi perfil demuestra que soy una persona influyente y muy rica, es probable que comience a recibir propuestas de ventas por Internet de empresas populares que se han reunido que a menudo compro el producto en el que están. La generación de perfiles permite a las empresas u organizaciones empresariales llegar a su audiencia de forma más rápida y precisa.

La elaboración de perfiles también se utiliza para atrapar a los terroristas s, sin embargo, se debe tener cuidado de no participar en la elaboración de perfiles excesivos. Estamos en una época en la que hay una interesante batalla entre el hombre y la máquina por su privacidad. Tengamos cuidado con la información que divulgamos en las redes sociales.

Teorías, Modelos, Intuición, Causalidad, Predicción, Correlación

La ciencia de datos implica la implementación de teorías y modelos. La ciencia de datos también hace uso de la intuición, la causalidad, la predicción y la correlación. Las teorías son una declaración sobre cómo el mundo debe ser o no debe ser. Estas declaraciones se derivan a menudo de axiomas que se asumen sobre la naturaleza del mundo o de las teorías existentes. Los modelos, sin embargo, son la implementación de teorías. Esto se logra a menudo mediante el uso de algoritmos y variables. La intuición es el resultado de un modelo en ejecución. Esto significa que la intuición es una comprensión profunda del mundo con la ayuda de datos, teorías y modelos.

Una vez establecida la intuición para el resultado de un modelo, lo que queda es determinar si la relación observada entre el modelo y la intuición es la de predicción, causalidad o correlación. La causalidad se suele afirmar en una forma o estructura matemática. Las teorías pueden ser causales. Para llegar a un efecto causal, debe estar profundamente arraigado en los datos. Por eso es muy difícil establecer la causalidad, incluso con el uso de fundamentos teóricos.

Al final de la cadena de inferencia en la ciencia de datos, el movimiento entre dos variables a menudo se determina por correlación. La correlación es de suma importancia para las empresas que esperan obtener información del big data. Aunque la correlación se ocupa de una relación lineal entre variables, también podría establecer el trasfondo para averiguar una relación no lineal, un aspecto que se está volviendo cada vez más flexible con el uso de datos.

En ciencia de datos, una relación es una correlación multifacética entre las personas. Las redes sociales, como Twitter, Facebook, Instagram, etc., utilizan la teoría gráfica para poner en base a las relaciones humanas. El objetivo de esto es entender cómo las personas se relacionan entre sí para obtener algún beneficio de ella. La ciencia de datos abarca la comprensión de cómo los seres humanos se relacionan entre sí y para entender el comportamiento de un ser humano en general. Este aspecto es el foco de las ciencias sociales.

Conclusión

Este capítulo explicado en detalle quién es un científico de datos, lo que es ciencia de datos y las características que una buena ciencia de datos debe tener. Enel capítulo también se examinan las características de los buenos datos,, el aprendizaje automático y los dos tipos principales de aprendizaje automático. En los capítulos posteriores de este libro, consideraremos teorías, modelos, aplicación de datos y técnicas. También exploramos algunas de las tecnologías recientes creadas para el big data y la ciencia de datos.

Capítulo Dos

Introducción a la Ciencia de Datos

Este capítulo explora algunos de los modelos matemáticos, estadísticas y álgebra de la ciencia de datos. Estaríamos viendo algunas ecuaciones prevalentes en el análisis de datos y cómo las organizaciones empresariales utilizan esto en el cumplimiento de sus deberes.

El análisis de datos requiere experiencia técnica y excelencia. Exige la capacidad de utilizar varias herramientas cuantitativas. Estas herramientas van desde estadísticas hasta, cálculo y álgebra, y por supuesto,, econometría. Hay varias herramientas utilizadas en el análisis dedatos; en este capítulo, algunas de las herramientas se explicarían en detalle. El esquema que se tratará en este capítulo incluye:

- Exponenciales, Logaritmos y Composición

- Distribución normal

- Distribución de Poisson

- Algebra vectorial

- Cálculo de matriz

- Diversificación

177

Exponenciales, Logaritmos y Composición

En esta sección, comenzaríamos nuestra explicación a partir de la constante matemática más básica con la que estamos familiarizados. Esta es la función "e- 2.718281828...", que también es la función "exp(a) ." Esta función se escribe generalmente como "ex." Aquí, x puede ser una variable real o compleja. Este tipo de constante matemática es muy popular en las finanzas y otras áreas relacionadas. En finanzas, utilizamos la constante en la composición continua y el desconocido del dinero a un tipo de interés estipulado que es (r) y un marco de tiempo (t).

Supongamos que y á ex, cualquier cambio en el valor de x también resultaría en un cambio en el porcentaje de y. La razón de esto es simple. En (y) x, In (.) es la función inversa de la función exponencial y también una función logística natural.

Recuerde que la primera derivada de esta función es la ecuación dy/dx á ex. e es una constante, y se define como el límite de una función en particular

El límite de un intervalo sucesivamente más corto sobre la composición discreta es lo que se conoce como **compuesto exponencial.** Supongamos que el marco de tiempo (t) se divide en intervalos por año. La ecuación para la composición de un dólar desde el marco de tiempo cero a un tiempo (t) años a un intervalo dado (n) a la tasa anual se puede escribir como:

$$\left(1 + \frac{r}{n}\right)^{nt}.$$

Cuando el límite de n se eleva hasta el infinito, conduce a la composición continua. La ecuación está escrita así:

$$\lim_{n \to \infty} \left(1 + \frac{r}{n}\right)^{nt} = \lim_{n \to \infty} \left[\left(1 + \frac{1}{n/r}\right)^{n/r}\right]^{tr} = e^{rt}$$

La ecuación anterior es sólo el valor hacia adelante para un dólar. Para calcular el valor actual, hacemos una ecuación inversa. Por lo tanto, el precio de hoy de un dólar recogido t años a partir de hoy es P-e-rt. Lo que tenemos ahora es un vínculo. El rendimiento de este bono es:

$$r = -\frac{1}{t} \ln(P)$$

La duración es negativa de la sensibilidad porcentual del precio de un bono a los cambios en la tasa de interés. La ecuación representa esto::

$$-\frac{dP}{dr}\frac{1}{P} = -\left(-te^{-rt}\frac{1}{P}\right) = tP\frac{1}{P} = t.$$

La sensibilidad porcentual de los precios de un bono en relación con su segundo derivado es su convexidad. La ecuación para esto es:

$$\frac{d^2P}{dr^2}\frac{1}{P} = t^2 P\frac{1}{P} = t^2.$$

Distribución normal

Este aspecto es el punto de referencia de muchos modelos en ciencias sociales. Esto se debe a que se cree que produce prácticamente todos los datos necesarios en el big data. Es bastante interesante que la mayoría de los fenómenos en el mundo real se distribuyan la "ley de poder". Esto implica muy poca observación de alto valor frente a muchas observaciones de bajo valor. En este tipo de distribución, la distribución de probabilidad no tiene las características de la distribución normal. Más bien lo que tenemos aquí es una disminución de izquierda a derecha en una distribución de probabilidad.

Un buen ejemplo de datos distribuidos en este formato es la distribución de ingresos (muy pocas observaciones de altos ingresos y muchas observaciones de bajos ingresos). Otros ejemplos incluyen la población de ciudades, frecuencias en el idioma, etc.

La distribución normal es muy importante en las estadísticas. Un buen ejemplo de este tipo de distribución son las alturas humanas y los rendimientos de las acciones. En una distribución normal, si x se distribuye normalmente con la media y la varianza, la densidad de probabilidad para x es igual a

$$f(x) = \frac{1}{\sqrt{2\pi\sigma^2}} \exp\left[-\frac{1}{2}\frac{(x-\mu)^2}{\sigma^2}\right]$$

La función de distribución da la probabilidad acumulada

$$F(x) = \int_{-\infty}^{\cdot} f(u)du$$

and

$$F(x) = 1 - F(-x)$$

A menudo se utiliza la notación N(o) o á(o) en lugar de F(o) porque la distribución normal es simétrica. La distribución "normal estándar" es: x a N (0,1).

Esto también se conoce como una distribución de eventos raros. La función de densidad para este tipo de distribución es

$$f(n;\lambda) = \frac{e^{-\lambda}\lambda^n}{n!}$$

En este tipo de distribución, sólo hay un parámetro, la **media.** La función de densidad está por encima de los valores discretos de **n.** Tanto la varianza como la media en la distribución de Poisson se representan mediante . El Poisson es una distribución de soporte discreto, sus valores oscilan entre n á (0,1,2,3,4,5....)

$$E(x) = \int xf(x)dx$$

Momento de continuas variables

Las fórmulas que se revisarían en este sector son muy necesarias porque cualquier análisis de los datos implica el uso de estas fórmulas. En nuestra revisión, usaríamos la variable aleatoria **x** y la función de densidad de probabilidad **f(x)** para llegar a los primeros cuatro momentos.

Media (primer momento o promedio)

$$E(x) = \int xf(x)dx$$

La potencia de la variable da como resultado un momento de
enésimo orden más alto. Estos tipos de momentos no son centrales.
La fórmula para esto es

El siguiente momento central es la varianza. Momentos de la variable
degradada también se conoce como momentos centrales.

Variación á Var(x) á E[x-E(x)]2 - E(x2)-[E(x)]2

La raíz cuadrada de la varianza es la desviación estándar, es decir, ,
á Var(x). El momento siguiente es la asimetría

El valor de la asimetría está en relación con el grado de densidad de
probabilidad asimétrica. Si hay más ocurrencia de valores en el lado
izquierdo que en el derecho, la distribución se sesga a la izquierda.
Cuando los valores caen más en el lado derecho, lo que tenemos está
sesgado a la derecha.

La última distribución central normalizada es la kurtosis.

El valor de distribución estándar para Kurtosis es 3. El exceso de
curtosis ocurre cuando el valor de distribución estándar es menos 3.
Una distribución con exceso de kurtosis se llama leptokurtica.

Cómo combinar variables aleatorias

Aquí están los formatos simples para combinar variables aleatorias

1. Las medias son escalables y adictivas, E(ax +by) á aE(x)+bE(y)

2. Cuando **a, b** son valores de escalador y **x, y** son adictivos, la varianza de variables aleatorias más escaladas es

Var(ax +by) á a2Var(x)+b2Var(y)+2abCov(x,y)

3. La ecuación para la covarianza y correlación entre dos variables aleatorias es

$$Cov(x,y) = E(xy) - E(x)E(y)$$
$$Corr(x,y) = \frac{Cov(x,y)}{\sqrt{Var(x)Var(y)}}$$

Algebra vectorial

En la mayoría de los modelos vamos a explorar en este libro, lo que vamos a utilizar son álgebra lineal y cálculo vectorial. El álgebra lineal abarca el uso tanto de vectores como de matrices, mientras que el álgebra vectorial y el cálculo son muy eficaces en el manejo de problemas, incluyendo soluciones en espacios de varias variables.

Un buen ejemplo es una dimensión alta. En este libro, el uso del cálculo vectorial se examinaría en el contexto de una cartera de acciones. La devolución de cada stock se define como:

$$\mathbf{1} = \begin{pmatrix} 1 \\ 1 \\ \vdots \\ \vdots \\ 1 \end{pmatrix}$$

Lo que tenemos en la ecuación anterior es un vector aleatorio. Esto se debe a que cada retorno proviene de su propia distribución. Además, hay una correlación en el retorno de todas estas acciones.

También podemos definir un vector Unit como:

$$\mathbf{R} = \begin{pmatrix} R_1 \\ R_2 \\ \vdots \\ \vdots \\ R_N \end{pmatrix}$$

El vector unitario se utilizaría más adelante en los capítulos posteriores, especialmente para el análisis. Un conjunto de ponderaciones de cartera representa un vector de cartera. Esto implica la fracción de la cartera invertida en cada acción.

$$\mathbf{w} = \begin{pmatrix} w_1 \\ w_2 \\ \vdots \\ \vdots \\ w_N \end{pmatrix}$$

La suma de todas las carteras debe ser 1. La ecuación para esto es:

$$\sum_{i=1}^{N} w_i = 1, \quad \mathbf{w}'\mathbf{1} = 1$$

184

Una buena observación de la línea anterior mostraría que hay dos maneras de calcular la suma de una cartera. La primera forma es por notación de suma, mientras que la segunda utiliza una simple declaración algebraica verbal. Los vectores están representados por los dos elementos en el lado izquierdo de la ecuación, mientras que los elementos en el lado derecho es un escalar.

La notación vectorial también se puede utilizar para calcular estadísticas y las cantidades de carteras. La fórmula para el rendimiento de la cartera es

$$R_p = \sum_{i=1}^{N} w_i R_i = \mathbf{w}' \mathbf{R}$$

En la ecuación anterior, las cantidades en el lado izquierdo representan el escalar, mientras que el lado derecho es el vector.

Diversificación

Aquí examinaríamos el poder de usar álgebra vectorial con una aplicación. Para explorar cómo funciona la diversificación, estaríamos usando matemáticas vectoriales y de suma. Cuando aumenta el número de correlaciones no perfeccionadas en una cartera de acciones, se produce una diversificación. Esto crea una reducción en la varianza de la cartera. Ahora, para calcular la varianza, usaríamos el peso de la cartera $\mathbf{w}$ y el vector de covarianza de la devolución de stock $\mathbf{R}$. Representa este archivo. En nuestro cálculo, la fórmula para una varianza de retorno de cartera se escribiría primero como:

$$Var(w'R) = w'\Sigma w = \sum_{i=1}^{n} w_i^2 \sigma_i^2 + \sum_{i=1}^{n} \sum_{j=1, j \neq i}^{n} w_i w_j \sigma_{ij}$$

Sin embargo, si la devolución es independiente, la fórmula

$$Var(\mathbf{w'R}) = \mathbf{w'\Sigma w} = \sum_{i=1}^{n} w_i^2 \sigma_i^2$$

Pero si se invierte una cantidad igual en cada activo y la rentabilidad es independiente, la fórmula que tenemos es

$$
\begin{aligned}
Var(\mathbf{w'R}) &= \frac{1}{n} \sum_{i=1}^{n} \frac{\sigma_i^2}{n} + \frac{n-1}{n} \sum_{i=1}^{n} \sum_{j=1, j \neq i}^{n} \frac{\sigma_{ij}}{n(n-1)} \\
&= \frac{1}{n} \bar{\sigma_i}^2 + \frac{n-1}{n} \bar{\sigma}_{ij} \\
&= \frac{1}{n} \bar{\sigma_i}^2 + \left(1 - \frac{1}{n}\right) \bar{\sigma}_{ij}
\end{aligned}
$$

En la ecuación anterior, el primer término es la varianza media, mientras que el segundo término es la covarianza media. Lo que tenemos al final de nuestra ecuación es un resultado sobresaliente de una cartera diversificada. En este tipo de cartera, la varianza de acciones no desempeña ningún papel en el riesgo de cartera. La varianza del stock es el promedio de términos fuera de diagonal en la matriz o vector de covarianza.

cálculo de matriz

El cálculo de matriz es simplemente la función de innumerables variables. Del mismo modo que una función se puede modificar en el cálculo multivariable, las funciones también se pueden modificar en el cálculo de la matriz. Sin embargo, el más simple de esto es el uso de vector y matriz. Aquí podemos tomar la derivada de en un solo paso. Por ejemplo, supongamos que

$$\mathbf{B} = \begin{bmatrix} 3 \\ 4 \end{bmatrix}$$

Y

$$\mathbf{w} = \begin{bmatrix} w_1 \\ w_2 \end{bmatrix}$$

La fracción para **f(w)** será **web**. Lo que tenemos aquí es una función de dos variables **w1,w2**. Cuando escribimos **f(w)** en forma larga, lo que llegaremos a es **3w1 +4w2**. La derivada de f(w) en relación con w1 es de 1 a f/a w1 a 3, mientras que la derivada de f(w) en relación con w2 es de f/w2 a 4. Cuando comparamos esto con el vector **B,** el valor de **df/dw** es B.

La idea en esta forma de cálculo es que cuando los vectores se tratan como escalares regulares y el cálculo se llevan a cabo en consecuencia, el resultado al que llegaremos es una derivada vectorial.

Conclusión

En este capítulo, hemos cubierto con éxito algunos modelos en el cálculo de datos. También hemos explorado algunas de las estadísticas básicas en ciencia de datos . Consideramos cálculos matemáticos como vector, matriz, cálculo, variables,, etc. El siguiente capítulo examinará más sobre teorías y modelos en ciencia de datos .

Capítulo Tres

R - Paquetes Estadísticos

En este capítulo se examinarían algunos de los pasos útiles para utilizar R - paquetes estadísticos. Para una gran interfaz de usuario que viene con el uso del paquete R, es recomendable descargar e instalar RStudio; esto se puede hacer visitando www.rstudio.com. Sin embargo, primero es necesario para instalar R desde la página del proyecto de R, www.r-project.org. Ahora comencemos con algunas habilidades básicas de programación de estadísticas de R. Los esquemas que se tratarán en este capítulo incluyen:

- Comando del sistema
- Matriz
- Estadísticas descriptivas
- Momentos ordenados
- Movimiento Browniano en R
- Modelo GARCH/ARCH
- Heteroskedasticidad
- Modelo de regresión

Sistema Comando

Para acceder directamente al sistema, puede emitir el comando del sistema utilizando la siguiente técnica:

sistema("<command>")

Por ejemplo,

sistema(" ls_lt_ - grep_Das")

enumerará todas las entradas de directorio que tienen mi nombre en orden cronológico. Sin embargo, este tipo de comando no funcionaría en un equipo Windows porque estoy usando un comando UNIX. Esto sólo puede funcionar con un cuadro linux o Mac.

Carga de datos

Para empezar a trabajar con esto, es necesario obtener algunos datos. Aquí están los pasos para hacer esto:

1. Ir a Yahoo

2. Descargue y guarde algunos datos históricos en la hoja de cálculo de Excel

3. Reestructurar el orden de los datos cronológicamente

4. Guardar el trabajo como un archivo CSV

5. Utilice el siguiente método para leer el archivo en R

```
> data = read.csv("goog.csv",header=TRUE)     #Read in the data
> n = dim(data)[1]
> n
[1] 1671
> data = data[n:1,]
```

Si es necesario, el último comando de lo anterior invertiría la estructura de la secuencia de datos. El stock se puede descargar utilizando el paquete quantmod.

Nota: el menú desplegable en Windows y Mac se puede utilizar para instalar un paquete. En Linux, utilice el instalador del paquete. El siguiente comando también se puede utilizar para lograr esto.

Instalar. paquetes("quantmod")

Ahora podemos empezar a usar el paquete

```
> library(quantmod)
Loading required package: xts
Loading required package: zoo
> getSymbols(c("YHOO","AAPL","CSCO","IBM"))
[1] "YHOO" "AAPL" "CSCO" "IBM"
> yhoo = YHOO['2007-01-03::2015-01-07']
> aapl = AAPL['2007-01-03::2015-01-07']
> csco = CSCO['2007-01-03::2015-01-07']
> ibm = IBM['2007-01-03::2015-01-07']
```

También podemos crear una columna directa de stock utilizando la siguiente fórmula:

```
> yhoo = as.matrix(YHOO[,6])
> aapl = as.matrix(AAPL[,6])
> csco = as.matrix(CSCO[,6])
> ibm = as.matrix(IBM[,6])
```

191

A continuación, concatenar las columnas de datos en un único conjunto de datos de stock

```
> stkdata = cbind(yhoo,aapl,csco,ibm)
> dim(stkdata)
[1] 2018    4
```

Ahora iniciaremos el registro de retorno en tiempo continuo para calcular las devoluciones diarias. Los rendimientos medios incluyen:

```
> n = length(stkdata[,1])
> n
[1] 2018
> rets = log(stkdata[2:n,]/stkdata[1:(n-1),])
> colMeans(rets)
YHOO.Adjusted AAPL.Adjusted CSCO.Adjusted  IBM.Adjusted
 3.175185e-04  1.116251e-03  4.106314e-05  3.038824e-04
```

También calcularemos la matriz de correlación y la matriz de covarianza.

```
> cv = cov(rets)
> print(cv,2)
               YHOO.Adjusted AAPL.Adjusted CSCO.Adjusted IBM.Adjusted
YHOO.Adjusted      0.00067       0.00020       0.00022      0.00015
AAPL.Adjusted      0.00020       0.00048       0.00021      0.00015
CSCO.Adjusted      0.00022       0.00021       0.00041      0.00017
IBM.Adjusted       0.00015       0.00015       0.00017      0.00021
> cr = cor(rets)
> print(cr,4)
               YHOO.Adjusted AAPL.Adjusted CSCO.Adjusted IBM.Adjusted
YHOO.Adjusted      1.0000        0.3577        0.4170       0.3900
AAPL.Adjusted      0.3577        1.0000        0.4872       0.4867
CSCO.Adjusted      0.4170        0.4872        1.0000       0.5842
IBM.Adjusted       0.3900        0.4867        0.5842       1.0000
```

En nuestro programa, notaremos que el diseño de impresión facilitó la selección de varios dígitos significativos.

Para que los archivos de datos sean fáciles de trabajar en todos los formatos, puede utilizar el paquete de lector. Tiene muchas funciones tangibles.

Matrices

En esta sección, examinaríamos el comando básico necesario para manipular y crear una matriz en el proyecto de R. Vamos a crear una matriz 4x3 con algunos números aleatorios que se muestran a continuación:

```
> x = matrix(rnorm(12),4,3)
> x
           [,1]        [,2]        [,3]
[1,]  0.0625034   0.9256896   2.3989183
[2,] -0.5371860  -0.7497727  -0.0857688
[3,] -1.0416409   1.6175885   3.3755593
[4,]  0.3244804   0.1228325  -1.6494255
```

Al transponer la matriz, nos daríamos cuenta de la reversión en las dimensiones del número

```
> print(t(x),3)
        [,1]     [,2]    [,3]    [,4]
[1,]  0.0625  -0.5372  -1.04   0.324
[2,]  0.9257  -0.7498   1.62   0.123
[3,]  2.3989  -0.0858   3.38  -1.649
```

Para facilitar la multiplicación de una matriz, la matriz que se va a multiplicar debe ajustarse entre sí. Esto implica que el número de filas de la matriz a la derecha debe ser igual al número de columnas de la matriz a la izquierda. La matriz resultante que tiene la suma de

193

la computacional contendría el número de columnas de la matriz a la izquierda y las filas de la matriz a la derecha.

Estadísticas descriptivas

Aquí, estaríamos usando los mismos datos para calcular diferentes estadísticas descriptivas. El primer paso para hacer esto es

- Leer un archivo de datos CSV en un archivo R

```
> data = read.csv("goog.csv",header=TRUE)      #Read in the data
> n = dim(data)[1]
> n
[1] 1671
> data = data[n:1,]
> dim(data)
[1] 1671    7
> s = data[,7]
```

- Ahora que tenemos nuestros datos de stock intactos, podemos calcular las devoluciones diarias y luego convertir las devoluciones en una rentabilidad anualizada. El resultado de esta acción se muestra a continuación:

```
> rets = log(s[2:n]/s[1:(n-1)])
> rets_annual = rets*252
> print(c(mean(rets),mean(rets_annual)))
[1] 0.001044538 0.263223585
```

- Cuando calculamos la rentabilidad diaria y anualizada, el resultado es el siguiente:

```
> r_sd = sd(rets)
> r_sd_annual = r_sd*sqrt(252)
> print(c(r_sd,r_sd_annual))
[1] 0.02266823 0.35984704
> #What if we take the stdev of
    annualized returns?
> print(sd(rets*252))
[1] 5.712395
> #Huh?
>
> print(sd(rets*252))/252
[1] 5.712395
[1] 0.02266823
> print(sd(rets*252))/sqrt(252)
[1] 5.712395
[1] 0.3598470
```

Momentos más ordenados

dos grandes momentos surgen en la distribución de retorno;; son asimetría y kurtosis. Para mostrar cómo funciona esto, estaríamos usando una biblioteca de momentos en R.

Asimetría - E[(X-)3] - 3

El significado de la asimetría es que una cola es más gorda que la otra. Una cola derecha (izquierda) más gorda significa que la asimetría es positiva (negativa).

Kurtosis - E[(X s)4] - 4

En Kurtosis, las dos colas son más gordas que la distribución normal. En una distribución normal, la asimetría escero, y la curtosis es 3. El exceso de kurtosis ocurre cuando el valor de la curtosis es menos tres.

Movimiento Brownian

La ley de movimiento de stock a menudo se especializa en Brownian Motion, especialmente su geometría.

dS(t) ádS(t) á S(t) dt+-S(t) dB(t), S(0) - S0

Este tipo de ecuación es una ecuación diferencial estocástica (SDE). La ecuación es un SDE porque explica el movimiento aleatorio de la acción (t), el coeficiente de la acción (o) y de la (o). La deriva del proceso de la población se determina por el valor de la temperatura, mientras que la desviación de la población determina la volatilidad. El movimiento Browniano determina la aleatoriedad B(t). A diferencia de la ecuación diferencial determinista,, que es sólo una función del tiempo, este aspecto es más general. En SDE, la solución es siempre una función aleatoria y no una función determinante. La solución de intervalo de tiempo (h) es la siguiente:

$$S(t + h) = S(t) \exp \left[\left(\mu - \frac{1}{2}\sigma^2 \right) h + \sigma B(h) \right]$$

La presencia de B(h) - N(0,h) en la solución es lo que da a la función su calidad de función aleatoria. B(h) también se puede escribir como la variable aleatoria (h) a N(0,h), donde n(0,1). La presencia de la devolución exponencial hace que el precio de la acción sea lognormal.

$$R(t + h) = \ln \left(\frac{S(t + h)}{S(t)} \right) \sim N \left[\left(\mu - \frac{1}{2}\sigma^2 \right) h, \sigma^2 h \right]$$

Estimación de máxima probabilidad

En MLE Estimación, nuestra preocupación es encontrar los parámetros de la clase "A", que causa la probabilidad de ver la secuencia empírica de los retornos R(t). Para llevar a cabo esta estimación, estaríamos usando una función de probabilidad. Estos son los pasos para llevar a cabo esta estimación:

- Una visión general rápida de la distribución normal xáN (n.o, n.o 2)

- A continuación, hacemos una función de densidad

$$\text{density function:} \quad f(x) = \frac{1}{\sqrt{2\pi\sigma^2}} \exp\left[-\frac{1}{2}\frac{(x-\mu)^2}{\sigma^2}\right]$$

$$N(x) = 1 - N(-x)$$

$$F(x) = \int_{-\infty}^{x} f(u)du$$

- La fórmula para una distribución normal estándar es xaN (0,1). Para la distribución normal aceptada: F(0)-12.

- En la siguiente ecuación, la densidad de probabilidad es normal.

$$f[R(t)] = \frac{1}{\sqrt{2\pi\sigma^2 h}} \cdot \exp\left[-\frac{1}{2}\cdot\frac{(R(t)-a)^2}{\sigma^2 h}\right]$$

- Donde á (a 1/2)h. Para los períodos 1,2,... T toda la serie es la probabilidad de

$$\prod_{t=1}^{T} f[R(t)]$$

- Ahora es muy simple (computacionalmente) maximizar.

$$\max_{\mu,\sigma} \mathcal{L} \equiv \sum_{t=1}^{T} \ln f[R(t)]$$

- Este tipo de acción se conoce como log-likelihood; es muy fácil de usar en el proyecto R. El primer paso para hacerlo es generar la función log-likelihood.

```
> LL = function(params, rets) {
+ alpha = params[1]; sigsq = params[2]
+ logf = -log(sqrt(2*pi*sigsq))
          - (rets-alpha)^2/(2*sigsq)
+ LL = -sum(logf)
+ }
```

- Después de esto, ahora podemos seguir adelante y hacer el MLE usando el paquete NLM (minimalización no lineal) en R. Esto utiliza un algoritmo de tipo Newton.

Modelos GARCH/ARCH

GARCH representa "Heteroskedasticidad Condicional Auto-Regresiva Generalizada." Rob Engle fue el primero que inventóARCH, que más tarde le valió un Premio Nobel. Esto fue ampliado más tarde a GARCH por Tim Bollerslev. El énfasis de los modelos ARCH es que la volatilidad tiende a agruparse, es decir, la volatilidad para el período t, se correlaciona automáticamente con la volatilidad del período (t -1), u otros períodos anteriores. Cuando una serie temporal sigue un paseo aleatorio, puede ser un modelo como este:

$$r_t = \mu + e_t, \quad e_t \sim N(0, \sigma_t^2)$$

En ARCH, la varianza siempre se correlaciona automáticamente. Así que tendremos:

$$\sigma_t^2 = \beta_0 + \sum_{j=1}^{p} \beta_{1j}\sigma_{t-j}^2 + \sum_{k=1}^{q} \beta_{2k}e_{t-k}^2$$

En GARCH, el stock es condicionalmente normal e independiente. Sin embargo, debido a los cambios en la varianza, no se distribuye de forma idéntica.

Cómo Dos aleatorios independientes

Dos aleatorios independientes (e1,e2)-N(0,1) se pueden convertir en dos variables aleatorias correlacionadas (x1, x2) con la correlación , utilizando el siguiente método de transformación:

$$x_1 = e_1, \quad x_2 = \rho \cdot e_1 + \sqrt{1 - \rho^2} \cdot e_2$$

Esto implica que podemos generar 10.000 pares de variables usando el código R explicado a continuación

```
> e = matrix(rnorm(20000),10000,2)
> cor(e)
            [,1]          [,2]
[1,] 1.000000000 0.007620184
[2,] 0.007620184 1.000000000
> cor(e[,1],e[,2])
[1] 0.007620184
> rho = 0.6
> x1 = e[,1]
> x2 = rho*e[,1]+sqrt(1-rho^2)*e[,2]
```

Variables multivariados Random

Esto se genera mediante el uso de la descomposición Cholesky. Cholesky significa una matriz, de covarianza, que es producto de dos matrices. La covarianza se puede escribir en forma descompueste: L. Aquí, L representa una matriz triangular inferior. También puede haber una descomposición alternativa para el triangular superior, aquí U - L. Cada componente que compone la descomposición se convierte en una raíz cuadrada de la matriz de covarianza.

La descomposición de Cholesky es muy buena para generar un número aleatorio correlacionado a partir de una distribución con vector medio y matriz de covarianza. Suponiendo que tengamos una variable aleatoria escalar e ~ -0,1) podemos usar esto para cambiar la variable en x ~ á,o2), generamos e y luego establecemos x á + . Sin embargo, si en lugar de un escalar, tenemos un vector e á [e1,e2,...,en] T á (0,I) . Esto se puede transformar en un vector de variables aleatorias correlacionadas x á [x1,x2,...,xn]~ , por cálculo: x a + **Le**

Cuenta de la cartera Cen R

Su varianza suele calcular el riesgo de una cartera. Cuando hay un aumento en n (el número de valores en la cartera), este iniciados una reducción en la varianza. Esto continúa hasta el punto de que se convierte en el mismo que la covarianza media de los activos totales. El siguiente resultado muestra lo que sucede cuando la demostración de varianza a través de la función R.

```
> sigport = function(n,sig_i2,sig_ij) {
+ cv = matrix(sig_ij ,n,n)
+ diag(cv) = sig_i2
+ w = matrix(1/n,n,1)
+ result = sqrt(t(w) %*% cv %*% w)
+ }
>
> n = seq(5,100,5)
> n
 [1]   5  10  15  20  25  30  35  40  45  50  55  60  65  70  75  80  85
[18]  90  95 100
> risk_n = NULL
> for (nn in n) {
+ risk_n = c(risk_n,sigport(nn,0.04,0.01))
+ }
> risk_n
 [1] 0.1264911 0.1140175 0.1095445
     0.1072381 0.1058301 0.1048809
 [7] 0.1041976 0.1036822 0.1032796
     0.1029563 0.1026911 0.1024695
[13] 0.1022817 0.1021204 0.1019804
     0.1018577 0.1017494 0.1016530
[19] 0.1015667 0.1014889
>
```

Regresión

Una regresión lineal multivariada tiene:

Y -X-+e

201

Este es el valor de Y - Rt-1, X - Rt-n, y - Rn - 1. La solución de regresión general es

•(XX)-1(XY) - Rn-1.

Para llegar al resultado anterior, minimizamos la suma del error al cuadrado.

Cabe destacar que esta expresión es un escalar.

Heteroskedasticidad

En la regresión lineal simple, se supone que el error estándar del residuo es el mismo para todas las observaciones. Una gran cantidad de regresión sufre de este tipo de situación. Este tipo de error es lo que se conoce como "error heteroskedastic." "Hetero" significa"diferente" mientras que "skedastic" significa "dependiente del tipo".

Un error heteroskedastic se puede probar utilizando la prueba estándar Breusch-Pagan disponible en R. Esto se encuentra en el paquete lmtest y debe cargarse antes de ejecutar la prueba.

```
> ncaa = read.table("ncaa.txt",header=TRUE)
> y = as.matrix(ncaa[3])
> x = as.matrix(ncaa[4:14])
> result = lm(y~x)
> library(lmtest)
Loading required package: zoo
> bptest(result)

        studentized Breusch-Pagan test

data: result
BP = 15.5378, df = 11, p-value = 0.1592
```

En la prueba anterior, hay un pequeño error heteroskedastic en el estándar. Esto se ve en la apariencia del valor p. Corregiríamos esto usando la función hccm. Esto significa que la matriz de covarianza corregida por heteroskedasticidad sería la siguiente:

```
> wuns = matrix(1,64,1)
> z = cbind(wuns,x)
> b = solve(t(z) %*% z) %*% (t(z) %*% y)
> result = lm(y~x)
> library(car)
> vb = hccm(result)
> stdb = sqrt(diag(vb))
> tstats = b/stdb
> tstats
          GMS
     -2.68006069
PTS  -0.38212818

  REB   2.38342637
  AST  -0.40848721
  TO   -0.28709450
  A.T   0.65632053
  STL   2.13627108
  BLK   0.09548606
  PF   -0.68036944
  FG    3.52193532
  FT    2.35677255
  X3P   1.23897636
```

En el programa anterior, utilizamos el hccm para generar una nueva matriz de covarianza **vb** de los coeficientes. A continuación, generamos el error estándar como la raíz cuadrada de la diagonal de la matriz de covarianza. Con la ayuda de estos errores estándar revisados, dividimos los coeficientes por el nuevo error estándar. Esto nos ayuda a recalcular las estadísticas t.

Auto-Regresivo Model

Cada vez que un dato se correlaciona automáticamente, es decir, genera una dependencia del tiempo, no dar una cuenta de esto equivale a una alta significación estadística innecesaria. Esto se debe a que cuando una observación se correlaciona con el tiempo, lay a menudo se considera independiente, limitando así el número real de observaciones.

En un mercado eficiente, la correlación del tiempo de un período al otro debe ser cercana a cero.

```
> n = length(rets)
> n
[1] 1670
> cor(rets[1:(n-1)],rets[2:n])
[1] 0.007215026
```

El programa anterior es por períodos consecutivos inmediatos, conocido como la autocorrelación ordenada por primera vez. Esto se puede examinar a través de muchos períodos escalonados mediante el uso de las funciones R en el coche de paquete.

```
> library(car)
> durbin.watson(rets ,max. lag=10)
 [1] 1.974723 2.016951 1.984078 1.932000
     1.950987 2.101559 1.977719 1.838635
     2.052832 1.967741
> res = lm(rets[2:n]~rets[1:(n−1)])
> durbin.watson(res ,max. lag=10)
 lag Autocorrelation D-W Statistic p−value
   1    −0.0006436855       2.001125      0.938
   2    −0.0109757002       2.018298      0.724
   3    −0.0002853870       1.996723      0.982
   4     0.0252586312       1.945238      0.276
   5     0.0188824874       1.957564      0.402
   6    −0.0555810090       2.104550      0.020
   7     0.0020507562       1.989158      0.926
   8     0.0746953706       1.843219      0.004#
   9    −0.0375308940       2.067304      0.136
  10     0.0085641680       1.974756      0.772
 Alternative hypothesis: rho[lag] != 0
```

Cuando el DW está cerca de 2, generalmente no hay rastros de autocorrelación. Cuando la estadística DW es menor que dos, es autocorrelaciónpositiva; cuando es mayor que 2, es autocorrelación negativa.

Regresión automática vectorial (VAR)

Esto es muy útil para estimar sistemas donde las variables influyen entresí, y hay ecuaciones de regresión simultáneas. Por lo tanto, en VAR, cada variable de un sistema depende del valor retrasado de sí mismo y de otras variables. Para elegir el número de valores de retraso, utilizamos el econométrico para elegir la descomposición esperada en la dependencia temporal de la variable en VAR.

Conclusión

En este capítulo, exploramos en detalle los diversos modelos y características del paquete R. También examinamos los tipos de modelos de regresión en la estadística R. En el siguiente capítulo, examinaremos mal el manejo de datos utilizando el paquete R.

Capítulo Cuatro

Manejo de Datos y Otras Cosas Útiles

Este capítulo se centraría en algunos de los programas alternativos en R diferentes de lo que hemos examinado en el capítulo anterior. También extraeremos constantemente referencias de los temas del paquete R tratados en el capítulo anterior. Aquí, exploraríamos algunos de los paquetes muy fuertes de R. Especialmente aquellos que utilizan operaciones **similares a sql** tanto en el manejo de datos pequeños como en el manejo de big data. Los temas que se nos considerarían en este capítulo incluyen:

- Extracción de datos de stocks utilizando quantmod.

- Cómo utilizar la función merge

- Cómo **aplicar** una clase de funciones

- Obtención de la tasa de datos de interés de FRED

- Cómo manejar los datos usando lubricar

- Uso del paquete data.table

Extracción de datos de acciones utilizando Quantmod

Aquí vamos a utilizar el paquete de stock tratado en el capítulo anterior para obtener algunos datos iniciales.

```
library(quantmod)
tickers = c("AAPL","YHOO","IBM","CSCO","C","GSPC")
getSymbols(tickers)

[1] "AAPL" "YHOO" "IBM"  "CSCO" "C"    "GSPC"
```

Cuando se imprime la longitud de cadaill serie de stock, se entera de que no son las mismas. Nuestra próxima acción es cerrar encubiertamente los precios ajustados de cada acción en data.frames separados. Aquí están los pasos para hacer esto:

- Construir una lista de data.frames. Esto es importante porque data.frames se almacenan en listas

```
df = list()
j = 0
for (t in tickers) {
  j = j + 1
  a = noquote(t)
  b = data.frame(get(a)[,6])
  b$dt = row.names(b)
  df[[j]] = b
}
```

- Cada data.frames debe tener una columna. Esto se utilizaría más adelante para unir el stock data.frames independiente que were creado previamente a un único composite data.frames.

```
stock_table = df[[1]]
for (j in 2:length(df)) {
  stock_table = merge(stock_table,df[[j]],by="dt")
}
dim(stock_table)

[1] 2222    7
```

- A continuación, utilizaremos una unión para integrar todas las acciones, ajustando los precios de cierre en un data.frame. El objetivo de esto es fusionarse;; esto se puede hacer a través de una unión o a través de una unión de intersecciónn. La unión de intersección es la predeterminada.

  - Observaremos que la tabla de acciones contiene el número de rollos en el índice bursátil. Esto tiene observaciones limitadas que las existencias individuales. Dado que lo que estamos tratando es una combinación de intersección, parte de las filas se quitarán.

  - Trazar todas las existencias en un solo marco de datos con el uso de ggplots 2. Esto es más funcional que la función de trazado básica. Sin embargo, para usar ggplots 2, primero usaríamos la función de trazado básica.

  - A continuación, los datos se convertirían en devoluciones. Estos podrían ser devoluciones de registro o retornos compuestos continuamente.

  - Las devoluciones data.frame se pueden utilizar para presentar las estadísticas descriptivas de los retornos

- A continuación, se debe calcular la matriz de correlación de retornos.

- Después de esto, se debe mostrar el correlograma para las seis series de retorno. Esto nos ayudaría a ver la relación entre todas las variables del conjunto de datos.

Cómo Use el Merge Function

Los marcos de datos son similares a las tablas u hojas de cálculo. Sin embargo, son muy parecidos a una base de datos. Cuando queremos combinar dos marcos de datos, es lo mismo que unir dos bases de datos. El programa R tiene la función de fusión para esto.

Ahora, supongamos que ya tenemos una lista de símbolos de ticker que queremos producir un marco de datos bien detallado de estos tickers. Lo primero que haríamos es ir a través del nombre de entrada de los tickers. Supongamos que los tickers están en un archivo llamado tickers.csv; el diámetro del archivo es el signo de dos puntos. Esto se leería así:

tickers - leer. table(" tickers . csv" ,header-FALSE, sep-" : ")

Llegamos a doscolumnas de datos de la línea de código leída en el archivo. La parte superior del archivo contiene las seis filas enumeradas a continuación:

> cabeza (tickers)

V1 V2

1. NasdaqGS ACOR

2. NasdaqGS AKAM

3. NYSE SON

4. NasdaqGS AMZN

5. NasdaqGS AAPL

6. NasdaqGS AREX

La siguiente línea identificada a continuación enumera el número de tickers de entrada, mientras que la tercera línea cambia el nombre de las columnas de tramas de datos. La columna de los tickers se renombra como "símbolos" porque el marco de datos que se fusionaría con él comparte un nombre similar. Esta columna es el índice que se unen los dos marcos de datos.

```
> n = dim(tickers)[1]
> n
[1] 98
> names(tickers) = c("Exchange","Symbol")
> head(tickers)
  Exchange Symbol
1 NasdaqGS   ACOR
2 NasdaqGS   AKAM
3     NYSE    ARE
4 NasdaqGS   AMZN
5 NasdaqGS   AAPL
6 NasdaqGS   AREX
```

La siguiente acción es leer en la lista de todas las acciones en NYSE, Nasdaq y AMEX. Esto se muestra de la siguiente manera:

```
library (quantmod)
nasdaq_names = stockSymbols(exchange="NASDAQ")
nyse_names = stockSymbols(exchange="NYSE")
amex_names = stockSymbols(exchange="AMEX")
```

La parte superior del Nasdaq contendría lo siguiente:

6	AAPC	Atlantic Alliance Partnership Corp.	10.16	$105.54M	2015
	Sector	Industry	Exchange		
1	Health Care	Major Pharmaceuticals	NASDAQ		
2	Transportation	Air Freight/Delivery Services	NASDAQ		
3	Finance	Life Insurance	NASDAQ		
4	Technology	Semiconductors	NASDAQ		
5	Capital Goods	Industrial Machinery/Components	NASDAQ		
6	Finance	Business Services	NASDAQ		

Nuestra siguiente acción es unir los tres marcos de datos en un solo marco de datos. A continuación, comprobamos el número de filas en el archivo combinado comprobando las dimensiones. Estas dos acciones se muestran de la siguiente manera:

co _ names á rbind (nyse _ **names**,nasdaq _ **names**, amex _ **names)**

>dim (nombres de co_)

[1] 6801 8

Por último, uniríamos el archivo de símbolo de ticker y los datos de intercambio en uno usando la función merge. Esto extendería el archivo de ticker para contener información en el archivo de intercambio.

```
> result = merge(tickers ,co_names,by="Symbol")
> head(result)
  Symbol Exchange.x                                   Name LastSale
1   AAPL   NasdaqGS                            Apple Inc.   119.30
2   ACOR   NasdaqGS        Acorda Therapeutics, Inc.        37.40
3   AKAM   NasdaqGS        Akamai Technologies, Inc.        56.92
4   AMZN   NasdaqGS                     Amazon.com, Inc.   668.45
5    ARE       NYSE Alexandria Real Estate Equities, Inc.   91.10
6   AREX   NasdaqGS          Approach Resources Inc.          2.24
   MarketCap IPOyear          Sector
1  $665.14B    1980       Technology
2    $1.61B    2006      Health Care
3   $10.13B    1999    Miscellaneous
4  $313.34B    1997 Consumer Services
5     $6.6B      NA Consumer Services
6   $90.65M    2007           Energy
                                              Industry Exchange.y
1                             Computer Manufacturing     NASDAQ
2 Biotechnology: Biological Products (No Diagnostic Substances)     NASDAQ
3                                   Business Services     NASDAQ
4                       Catalog/Specialty Distribution     NASDAQ
5                       Real Estate Investment Trusts        NYSE
6                              Oil & Gas Production     NASDAQ
```

Ahora, supongamos que queremos buscar los nombres del CEO de todas las 98 empresas que figuran en nuestro programa. Dado que no tenemos ningún documento disponible, que contenga la información que buscamos, podemos descargarlo fácilmente. Sin embargo, un sitio como Google Finance Page tiene la información que buscamos. Nuestra próxima subasta es escribir código R y usarlo para raspar los datos en la página de Google Finance una tras otra. Una vez que extraemos el nombre del CEO, aumentamos el marco de datos de los tickers usando el código R.

```
library(stringr)

#READ IN THE LIST OF TICKERS
tickers = read.table("tickers.csv",header=FALSE,sep=":")
n = dim(tickers)[1]
names(tickers) = c("Exchange","Symbol")
tickers$ceo = NA

#PULL CEO NAMES FROM GOOGLE FINANCE
for (j in 1:n) {
  url = paste("https://www.google.com/finance?q=",tickers[j,2],sep="")
  text = readLines(url)
  idx = grep("Chief_Executive",text)
  if (length(idx)>0) {
    tickers[j,3] = str_split(text[idx-2],">")[[1]][2]
  }
  else {
    tickers[j,3] = NA
  }
  print(tickers[j,])
}

#WRITE CEO_NAMES TO CSV
write.table(tickers,file="ceo_names.csv",
            row.names=FALSE,sep=",")
```

Nos daríamos cuenta de que el código R que aumenta el marco de
datos de los tickers hizo esto con el paquete stringr. Esto ayuda a
simplificar la cadena. Cuando terminamos con la extracción de los
nombres, entonces buscamos en la línea que tiene el nombre de
"JefeEjecutivo." Aquí está el marco de datos final con el nombre de
los CEOs

2	NasdaqGS	AKAM	F. Thomson Leighton
3	NYSE	ARE	Joel S. Marcus J.D., CPA
4	NasdaqGS	AMZN	Jeffrey P. Bezos
5	NasdaqGS	AAPL	Timothy D. Cook
6	NasdaqGS	AREX	J. Ross Craft

Cómo utilizar la clase de funciones

La mayoría de las veces, se espera que las funciones se apliquen a muchos casos. El parámetro para los casos se puede proporcionar en unamatriz, vector o listas. Esto es similar al uso de diferentes conjuntos de un parámetro para repetir evaluaciones de una función ejecutando un bucle a través de un conjunto de valores. En la siguiente ilustración, utilizamos la función apply para calcular la rentabilidad de los medios de todo el stock. La función de los datos con los que se combina es el primer argumento, el segundo es 1 (por filas) o 2 (por columnas) mientras que la función que se evalúa es el tercero.

```
apply(rets[,1:(length(tickers)-1)],2,mean)

AAPL.Adjusted YHOO.Adjusted   IBM.Adjusted CSCO.Adjusted      C.Adjusted
 1.073902e-03  1.302309e-04   2.388207e-04  6.629946e-05   -9.833602e-04
```

Observaremos que la función devuelve la columna means de los datos. No sólo esto, la función que se aplica a una lista es la lappy,, mientras que sappy funciona con vectores y matrices. Mapply utiliza varios argumentos. Para verificar nuestrotrabajo, podemos utilizar fácilmente la función colMeans.

```
colMeans(rets[,1:(length(tickers)-1)])

AAPL.Adjusted YHOO.Adjusted   IBM.Adjusted CSCO.Adjusted      C.Adjusted
 1.073902e-03  1.302309e-04   2.388207e-04  6.629946e-05   -9.833602e-04
```

Cómo obtener datos de tasas de interés de FRED

FRED significa Datos Económicos de la Reserva Federal. Se trata de un origen de tipo de interés de datos autenticado. Es administrado por el Banco de Reserva de St. Louis y almacenado en este almacén https://research.stlouisfed.org/fred2/. Ahora, supongamos que queremos descargar los datos directamente usando la R en FRED. Para que podamos lograrlo, escribiríamos algunos códigos. Aunque antes de que el sitio web fuecambiado, había un sitio para esto ya que es así, que fácilmente rodar en nuestro propio código en R.

```
#FUNCTION TO READ IN CSV FILES FROM FRED
#Enter SeriesID as a text string
readFRED = function(SeriesID) {
  url = paste("https://research.stlouisfed.org/fred2/series/",SeriesID,
  "/downloaddata/",SeriesID,".csv",sep="")
  data = readLines(url)
  n = length(data)
  data = data[2:n]
  n = length(data)
  df = matrix(0,n,2)     #top line is header
  for (j in 1:n) {
    tmp = strsplit(data[j],",")
    df[j,1] = tmp[[1]][1]
    df[j,2] = tmp[[1]][2]
  }
  rate = as.numeric(df[,2])
  idx = which(rate>0)
  idx = setdiff(seq(1,n),idx)
  rate[idx] = -99
  date = df[,1]
  df = data.frame(date,rate)
  names(df)[2] = SeriesID
  result = df
}
```

Utilizaremos la función anterior para descargar nuestros datos y producir una lista de series temporales económicas. Los datos se usarían como índice para unir la serie individual como una sola serie. Además, descargamos los tipos de interés de vencimiento (rendimientos) desde el vencimiento de un mes (DGS1MO) hasta los treinta años (DGS30).

```
k = 0
for (id in id_list) {
  out = readFRED(id)
  if (k>0) { rates = merge(rates,out,"date",all=TRUE) }
  else { rates = out }
  k = k + 1
}

> head(rates)
```

	date	DGS1MO	DGS3MO	DGS6MO	DGS1	DGS2	DGS3	DGS5	DGS7	DGS10	DGS20	DGS30
1	2001−07−31	3.67	3.54	3.47	3.53	3.79	4.06	4.57	4.86	5.07	5.61	5.51
2	2001−08−01	3.65	3.53	3.47	3.56	3.83	4.09	4.62	4.90	5.11	5.63	5.53
3	2001−08−02	3.65	3.53	3.46	3.57	3.89	4.17	4.69	4.97	5.17	5.68	5.57
4	2001−08−03	3.63	3.52	3.47	3.57	3.91	4.22	4.72	4.99	5.20	5.70	5.59
5	2001−08−06	3.62	3.52	3.47	3.56	3.88	4.17	4.71	4.99	5.19	5.70	5.59
6	2001−08−07	3.63	3.52	3.47	3.56	3.90	4.19	4.72	5.00	5.20	5.71	5.60

Ahora tenemos un marco de datos que contiene todas las series que nos interesan. A continuación, ordenamos data.frame por fecha, pero antes de esto primero convertimos la fecha en cadenas numéricas como se muestra a continuación

```
#CONVERT ALL DATES TO NUMERIC AND SORT BY DATE
dates = rates[,1]
library(stringr)
dates = as.numeric(str_replace_all(dates,"-",""))
res = sort(dates,index.return=TRUE)
for (j in 1:dim(rates)[2]) {
  rates[,j] = rates[res$ix,j]
}

> head(rates)
        date DGS1MO DGS3MO DGS6MO DGS1 DGS2 DGS3 DGS5 DGS7 DGS10 DGS20 DGS30
1 1962-01-02    NA     NA     NA 3.22   NA 3.70 3.88   NA 4.06    NA
```

NA											
2 1962-01-03	NA	NA	NA	3.24	NA	3.70	3.87	NA	4.03	NA	
NA											
3 1962-01-04	NA	NA	NA	3.24	NA	3.69	3.86	NA	3.99	NA	
NA											
4 1962-01-05	NA	NA	NA	3.26	NA	3.71	3.89	NA	4.02	NA	
NA											
5 1962-01-08	NA	NA	NA	3.31	NA	3.71	3.91	NA	4.03	NA	
NA											
6 1962-01-09	NA	NA	NA	3.32	NA	3.74	3.93	NA	4.05	NA	
NA											

NA representa los valores que faltan. Tenga en cuenta que hay valores representados por "-99." Aunque tanto NA como -99 pueden ser eliminados, los dejamos porque representan momentos en los que no había rendimiento para esa madurez.

Cómo manejar las fechas mediante lubricar

Suponiendo que queremos ordenar los data.frames de los bancos fallidos. Tendríamos que hacer este mes a mes, día adía, y semana a semana. Esto definitivamente requiere el uso de fechas paquete. Una herramienta muy única y útil desarrollada por Hadley Wickham es el **paquete de lubricación..**

```
head(data)
```

	Bank.Name	City	ST	CERT
1	Hometown National Bank	Longview	WA	35156
2	The Bank of Georgia	Peachtree City	GA	35259
3	Premier Bank	Denver	CO	34112
4	Edgebrook Bank	Chicago	IL	57772
5	Doral Bank	San Juan	PR	32102
6	Capitol City Bank & Trust Company	Atlanta	GA	33938

	Acquiring.Institution	Closing.Date	Updated.Date	count
1	Twin City Bank	2–Oct–15	15–Oct–15	1
2	Fidelity Bank	2–Oct–15	15–Oct–15	1
3	United Fidelity Bank, fsb	10–Jul–15	28–Jul–15	1
4	Republic Bank of Chicago	8–May–15	23–Jul–15	1
5	Banco Popular de Puerto Rico	27–Feb–15	13–May–15	1
6	First–Citizens Bank & Trust Company	13–Feb–15	21–Apr–15	1

	Cdate	Cyear
1	2015–10–02	2015
2	2015–10–02	2015
3	2015–07–10	2015
4	2015–05–08	2015
5	2015–02–27	2015
6	2015–02–13	2015

```
library(lubridate)
data$Cdate = dmy(data$Closing.Date)
data$Cyear = year(data$Cdate)
fd = aggregate(count~Cyear,data,sum)
print(fd)
```

	Cyear	count
1	2000	2
2	2001	4
3	2002	11
4	2003	3
5	2004	4
6	2007	3
7	2008	25
8	2009	140
9	2010	157
10	2011	92
11	2012	51
12	2013	24
13	2014	18
14	2015	8

```
plot(count~Cyear,data=fd,type="l",lwd=3,col="red"xlab="Year")
grid(lwd=3)
```

219

Haríamos la misma clasificación que hicimos aquí con un mes para ver si grabaremos alguna forma de estacionalidad.

```
Let's do the same thing by month to see if there is seasonality
data$Cmonth = month(data$Cdate)
fd = aggregate(count~Cmonth, data ,sum)
print(fd)
```

	Cmonth	count
1	1	49
2	2	44
3	3	38
4	4	57
5	5	40
6	6	36
7	7	74
8	8	40
9	9	37
10	10	58
11	11	35
12	12	34

```
plot(count~Cmonth, data=fd , type="l" ,lwd=3,col="green"); grid(lwd=3)
```

No hay estacionalidad con la clasificación mensual, vamos a tratar con la clasificación diaria

```
data$Cday = day(data$Cdate)
fd = aggregate(count~Cday,data,sum)
print(fd)
```

	Cday	count
1	1	8
2	2	20
3	3	3
4	4	21
5	5	15
6	6	13
7	7	20
8	8	14
9	9	10
10	10	14
11	11	17
12	12	10
13	13	14
14	14	20
15	15	20
16	16	22
17	17	23
18	18	21
19	19	29
20	20	27
21	21	17
22	22	18
23	23	30
24	24	19
25	25	13
26	26	15
27	27	18
28	28	18
29	29	15
30	30	30
31	31	8

```
plot(count~Cday,data=fd,type="l",lwd=3,col="blue"); grid(lwd=3)
```

A partir de nuestros recuentos, observamos que los recuentos son de hecho más bajos al comienzo y al final de cada mes.

Uso del paquete Data.Table

Este es un paquete muy brillante escrito por Matt Dowle. La función del paquete es permitir que data.frame funcione como una base de datos. No sólo esto, sino que también permite el manejo adecuado y eficaz de cantidades masivas de datos. La dirección IP de eficacia de una empresa conocida como h2o:http://h2o.ai/ ahora ha incorporado esta tecnología. Para ver cómo funciona esto, usaremos algunas estadísticas de datos de delitos descargables para California. A continuación, crearemos un archivo csv y colocaremos nuestros datos dentro para que puedan leerse fácilmente en R.

datos: leer . csv ("CA_Crimes_Data_2004-2013.csv", encabezado-TRUE)

Ahora es fácil convertir los datos en una base de datos

biblioteca (datos . tabla)

D_T como **. data. tabla (datos)**

Ahora vamos a ver cómo funciona esto, notaremos que la sintaxis de esto se parece mucho a la sintaxis de data.frame. Como resultado, sólo imprimiríamos una sección del nombre y no todas.

impresión (dim(D_T)

```
[1] 7301    69

print(names(D_T))

[1] "Year"             "County"            "NCICCode"
[4] "Violent_sum"      "Homicide_sum"      "ForRape_sum"
[7] "Robbery_sum"      "AggAssault_sum"    "Property_sum"
[10] "Burglary_sum"    "VehicleTheft_sum"  "LTtotal_sum"
....

head(D_T)
```

Una de las características únicas de la base de datos es que se puede indizar haciendo cualquier columna de la clave de índice. Una vez hecho esto, es más fácil calcular subtotales e incluso generar trazados a partir de ellos.

```
setkey(D_T, Year)

crime = 6
res = D_T[ ,sum(ForRape_sum),by=Year]
print(res)

     Year   V1
 1: 2004  9598
 2: 2005  9345
 3: 2006  9213
 4: 2007  9047
 5: 2008  8906
 6: 2009  8698
 7: 2010  8325
 8: 2011  7678
 9: 2012  7828
10: 2013  7459

class(res)

[1] "data.table" "data.frame"
```

Observamos que el tipo de salida generado se parece al de data.table. También incluye clases de DataFrames también. Nuestra siguiente acción es trazar el resultado de data.table de la misma manera que trazamos el de data.frame.

Usando el p l y r Tcapaz

Hadley Wickham escribe este paquete. Es muy útil aplicar funciones a tablas de datos (data.frames). En nuestro programa, tambiénqueremos escribiruna función personalizada, es por escrito esta función que este paquete entra en. En la función R, podemos usar la clase p l y r del paquete o el data.table para manejar data.frame como base de datos.

```
require(plyr)
library(dplyr)
```

A continuación, usaríamos la función de filtro para crear un subconjunto de las filas del conjunto de datos que queremos seleccionar para su análisis posterior.

Además, Data.table proporcionas una manera única de llevar a cabo estadísticas. A continuación se muestran los pasos para hacer esto:

1. Agrupar datos por punto de vista.

2. Utilice los grupos para producir estadísticas

3. Elige la opción que te permite contar el número de viajes que comienzan desde la primera estación y también te permite calcular el tiempo medio de cada viaje.

Conclusión

En este capítulo se explica en detalle cómo se gestionan los datos en paquetes de R. Se proporcionaron explicaciones sobre cómo combinar datos con la funciónss , aplicar lafuncións a los datos y utilizar las diversas opcioness disponibles para el manejo de datos grandes y pequeños. En el siguiente capítulo se examinan las estadísticas de datos.

Capítulo Cinco

Problema de la
Media-Variación de Markowitz

E ste capítulo examina el problema de la varianza media de Markowitz. Este tipo de problema no sólo es popular en la ciencia de datos, pero su solución también es ampliamente utilizada. En este capítulo, cubriremos los siguientes esquemas:

- Problema de varianza media de Markowitz

- Cómo resolver el problema utilizando el paquete quadprog

- Presupuesto de riesgos

Markowitz Mean-VAriance Problema

Esta es una optimización de cartera muy popular. La solución a este tipo de problema todavía se utiliza ampliamente hoy en día. Sin embargo, nuestro principal objetivo en este capítulo es la cartera de **n** activos. Esto implica que la devolución de E (rp), y una varianza denotada como Var(rp). El peso de nuestra cartera está representado por w ∈ rn. El significado de esto es que al asignar valores a los activos, tome, por ejemplo,, queremos asignar $1 al activo. Esto significa que cada $1 se asigna a varios activos. El valor total de la suma de nuestro peso es 1.

Problema cuadrático (Markowitz)

Este problema de optimización se puede definir como este. Queremos que nuestro resultado alcance el nivel preespecífiado de rendimiento medioesperado, y su varianza (riesgo) evitada tanto como podamos.

$$\min_{w} \quad \frac{1}{2} w' \Sigma w$$

subject to

$$w' \mu = E(r_p)$$
$$w' 1 = 1$$

El 1/2 que tenemos delante de la varianza anterior es para la pulcritud matemática. La función de esto se explicaría a medida que avancemos en este capítulo. El escalado de la función objetivo por una constante no afecta a la solución minimizada. Hay dos tipos de restricciones trabajando con nuestra varianza anterior. La primera restricción fuerza el retorno medio esperado en un retorno medio específico E(rp). La segunda restricción, también conocida como la restricción totalmente invertida, garantiza que el peso de la cartera sea de hasta 1. Estas dos restricciones son restricciones de igualdad.

El tipo de problema explicado anteriormente es; un problema lagrangónico; requiere que usemos los multiplicadores Lagrangian para incrustar las restricciones en la función de objetivo. Lo que tendremos después de esta acción es un problema de civilización.

Tomaremos la derivada con respecto a w, 1 y 2, para minimizar esta función y luego llegar a las condiciones de primer orden iniciadas de la siguiente manera:

$$\frac{\partial L}{\partial \underline{w}} = \Sigma \underline{w} - \lambda_1 \underline{\mu} - \lambda_2 \underline{1} = \underline{0} \quad (*)$$

$$\frac{\partial L}{\partial \lambda_1} = E(r_p) - \underline{w}'\mu = 0$$

$$\frac{\partial L}{\partial \lambda_2} = 1 - \underline{w}'1 = 0$$

La primera ecuación representada por (*) es un sistema de ecuaciones n. Esto se debe a que la derivada se toma con respecto a todos los elementos del vector w. Es por eso que llegamos a un total de (n+2) como nuestra condición de primer orden. De(*)

$$\underline{w} = \Sigma^{-1}(\lambda_1 \underline{\mu} + \lambda_2 1)$$
$$= \lambda_1 \Sigma^{-1}\mu + \lambda_2 \Sigma^{-1}\underline{1} \quad (**)$$

Premultiply (**) by μ':

$$\mu'\underline{w} = \lambda_1 \underbrace{\mu'\Sigma^{-1}\mu}_{B} + \lambda_2 \underbrace{\mu'\Sigma^{-1}1}_{A} = E(r_p)$$

Also premultiply (**) by $1'$:

$$1'\underline{w} = \lambda_1 \underbrace{1'\Sigma^{-1}\mu}_{A} + \lambda_2 \underbrace{1'\Sigma^{-1}1}_{C} = 1$$

Solve for λ_1, λ_2

$$\lambda_1 = \frac{CE(r_p) - A}{D}$$

$$\lambda_2 = \frac{B - AE(r_p)}{D}$$

where $D = BC - A^2$

Tomemos nota de estas observaciones:

Puesto que el valor de la letra "1" es positivo y: B>0, C>0.

Tomando las soluciones para el n.o 1, 2, encontraríamos la solución para **w** usando esta fórmula

$$\underline{w} = \underbrace{\frac{1}{D}[B\Sigma^{-1}\underline{1} - A\Sigma^{-1}\underline{\mu}]}_{g} + \underbrace{\frac{1}{D}[C\Sigma^{-1}\underline{\mu} - A\Sigma^{-1}\underline{1}]}_{h} \cdot E(r_p)$$

La ecuación anterior es la expresión para el peso de la ecuación de optimización cuando la varianza se minimiza para una cantidad determinada de retorno esperado E(rp). Una vez que se dan las entradas a los problemas, los vectores g y h se fijan.

E(rp) puede variarse para obtener un conjunto de carteras fronterizas (óptimas o eficientes) w

$$\underline{w} = \underline{g} + \underline{h}\,E(r_p)$$

$$if \quad E(r_p) \;=\; 0, \; \underline{w} = \underline{g}$$
$$if \quad E(r_p) \;=\; 1, \; \underline{w} = \underline{g} + \underline{h}$$

Note that

$$\underline{w} = \underline{g} + \underline{h}\,E(r_p) = [1 - E(r_p)]\,\underline{g} + E(r_p)[\underline{g} + \underline{h}]$$

```
> Er = 0.10
> wts = markowitz(mu,cv,Er)
> print(wts)
            [,1]
[1,] 0.3209169
[2,] 0.4223496
[3,] 0.2567335
```

Por lo tanto, estas dos carteras g, g y h producen toda la frontera.

Solución en R

Podemos usar R para crear una función para devolver el peso óptimo de la cartera. Para ello, usaremos la siguiente fórmula

Podemos llamar a la función de un retorno esperado y luego introducir el ejemplo de un vector de retorno medio y la matriz de covarianza de retornos.

```
#PARAMETERS
mu = matrix(c(0.02,0.10,0.20),3,1)
n = length(mu)
cv = matrix(c(0.0001,0,0,0,0.04,0.02,0,0.02,0.16),n,n)
Er = 0.18

#SOLVE PORTFOLIO PROBLEM
wts = markowitz(mu,cv,Er)
print(wts)
```

La salida es el vector del peso óptimo de la cartera.

Sin embargo, obtendremos una salida diferente cuando el retorno esperado se cambie a 0,10

```
> Er = 0.10
> wts = markowitz(mu,cv,Er)
> print(wts)
          [,1]
[1,] 0.3209169
[2,] 0.4223496
[3,] 0.2567335
```

Para obtener el rendimiento esperado de 0,18 en el primer ejemplo, nos daríamos cuenta de que acortamos algunos activos de bajo riesgo y alargamos algunos activos de riesgo medio y alto. Sin embargo, cuando el retorno esperado se redujo a 0,10, todo el peso es positivo.

Cómo resolver el problema utilizando el paquete Quadprog

Se trata de un optimizador que utiliza una restricción lineal para tomar una función de objetivo cuadrático. Como resultado, esto es exactamente lo que necesitamos para resolver el problema de la cartera de varianza media que acabamos de tratar. Otro uso significativo de este paquete es que podemos usar restricciones de desigualdad adicionales. Por ejemplo, siempre que no tenemos ganas de conceder ventas cortas de cualquier activo, podemos vincular fácilmente el peso a estar entre cero y uno. El siguiente manual muestra la especificación del paquete quadprog.

This routine implements the dual method of Goldfarb and Idnani (1982, 1983) for solving quadratic programming problems of the form min($-d^T b + 1/2 b^T D b$) with the constraints $A^T b >= b\_o$.
(note: b here is the **weights vector** in our problem)

Usage
solve.QP(Dmat, dvec, Amat, bvec, meq=0, factorized=FALSE)

Arguments
Dmat   **matrix** appearing in the quadratic **function** to be minimized.
dvec   **vector** appearing in the quadratic **function** to be minimized.
Amat   **matrix** defining the constraints under **which** we want to minimize the quadratic **function**.
bvec   **vector** holding the values of b_o (defaults to zero).
meq   the first meq constraints are treated **as** equality constraints, **all** further **as** inequality constraints (defaults to o).
factorized   **logical** flag: **if** TRUE, then we are passing $R^{(-1)}$ (where $D = R^T R$) instead of the **matrix** D in the argument Dmat.

En la configuración del problema, estamos tratando con, sin atajos y tres valores. Tendremos los siguientes bvec y Amat

$$
A = \begin{bmatrix} \mu_1 & 1 & 1 & 0 & 0 \\ \mu_2 & 1 & 0 & 1 & 0 \\ \mu_3 & 1 & 0 & 0 & 1 \end{bmatrix} ; \quad b_0 = \begin{bmatrix} E(r_p) \\ 1 \\ 0 \\ 0 \\ 0 \end{bmatrix}
$$

Las restricciones serán moduladas por el meq 2. Esto indica que las dos primeras restricciones serán restricciones deigualdad, mientras que las dos últimas serán mayores que iguales a una restricción.

232

$A'w \geq b_0$, i.e.,

$$w_1\mu_1 + w_2\mu_2 + w_3\mu_3 = E(r_p)$$
$$w_1 1 + w_2 1 + w_3 1 = 1$$
$$w_1 \geq 0$$
$$w_2 \geq 0$$
$$w_3 \geq 0$$

El código del paquete se ejecutaría en este formato:

```
library(quadprog)
nss = 1               #Equals 1 if no short sales allowed
Bmat = matrix(0,n,n)  #No Short sales matrix
diag(Bmat) = 1
Amat = matrix(c(mu,1,1,1),n,2)
if (nss==1) { Amat = matrix(c(Amat,Bmat),n,2+n) }
dvec = matrix(0,n,1)
bvec = matrix(c(Er,1),2,1)
if (nss==1) { bvec = t(c(bvec,matrix(0,3,1))) }
sol = solve.QP(cv,dvec,Amat,bvec,meq=2)
print(sol$solution)
```

Después de ejecutar el código, nuestro resultado esperado sería 0.18, con una venta corta que permite:

[1] 0,3575931 0,8436676 0,5139255

Este es exactamente el mismo resultado que obtuvimos en la solución de Markowitz. Cuando restringimos las ventas cortas, llegaremos a las mismas 0.10 que tenemos en Markowitz.

Presupuesto de riesgos

Un solo problema puede tener una vista diferente del problema de optimización de Markowitz. Para controlar esto, utilizamos uno de los enfoques recientes para la construcción de carteras de riesgo. Construimos una cartera donde la construcción de riesgos de todos los activos es igual. Este enfoque se conoce como **"Paridad de riesgo"**. También se crearía otra cartera en la que todo el riesgo aporta la misma cuota del rendimiento total de la cartera. Este tipo de enfoque se conoce como el **"Enfoque de Paridad de Rendimiento."**

Suponiendo que sus pesos representan la cartera,el riesgo se convierte en la función de su peso y se denota por R(w). La desviación estándar de la cartera es la siguiente:

$$R(\mathbf{w}) = \sigma(\mathbf{w}) = \sqrt{\mathbf{w}^{\top}\Sigma\mathbf{w}}$$

La función de riesgo de este tipo de riesgo es homogénea. Esto implica que si el tamaño de la cartera se duplica, entonces las medidas de riesgo también se duplican. Esto también se conoce como la propiedad de homogeneidad de la medición del riesgo. La homogeneidad es una de las coherencias en la medición del riesgo explicadas por Eber, Artzner, Health y Delbaen (1999). Una vez que una medición del riesgo cumple con los requisitos de homogeneidad, el siguiente paso es aplicar la teoría de Euler para descomponer el riesgo en la cantidad dada por cada activo.

Supongamos que definimos la medición del riesgo como la desviación estándar del rendimiento de la cartera; la descomposición del riesgo requeriría la medición del riesgo junto con todo su peso. Esto se muestra de la siguiente manera:

$$R(\mathbf{w}) = \sum_{j=1}^{n} w_j \frac{\partial R(\mathbf{w})}{\partial w_j}$$

Podemos verificar la suma del riesgo total usando este procedimiento:

$$
\begin{aligned}
\sum_{j=1}^{n} w_j \frac{\partial R(\mathbf{w})}{\partial w_j} &= [w_1 \quad w_2 \quad \dots \quad w_n] \cdot [\Sigma \mathbf{w} / \sigma(\mathbf{w})] \\
&= \mathbf{w}^\top \cdot [\Sigma \mathbf{w} / \sigma(\mathbf{w})] \\
&= \frac{\sigma(\mathbf{w})^2}{\sigma(\mathbf{w})} \\
&= \sigma(\mathbf{w}) \\
&= R(\mathbf{w})
\end{aligned}
$$

Conclusión

En este capítulo, observamos el problema de Markowitz en Ciencia de datos y los diversos paquetes que pueden resolver este problema. En el siguiente capítulo se examinan los teoremas de Bayes y los tipos de modelos que contiene.

Capítulo Seis

Teorema de Bayes

Este teorema trata de la coincidencia y la realidad. Una muy buena explicación de la teoría se explica en Wikipedia http://en.wikipedia.org/wiki/Bayes teorema y un video de la charla del profesor Persi Diaconis sobre Bayes en el video de Yahoo. En los negocios, a menudo nos encontramos con preguntas que molestan en la realidad y la coincidencia. Un buen ejemplo de la pregunta es, ¿es el éxito de la inversión de Warren Buffet una coincidencia? ¿Cómo respondemos a la pregunta? ¿Utilizamos nuestro conocimiento previo de la probabilidad de que Buffet pueda vencer al mercado, o comprobamos el desempeño del negocio a lo largo del tiempo? Es al responder a esta pregunta que la regla Buffet entra en. La regla se deriva de la descomposición de la probabilidad conjunta. Esta es la fórmula

$$\Pr[A \cap -B] - \Pr(A)\ B)\ \Pr(B) \text{ á } \Pr(B- A)\ \Pr(A)$$

Los dos últimos términos de la ecuación se pueden volver a reservar de la siguiente manera:

$$Pr(A|B) = \frac{Pr(B|A)\,Pr(A)}{Pr(B)}$$

or

$$Pr(B|A) = \frac{Pr(A|B)\,Pr(B)}{Pr(A)}$$

El ejemplo que estaríamos usando es la Prueba de Ayuda

Esta es una prueba muy intrigante. Aplicar el Teorema de Bayes implica que si usted es diagnosticado con Ayuda, existe la posibilidad de que usted no tiene la enfermedad; sin embargo, si se le diagnostica no tener la enfermedad, hay una buena probabilidad de que esto sea cierto.

Usaríamos la ecuación "Pos" como un diagnóstico positivo o negativo de tener SIDA. Mientras que el "Dis", NoDis representaría tener o no tener las enfermedades. Tomando como estudio el informe de los Estados Unidos sobre el SIDA, hay más de 1,5 millones de casos de AID en una población de más de 300 millones de personas en los Estados Unidos. Esto implica que la probabilidad de personas con AID en el país es del 0,5%. Dado que el porcentaje de probabilidad es el medio por ciento, al hacer una prueba aleatoria para descubrir a alguien con AID, usaríamos medio porcentaje de probabilidad. El porcentaje de precisión es del 99%. Nuestra ecuación sería la siguiente:

Pr(Pos- Dis) 0,99

Para aquellos sin la enfermedad, la prueba de precisión es

Pr(Neg- NoDis) a 0,95

Al averiguar la probabilidad de tener la enfermedad cuando la prueba lo dice, calcularíamos nuestra precisión de confirmación de la prueba de SIDA usando la Regla de Bayle

$$
\begin{aligned}
Pr(Dis|Pos) &= \frac{Pr(Pos|Dis)Pr(Dis)}{Pr(Pos)} \\
&= \frac{Pr(Pos|Dis)Pr(Dis)}{Pr(Pos|Dis)Pr(Dis) + Pr(Pos|NoDis)Pr(NoDis)} \\
&= \frac{0.99 \times 0.005}{(0.99)(0.005) + (0.05)(0.995)} \\
&= 0.0904936
\end{aligned}
$$

A partir de nuestro cálculo anterior, la probabilidad de tener las enfermedades cuando la prueba es positiva es del 9%. Ahora calcularíamos la posibilidad de no tenerlo cuando la prueba dice positiva

Pr(NoDis? Pos) a 1o Pr(Dis- Pos) 1-0,09 a 0,91

La pregunta ahora es, ¿cuál es la posibilidad de tener la enfermedad cuando la prueba dice negativa? Esto es a menudo una preocupación para algunos. Usando el teorema de Bayle, nuestro cálculo sería el siguiente:

$$
\begin{aligned}
Pr(Dis|Neg) &= \frac{Pr(Neg|Dis)Pr(Dis)}{Pr(Neg)} \\
&= \frac{Pr(Neg|Dis)Pr(Dis)}{Pr(Neg|Dis)Pr(Dis) + Pr(Neg|NoDis)Pr(NoDis)} \\
&= \frac{0.01 \times 0.005}{(0.01)(0.005) + (0.95)(0.995)} \\
&= 0.000053
\end{aligned}
$$

A partir de nuestra prueba, cuando la prueba es negativa, hay una posibilidad muy escasa de que usted podríatenerlo, por lo que no hay nada de qué preocuparse.

Predeterminado correlacionado (valor predeterminado condicional)

El teorema de Bayes es muy eficaz para verificar la información predeterminada condicional. Los gestores de fallas de bonos no están tan preocupados por la correlación de los impagos en el bono de su cartera tanto como les concierne al incumplimiento condicional de la fianza. Esto significa que están preocupados por la probabilidad condicional de fianza. Para calcular esto, algunas de las instituciones financieras modernas ya desarrollan herramientas para obtener el incumplimiento condicional de las empresas.

Supongamos que ya sabemos que la firma 1 tiene una probabilidad predeterminada P1 a 1%, y la firma 2 tiene una probabilidad predeterminada P2-3%. Suponiendo que el incumplimiento de ambas empresas es del 40% en un año, sin embargo, si cualquiera de los bonos incumple, ¿cuál es la probabilidad de incumplimiento de la otra condición del primer incumplimiento?

A pesar de la limitada información sobre la probabilidad de incumplimiento de la empresa, todavía podemos usar el teorema de Bayes para definir la probabilidad condicional de interés. Aquí están los pasos para calcular esto:

definir di, i 1,2. Este es el indicador predeterminado para las dos empresas

definir di 1 si las empresas incumplen.

definir di 0 si las empresas no lo hicieron.

Tomaríamos nota de lo siguiente en nuestra aplicación Bayes

E(d1) a 1.p1 +0. (1o p1) a p1 a 0,01.

de la misma manera

E(d2) a 1.p2 +0. (1o p2) a p2 a 0,03.

Con la distribución de Bernoulli, seríamos capaces de determinar la desviación estándar de d1 y d2.

$$\sigma_1 = \sqrt{p_1(1-p_1)} = \sqrt{(0.01)(0.99)} = 0.099499$$

$$\sigma_2 = \sqrt{p_2(1-p_2)} = \sqrt{(0.03)(0.97)} = 0.17059$$

Now, we note that

$$Cov(d_1, d_2) = E(d_1.d_2) - E(d_1)E(d_2)$$

$$\rho\sigma_1\sigma_2 = E(d_1.d_2) - p_1p_2$$

$$(0.4)(0.099499)(0.17059) = E(d_1.d_2) - (0.01)(0.03)$$

$$E(d_1.d_2) = 0.0070894$$

$$E(d_1.d_2) \equiv p_{12}$$

En el cálculo anterior, p12 es la probabilidad predeterminada para las dos empresas. Nuestras probabilidades condicionales serían:

p(d1-d2) á p12/p2 a 0.0070894/0.03 a 0.23631

p(d2-d1) á p12/p1 a 0.0070894/0.01 a 0.70894

A partir del resultado de esta probabilidad condicional, se puede resumir que una vez que la empresa comienza a desertar, el contagio por defecto comenzaría a ser grave.

Exposición continua y más formal

Hay una expresión muy significativa en los enfoques bayesianos. Estas expresiones son **, posteriores, anteriores** y de **probabilidad.** Estas expresiones se explicarían en detalle en esta sección. Por lo general, en la notación estándar, nos preocupa el parámetro de un á, la media de una distribución de algunos datos x. Sin embargo, en la teoría bayesiana, no sólo nos concentraremos en el valor de la palabra, sino que también estaríamos explorando el valor de distribución de la palabra "a partir de alguna suposición previa sobre esta distribución". Por lo tanto, comenzaríamos con p(o); esto se conoce como distribución previa. A continuación, pasamos a los datos x y combinamos nuestro valor de distribución anterior a ella para obtener la distribución posterior p(x). Sin embargo, para hacer esto, estamos obligados a calcular la probabilidad de ver los datos x dado nuestro p(o) anterior. Esta probabilidad se debe a la función de probabilidad L(x-o). Suponiendo que ya conocemos la varianza de nuestros datos x como o2. Cuando aplicamos nuestra teoría bayesiana, tendríamos:

$$p(\theta|x) = \frac{L(x|\theta)\ p(\theta)}{\int L(x|\theta)\ p(\theta)\ d\theta} \propto L(x|\theta)\ p(\theta)$$

241

Si asumimos que tanto la distribución previa para la media como la probabilidad son normales, entonces tendríamos:

Si este fuera el caso, nuestro valor posterior sería

$$p(\theta) = \frac{1}{\sqrt{2\pi\sigma_0^2}}\exp\left[-\frac{1}{2}\frac{(\theta-\mu_0)^2}{\sigma_0^2}\right] \sim N[\theta|\mu_0,\sigma_0^2] \propto \exp\left[-\frac{1}{2}\frac{(\theta-\mu_0)^2}{\sigma_0^2}\right]$$

$$L(x|\theta) = \frac{1}{\sqrt{2\pi\sigma^2}}\exp\left[-\frac{1}{2}\frac{(x-\theta)^2}{\sigma^2}\right] \sim N[x|\theta,\sigma^2] \propto \exp\left[-\frac{1}{2}\frac{(x-\theta)^2}{\sigma^2}\right]$$

Cuando la distribución previa y la distribución posterior son de la misma forma, son un**"conjugado"**con respecto a la función de probabilidad específica. Sin embargo, si observamos n nuevo valor de x, el nuevo posterior sería:

$$p(\theta|x) \sim N\left[\frac{\tau_0}{\tau_0+n\tau}\mu_0 + \frac{\tau}{\tau_0+n\tau}\sum_{j=1}^{n}x_j, \frac{1}{\tau_0+n\tau}\right]$$

Bayes Net

Bayes Net es un diagrama de red que se puede utilizar para visualizar distribuciones conjuntas a través de varios resultados/eventos y un problema de Bayes de mayor dimensión. La red es un gráfico acíclico dirigido (denominado DAG). Esto significa que los círculos no están permitidos en el gráfico.

Para entender cómo Bayes Networks, estaríamos usando un ejemplo de angustia económica. La deformación se puede notar en estos tres niveles: el nivel de economía (E - 1), el nivel de la industria (I - 1) y el nivel de la empresa (F - 1). La dificultad económica puede causar problemas en la industria, pero esto puede o no provocar angustia firme. El diagrama siguiente muestra el flujo de causalidad. Cabe destacar que la probabilidad en nuestra primera tabla es incondicional, pero todas las demás son condicionales.

E	Prob
1	0.10
0	0.90

E	I	Conditional Prob	Channel
1	1	0.60	a
1	0	0.40	
0	1	0.20	—
0	0	0.80	

En nuestras probabilidades condicionales, cada par suma 1. Los canales de la tabla las flechas del diagrama de red de Bayes.

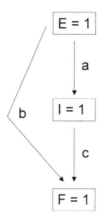

E	I	F	Conditional Prob	Channel
1	1	1	0.95	a+c
1	1	0	0.05	
1	0	1	0.70	b
1	0	0	0.30	
0	1	1	0.80	c
0	1	0	0.20	
0	0	1	0.10	–
0	0	0	0.90	

En el primer diagrama, nos daríamos cuenta de que hay tres canales en la red Bayes. Channel a representa el incentivo de la angustia de la industria por la angustia económica;channel b representa el incentivo de la angustia firme directamente de la angustia de la industria. El último canal c significa el incentivo de la angustia firme directamente de la angustia de la industria.

La pregunta que surge de esta red es, ¿cuál es la probabilidad de que la industria esté afligida si la empresa está en peligro? El cálculo de este problema se estipula a continuación:

$$Pr(I = 1|F = 1) = \frac{Pr(F = 1|I = 1) \cdot Pr(I = 1)}{Pr(F = 1)}$$

$$
\begin{aligned}
Pr(F = 1|I = 1) \cdot Pr(I = 1) &= Pr(F = 1|I = 1) \cdot Pr(I = 1|E = 1) \cdot Pr(E = 1) \\
&\quad + Pr(F = 1|I = 1) \cdot Pr(I = 1|E = 0) \cdot Pr(E = 0) \\
&= 0.95 \times 0.6 \times 0.1 + 0.8 \times 0.2 \times 0.9 = 0.201
\end{aligned}
$$

$$
\begin{aligned}
Pr(F = 1|I = 0) \cdot Pr(I = 0) &= Pr(F = 1|I = 0) \cdot Pr(I = 0|E = 1) \cdot Pr(E = 1) \\
&\quad + Pr(F = 1|I = 0) \cdot Pr(I = 0|E = 0) \cdot Pr(E = 0) \\
&= 0.7 \times 0.4 \times 0.1 + 0.1 \times 0.8 \times 0.9 = 0.100
\end{aligned}
$$

$$
\begin{aligned}
Pr(F = 1) &= Pr(F = 1|I = 1) \cdot Pr(I = 1) \\
&\quad + Pr(F = 1|I = 0) \cdot Pr(I = 0) = 0.301
\end{aligned}
$$

$$Pr(I = 1|F = 1) = \frac{Pr(F = 1|I = 1) \cdot Pr(I = 1)}{Pr(F = 1)} = \frac{0.201}{0.301} = 0.6677741$$

Regla Bayes en Marketing

En una de las campañas de investigación de mercado más amplias: el marketing piloto, Bayes apareció de una manera muy fácil. Supongamos que tenemos un proyecto con un valor x. Ahora,, si el producto falla (F), el pago es -70; sin embargo, si tiene éxito (S), el pago es +100. La probabilidad de estos dos acontecimientos es

Pr(S) a 0,7, Pr(F) a 0,3

Podemos comprobar fácilmente que nuestro extremo esperado es E(x) a 49. Suponiendo que pudiéramos obtener protección para un producto fallido, la protección sería una opción de poner de la opción real; su tasa valdría ser de 0,3 x 70 a 21. Puesto que la opción put es lo que guarda toda la pérdida registrada por el producto fallido, el valor es la pérdida esperada, condición sobre la pérdida. Esto es generalmente visto como el valor de la "información perfecta" por los investigadores de mercado.

Sin embargo, supongamos que hay una opción intermedia en lugar de continuar con el lanzamiento del producto después de las cuotas, habríamos hecho una prueba piloto. Aunque esto no siempre es preciso, es razonablemente sofisticado.

La señal de prueba de la prueba piloto es (T+) o fallo (T-). Nuestras probabilidades en la prueba piloto serían las siguientes:

$$Pr(T + |S) = 0.8$$
$$Pr(T - |S) = 0.2$$
$$Pr(T + |F) = 0.3$$
$$Pr(T - |F) = 0.7$$

La prueba piloto anterior sólo da una lectura válida del éxito 80% del tiempo. La probabilidad de que la señal piloto dé un resultado positivo se puede calcular de la siguiente manera:

Pr(T+) - Pr(T+- S)Pr(S)+Pr(T+- F)Pr(F)

•(0,8)(0,7) +(0,3)(0,3) a 0,65

El resultado negativo se puede calcular de la siguiente manera:

Pr(T-) - Pr(T- S)Pr(S)+Pr(T- F)Pr(F)

•(0,2)(0,7) +(0,7)(0,3) a 0,35

Esto nos permitiría calcular lo siguiente:

$$Pr(S|T+) = \frac{Pr(T+|S)Pr(S)}{Pr(T+)} = \frac{(0.8)(0.7)}{0.65} = 0.86154$$

$$Pr(S|T-) = \frac{Pr(T-|S)Pr(S)}{Pr(T-)} = \frac{(0.2)(0.7)}{0.35} = 0.4$$

$$Pr(F|T+) = \frac{Pr(T+|F)Pr(F)}{Pr(T+)} = \frac{(0.3)(0.3)}{0.65} = 0.13846$$

$$Pr(F|T-) = \frac{Pr(T-|F)Pr(F)}{Pr(T-)} = \frac{(0.7)(0.3)}{0.35} = 0.6$$

Ahora que tenemos estas probabilidades condicionales, reevaluemos el lanzamiento de nuestro producto. Si el resultado de la prueba piloto es positivo, ¿qué esperamos del valor del lanzamiento de nuestro producto. Esto sería el siguiente:

E(x- T+) á 100Pr(S- T+)+(-70)Pr(F- T+)

100(0.86154)-70(0.13846)

76.462

Pero si la prueba es negativa, el valor de nuestro lanzamiento es

E(x- T-) - 100Pr(S- T-)+(-70)Pr(F- T))

100(0,4)-70(0,6)

N.o 2

Ahora que conocemos el valor tanto de la prueba piloto negativa como de la prueba piloto positiva, nuestro valor general de la prueba piloto sería:

E(x) á E(x- T+)Pr(T+)+E(x- T-)Pr(T-)

76.462(0.65) +(0)(0.35)

49,70

Sin la prueba piloto, el valor incremental sobre el caso es 0,70.

Modelos de Bayes en transiciones de calificación crediticia

La mayoría de las veces, las empresas u organizaciones empresariales se asignan a clases de calificación crediticia. A diferencia de la probabilidad predeterminada, la calificación crediticia es un bucket de crédito más grueso. Además, actualizar la clase de calificación crediticia en la sección tiende a ser muy lento. Como resultado, los modelos DFG utilizan un enfoque bayesiano para desarrollar un modelo de cambios de clasificación que utiliza datos contemporáneos sobre las probabilidades predeterminadas.

Fraude contable

La inferencia bayesiana también se puede utilizar para detectar fraudes contables y auditorías. Cuando se sospecha de fraude, un auditor puede utilizar una hipótesis bayesiana de fraude para verificar datos pasados y evaluar la posibilidad de que la situación actual del fraude haya estado en curso durante un tiempo.

Conclusión

En este capítulo, hemos examinado el enfoque principal y el uso del modelo Bayes. Examinamos Bayesian Net y cómo usamos Bayesian para explicar la información predeterminada condicional. En el siguiente capítulo examina análisis de noticias en ciencia de datos, algoritmos, recuento de palabras, y mucho más. e

Capítulo Siete

Más que palabras - Extraer Información de las Noticias

ste capítulo explica en detalle el concepto de extracción de noticias. Wikipedia define el análisis de noticias como la medición de los diversos atributos cualitativos y cuantitativos de las noticias textuales. Algunos de estos atributos son el sentimiento, la relevancia y la novedad. Expresar noticias como números la manipulación de la información cotidiana matemáticamente y estadística." El capítulo examina las diversas técnicas analíticas en la extracción de noticias, los diversos programas de análisis de noticias,, el método y los conjuntos de métricas que se pueden utilizar para las evaluaciones del rendimiento analítico. Los esquemas que se tratarán en este capítulo incluyen:

- ¿Qué es el análisis de noticias?

- Algoritmos

- Scrapers y Crawlers

- Prueba de pre-posesión

- Frecuencia de término - Frecuencia de documento inversa (TF - IDF)

- Clasificación de textos

- Multiplicador de recuento de palabras

- Métricas

- Resumen de textos

Qué es el análisis de noticias

Este es un término general que cubre un conjunto de fórmulas, técnicas y estadísticas utilizadas para clasificar y resumir las fuentes públicas de información. También incluye métricas que se usan para evaluar el análisis. El campo del análisis de noticias es muy amplio; abarca aspectos como el aprendizaje automático, la recuperación de información, la teoría de redes, la teoría del aprendizaje estadístico y el filtrado colaborativo. Sin embargo, todo esto se puede dividir en tres amplias categorías de análisis de noticias: texto, contenido y contexto.

El texto en el análisis de noticias implica el aspecto visceral de las noticias, es decir, palabras, frases, oraciones, encabezados de documentos, etc. El propósito principal del análisis aquí es convertir texto en información. Esta acción se lleva a cabo por estos tres medios:

- Firma del texto

- Clasificación del texto

- Resumiendo en su componente principal.

Durante el proceso de integración, el análisis descarta el texto que no es relevante al separar la información que es de mayor contenido de señal.

La siguiente capa de análisis de noticias es el contenido. El contenido funciona en el dominio del texto ampliando sus imágenes, formularios de texto (blogs, correos electrónicos, páginas, etc.), tiempo, formatos (XML, HTML), etc. El contenido enriquece el texto de manera que afirma calidad y veracidad que se pueden explorar en el análisis. Por ejemplo, un blog se puede transmitir para tener una calidad más alta que una publicación de tablero de mensajes destock; sin embargo, cuando la información financiera se transmite con Dow Jones, puede tener más valor que un blog.

La última capa de análisis de noticias es el contexto. Esta es simplemente la relación entre los elementos de información. Esto también puede referirse a la relación de red de noticias. Al explorar la relación entre el contexto y el análisis de noticias, Das, Martínez-Jerez y, Tufano (2005),, un estudio clínico de cuatro empresas examina la relación de los análisis de noticias con las publicaciones de los message-board. Del mismo modo, Das y Sisk (2005) exploran las redes sociales de las publicaciones de tableros de mensajes para averiguar si las reglas de una cartera se pueden crear con las conexiones de red entre las acciones. Un buen ejemplo de un análisis que funciona en todos estos tres niveles son los algoritmos PageRank de Google. Los algoritmos tienen muchas características; el núcleo de estas características son contexto, mientras que otros son texto y contenido. El contexto es el núcleo de los algoritmos porque la búsqueda es el análisis de noticias más utilizado. Sin embargo, esto depende del número de páginas altamente clasificadas que apuntan a ella.

De nuestra explicación hasta ahora, se puede deducir que el análisis de noticias es donde se encuentran los algoritmos y los datos. Aquí es donde se genera tensión entre los dos. Por eso ha habido un acalorado debate sobre cuál de los dos debería ser más que el otro. Este debate se planteó en una charla en la 17a Conferencia de ACM sobre Conocimiento y Gestión de la Información (CIKM '08), Peter Norvig, director de investigación de Google, hizo su preferencia al afirmar que es mejor tener más datos que algoritmos. Según él, "los datos son más ágiles que el código". Por un lado, esto podría sonar razonable bien, por otro, demasiados datos pueden hacer que los algoritmos se vuelvan inútiles, lo que conduce a un sobreajuste.

Cuando hablamos de algoritmos y datos y que entre los dos deberían ser más que los otros, este debate hizo que parezca que no hay correlación o relación entre los dos. Sin embargo, este no es el caso. Para empezar, los datos de noticias comparten las mismas tres clasificaciones generales que tiene el análisis de noticias, es decir, texto, contenido y contexto. El nivel de complejidad de cualquiera de estos tres depende de cuál es dominante. Generalmente, en los datos de noticias, el más simple entre los tres es el análisis de texto. El contexto que se aplica a las relaciones de red puede ser bastante difícil. Por ejemplo, un algoritmo de detección de la comunidad puede ser muy difícil de comparar con algoritmos de recuento de palabras que son muy simples, casi ingenuos. El algoritmo de detección de la comunidad tiene requisitos de memoria y lógica más complicados.

La tensión entre los dos aspectos, Datos de noticias y algoritmos de noticias,, se gestiona y controla por especificidad del dominio. Esto implica la cantidad de personalización necesaria para implementar el análisis de noticias. Es bastante interesante que los algoritmos de baja complejidad más especificidad de dominio que los de alta complejidad. Por ejemplo, la ilustración anterior que usamos, la detección de la comunidad necesitaría poco conocimiento de dominio porque es aplicable a una amplia gama del gráfico. Aunque , este no es el caso con los algoritmos de recuento de palabras. Un algoritmo de recuento de palabras requiere conocimientos de dominio de gramática, léxico e incluso sintaxis. No sólo esto, los mensajes políticos se leerían de manera diferente y se separarían de los mensajes médicos.

Algoritmos
rastreadores y raspadores

Los rastreadores son algoritmos set.of que se utilizan para generar una serie de páginas web que se pueden utilizar para buscar contenido de noticias. El software deriva su nombre "crawler" de la forma en que funciona. Comienza a partir de algunas páginas web y se rastrea a otras. De este tiempo, los algoritmos hacen que elija entre la serie de páginas web que reunió. El enfoque más común para elegir una página entre las numerosas recopiladas es pasar de la página actual a una página vinculada a hiper-referencia. Significativamente, un rastreador utiliza la heurística para explorar el árbol desde cualquier nodo dado y lo usó para determinar las rutas útiles entre los numerosos antes de elegir en cuáles centrarse.

Los raspadores web descargan los detalles de cualquier página web elegida; puede o no formatear la página web para su análisis. Prácticamente todo el lenguaje de programación tiene sus propios módulos utilizados para el desguace web. Los módulos contienen alguna función incorporada que se dirige conectado a la web. Una vez abiertas las funciones, facilita la descarga de direcciones URL específicas del usuario o del rastreador. La popularidad del análisis web ha hecho que la mayoría de los paquetes estadísticos vengan con sus propias funciones de raspado web incorporadas. Por ejemplo, las funciones R vienen con su propia función de raspado web en su distribución base. Siempre que queremos leer una página en una línea vectorial, podemos descargar y usar fácilmente un comando de una sola línea.

Excel, que es la hoja de cálculo más utilizada, tiene su propia función de raspado web incorporada. Esto se puede descargar desde el árbol de comandos de Data ----- GetExternal. Una vez que descargamos la función de raspado web, se puede transferir a una hoja de trabajo y luego operar como se desee. También podemos configurar excel de tal manera que actualice el contenido constantemente.

Atrás quedaron los días en que se usa el código de raspado web; tendremos que escribirlo en Java, C, Python o Perl. Hoy en día, podemos utilizar herramientas como R para manejar análisis estadísticos, algoritmos y datos. Con R, estos tres se pueden escribir dentro del mismo software. Es decir, el progreso diario de la ciencia de datos.

Texto preprocesamiento

A menudo pensamos que ningún texto puede ser más sucio que el texto de fuentes externas; este no es el caso. El texto de las páginas web es más sucio que el texto de fuentes externas. Antes de aplicar el análisis de noticias en los algoritmos, primero deben limpiarse. El proceso de limpieza de algoritmos antes de aplicar el análisis de noticias en ellos es lo que se conoce como preprocesamiento. El primer proceso para limpiar algoritmos es mediante el uso de la limpiezaHTML; este proceso elimina todas las etiquetas HTML del cuerpo de los mensajes. El ejemplo de estas etiquetas incluye <p>,
&quot,etc. La siguiente limpieza es con abreviaturas. Aquí ampliamos las abreviaturas a sus formas completas. Todas las frases abreviadas y contracciones están escritas en su totalidad. Por ejemplo, está escrito tal como es, ain't está escrito como no lo son, etc. La tercera limpieza es una expresión negativa. Una expresión que contiene palabras negativas significaría lo contrario de la expresión negativa. Para manejar esto, primero detectamos las palabras negativas como no, no y nunca. Luego etiquetamos las palabras restantes en la oración donde se usan las palabras negativas. Esto ayudaría a revertir el significado de la oración.

Otro aspecto significativo del preprocesamiento es el tallo. Este aspecto se ocupa de las palabras raíz. En el tallo, las palabras son reemplazadas y representadas por sus palabras de raíces. Esto permitiría que las tensión de las palabras no se trataran de manera diferente. Hay varios tipos de algoritmos de derivación disponibles en un lenguaje de programación. Popular entre estos tallos es Porter stemmer descubierto en 1980. El recorte varía de un idioma a otro. Por lo tanto, depende del lenguaje.

Frecuencia de término - Frecuencia de documento inversa (TF - IDF)

Este es un esquema utilizado para sopesar la utilidad de las palabras raras en un documento. El TF-IDF utiliza un cálculo muy fácil y no tiene ninguna base teórica fuerte. Es simplemente la importancia de una palabra (w), en un documento (d) en un corpus (C). Puesto que esta es una función de los tres aspectos, lo escribiremos como TF-IDF(w, d, C), es un producto de frecuencia de término (TF) y frecuencia de documento inversa (IDF).

$$f(w,d) = \frac{\#w \in d}{|d|}$$

La frecuencia se calcula así

$$IDF(w,C) = \ln\left[\frac{|C|}{|d_{w \in d}|}\right]$$

Donde d es el número de palabras en un documento, la ecuación de frecuencia se reescribiría como:

TF(w,d) á ln[f(w,d)]

La ecuación anterior se conoce como **Normalización de registro.**
Hay otra forma de normalización conocida como **Doble Normalización.** La fórmula para esto es

$$TF(w,d) = \frac{1}{2} + \frac{1}{2}\frac{f(w,d)}{\max_{w \in d} f(w,d)}$$

La fórmula para la frecuencia inversa del documentoes:

$$IDF(w,C) = \ln \left[\frac{|C|}{|d_{w \in d}|} \right]$$

La fórmula para la puntuación de peso para una palabra dada w en el documento d y corpus c es

TF-IDF(w,d,C) - TF(w,d)- IDF(w,C)

Vamos a ilustrar esto utilizando la siguiente aplicación:

```
tdm_mat = as.matrix(tdm)   #Convert tdm into a matrix
print(dim(tdm_mat))
nw = dim(tdm_mat)[1]
nd = dim(tdm_mat)[2]
d = 13   #Choose document
w = "derivatives"   #Choose word

#COMPUTE TF
```

```
f = tdm_mat[w,d]/sum(tdm_mat[,d])
print(f)
TF = log(f)
print(TF)

#COMPUTE IDF
nw = length(which(tdm_mat[w,]>0))
print(nw)
IDF = nd/nw
print(IDF)

#COMPUTE TF-IDF
TF_IDF = TF*IDF
print(TF_IDF)    #With normalization
print(f*IDF)     #Without normalization
```

Cuando ejecutemos este código, aquí está el resultado al que llegaremos:

```
> print(TF_IDF)    #With normalization
[1] -30.74538
> print(f*IDF)     #Without normalization
[1] 2.257143
```

El código se puede escribir en una función, después de lo cual examinamos el TF-IDF para todas las palabras. Estos se pueden utilizar para sopesar otras palabras en análisis posteriores.

nube de palabras

Puede crear una nube de palabras a partir de este documento. Saldría así:

```
> library(wordcloud)
Loading required package: Rcpp
Loading required package: RColorBrewer
> tdm = as.matrix(tdm_text)
> wordcount = sort(rowSums(tdm),decreasing=TRUE)
> tdm_names = names(wordcount)
> wordcloud(tdm_names,wordcount)
```

Clasificación de textos

Clasificador De Bayes

Este es el clasificador más utilizado hoy en día. Bayes Clasificar simplemente toma parte del texto y luego lo asigna a uno de los conjuntos predeterminados de categoría. El clasificador se entrena primero en un corpus inicial prefisificado antes de que se aplique al texto. Son estos datos entrenados los que producen las probabilidades previas necesarias para el análisis bayesiano del texto. A continuación, aplicamos el clasificador a un texto fuera de muestra para obtener la probabilidad posterior de categorías textuales. A continuación, el texto se aplica a la categoría que tiene la mayor probabilidad posterior.

Para ver cómo funciona esto, usaríamos un paquete e1071 R que contiene la función de Bayes ingenuos. A continuación, usaríamos datos de iris que contienen detalles de la flor. Luego tomaremos un clasificador para revisar los datos de las flores e identificar cuál de las numerosas flores es. Para enumerar el conjunto de datos cargados en nuestro paquete R, usaríamos lo siguiente

```
library(e1071)
data(iris)
res = naiveBayes(iris[,1:4], iris[,5])
> res

Naive Bayes Classifier for Discrete Predictors

Call:
naiveBayes.default(x = iris[, 1:4], y = iris[, 5])

A-priori probabilities:
iris[, 5]
    setosa versicolor  virginica
 0.3333333  0.3333333  0.3333333

Conditional probabilities:
          Sepal.Length
iris[, 5]     [,1]       [,2]
  setosa      5.006 0.3524897
  versicolor  5.936 0.5161711
  virginica   6.588 0.6358796

          Sepal.Width
iris[, 5]     [,1]       [,2]
```

```
  setosa      3.428 0.3790644
  versicolor  2.770 0.3137983
  virginica   2.974 0.3224966

          Petal.Length
iris[, 5]     [,1]       [,2]
  setosa      1.462 0.1736640
  versicolor  4.260 0.4699110
  virginica   5.552 0.5518947

          Petal.Width
iris[, 5]     [,1]       [,2]
  setosa      0.246 0.1053856
  versicolor  1.326 0.1977527
  virginica   2.026 0.2746501
```

A continuación, llamamos a una prueba de predicción para predecir un solo dato o para generar una matriz de confusión en este formato:

```
> predict(res,iris[3,1:4],type="raw")
      setosa    versicolor     virginica
[1,]       1   2.367113e-18   7.240956e-26
> out = table(predict(res,  iris[,1:4]),  iris[,5])
> print(out)


             setosa  versicolor  virginica
   setosa        50           0          0
   versicolor     0          47          3
   virginica      0           3         47
```

En la tabla anterior, se indica la media y la desviación estándar de la tabla. El cálculo básico de Bayes tomaría el siguiente patrón:

$$Pr[F = 1|a,b,c,d] = \frac{Pr[a|F = 1] \cdot Pr[b|F = 1] \cdot Pr[c|F = 1] \cdot Pr[d|F = 1] \cdot Pr(F = 1)}{Pr[a,b,c,d|F = 1] + Pr[a,b,c,d|F = 2] + Pr[a,b,c,d|F = 3]}$$

F significa el tipo de flor, mientras que a, b, c y d defienden los cuatro atributos de la flor. Tenga en cuenta que no calculamos el denominador porque sigue siendo el mismo para el cálculo de Pr[F-1-a,b,c,d],Pr[F-2-a,b,c,d], o Pr[F-3-a, b, c, d]

Máquinas vectoriales de soporte (SVM)

Esta es una especie de técnica de clasificador. Es muy similar al análisis de clústeres, pero también aplicable a espacios dimensionales muy altos+. SVM se puede describir mejor tomando cada mensaje de texto como vector en espacio de alta dimensión. El número de datos se puede tomar como similar al número de palabras en un diccionario. Como ejemplo muy simple, usaríamos el mismo conjunto de datos de flores que usamos en los ingenuos Bayes.

```
#USING SVMs
> res = svm(iris[,1:4], iris[,5])
> out = table(predict(res, iris[,1:4]), iris[,5])
> print(out)

              setosa  versicolor  virginica
setosa          50         0          0
versicolor       0        48          2
virginica        0         2         48
```

SMV es muy rápido y se puede utilizar en análisis de noticias.

Multiplicador de recuento de palabras

El recuento de palabras es la forma más sencilla de clasificador. Cada inferencia de idiomas funciona con palabras. Esto implica que las palabras son el factor principal de cada inferencia de idioma. EL FC Bartlett afirma que Words puede indicar las características cualitativas y relacionales de una situación en su aspecto general tan directamente como, y tal vez incluso más satisfactoriamente que, pueden describir su particular individualidad, Esto es, de hecho, lo que da al lenguaje su relación íntima con los procesos de pensamiento."

Para empezar a usar un clasificador de recuento de palabras, el usuario primero determinaría el léxico de las palabras relacionadas con el problema de clasificación que se está tratando. Por ejemplo, si el texto debe clasificarse en noticias económicas optimistas frente a pesimistas. El usuario primero querría separar el léxico de las malas noticias de la de las buenas noticias. Para ello, necesitaría el uso de conocimientos de dominio para diseñar el léxico de las palabras. Por lo tanto, a diferencia del clasificador bayesiano, un clasificador de recuento de palabras es específico del idioma.

Si, al contar el número de palabras en cada categoría, el número de palabras de cada categoría supera la otra, el mensaje de texto se asigna al aspecto con los recuentos léxicos más altos.

Clasificador de distancia vectorial (VDC)

En VDC, los mensajes se ven como un vector de palabras. Como resultado, cada mensaje de texto prefisificado con letra a mano en el corpus del entrenamiento se convierte en un vector de comparación. Esto se denomina establecer el **conjunto de reglas**. Para asignar una clasificación a un mensaje de texto, primero se compara con el conjunto de reglas. La clasificación se asigna en función de cómo se encuentra el conjunto de reglas en el espacio vectorial. La medida de proximidad viene proporcionada por el ángulo entre el vector de mensaje (M) y los vectores en el conjunto de reglas (S)

$$\cos(\theta) = \frac{M \cdot S}{||M|| \cdot ||S||}$$

Un motor de búsqueda específicamente indexar página como un vector de palabras. Cuando se presenta una consulta de búsqueda Un motor de búsqueda esencialmente indexa las páginas representando el texto como un vector de palabras. Cuando se presenta una consulta de búsqueda, se calcula la distancia vectorial cos(o) á (0,1) para la consulta de búsqueda con todas las páginas indizadas para encontrar las páginas con las que el ángulo es el más bajo, es decir, donde cos(o) es el mayor. Presentar la lista ordenada de mejor coincidencia es una locura ordenando todas las páginas indexadas por su ángulo con la consulta de búsqueda.

En el análisis de noticias, cuando se utiliza el clasificador de distancia vectorial para el análisis de noticias, el algoritmo de clasificación toma la nueva muestra de texto y, a continuación, encuentra la mejor coincidencia calculando el ángulo del mensaje con todas las páginas de texto en el corpus de entrenamiento de índices. Después de esto, las páginas con las mismas etiquetas se clasifican como las mejores coincidencias. Para implementar el clasificador, todo lo que se requiere son sólo funciones de álgebra lineal y ordenar rutinas fácilmente disponibles en prácticamente todos los entornos de programación.

Clasificador basado en discriminantes

Todos los clasificadores que hemos examinado hasta ahora no pesan las palabras de manera diferente. Es o no sopesan las palabras en absoluto, como se evidencia con SVM o clasificador Bayes, o pesan algunas partes de las palabras mientras ignoran la otra, como es el caso de los clasificadores de recuento de palabras. Clasificador basado en discriminantes pesa palabras basadas en su valor discriminante. Entre la herramienta popularmente utilizada para este propósito es **Fisher's Discriminant**.

En nuestro ejemplo, tomaremos el valor medio de cada término para cada categoría como **.i**. La media significa un número medio de veces que la palabra **w** aparece en un mensaje de texto de la categoría i. El mensaje de texto en sí sería index ad **j**. Para evaluar el número de veces que la palabra **w** se produce en un mensaje de texto **j** de la categoría **i,** nuestro para esto sería **mij**. La función discriminante se puede escribir como:

$$F(w) = \frac{\frac{1}{|C|}\sum_{i \neq k}(\mu_i - \mu_k)^2}{\sum_i \frac{1}{n_i}\sum_j(m_{ij} - \mu_i)^2}$$

Consideraríamos el caso que observamos anteriormente en este estudio, la evaluación económica que agrupamos en un grupo optimista y pesimista. Supongamos que la palabra "dimal" aparece una vez, en todo el texto, la palabra se agruparía como pesimista y no aparecería en la clase optimista. La variación entre clases de la palabra es positiva, mientras que la variación dentro de la clase es cero. En este tipo de situación, el denominador de la ecuación sería cero. Concluiríamos diciendo que la palabra "triste" es un discriminante infinitamente poderoso y debe evaluarse con un gran peso en cualquier algoritmo de recuento de palabras.

Métricas

Los análisis desarrollados sin métricas están incompletos. En cada análisis en desarrollo, es importante crear medidas que examinen si los análisis están generando o no clasificaciones que son económicamente útiles, estadísticamenteútiles y estables. Sin embargo, hay algunos criterios que todo análisis debe cumplir para que sea estadísticamente útil. Estos criterios garantizarían el poder de clasificación y la precisión. Cuando un análisis es económicamente útil y estadísticamente válido, aumenta la calidad del análisis. La estabilidad ayuda a un analítico a funcionar eficazmente en la muestra y fuera de la muestra.

Matriz de confusión

Esta es una herramienta clásica utilizada para evaluar la precisión de la clasificación. Para **n** categorías, la matriz de confusión sería de dimensión **n á n**. La columna representa la categoría correcta del texto, mientras que las filas representan la categoría dada por el algoritmo analítico. Para cada celda **(i, j)**, el número de mensajes de texto en el tipo **j** y clasificados como tipo **i** están contenidos en la matriz de celdas. El número de veces que el algoritmo obtuvo la clasificación correcta se indica en las celdas en la diagonal de la confusión. Cuando esto se ordena, cada otra celda es un error de clasificación. Las filas y columnas de la clasificación solo pueden depender entre sí si un algoritmo no tiene capacidad de clasificación. Las estadísticas examinadas para su rechazo en el marco de las estadísticas nulas son las siguientes:

$$\chi^2[dof = (n-1)^2] = \sum_{i=1}^{n} \sum_{j=1}^{n} \frac{[A(i,j) - E(i,j)]^2}{E(i,j)}$$

A(i,j) representa los números observados en la matriz deconfusión, mientras que E(i, j) representa los números esperados cuando no hay clasificación bajo el valor nulo. Si T(j) significa la columna total y (Ti) representa el total a través de la fila i de la matriz de confusión, entonces

$$E(i,j) = \frac{T(i) \times T(j)}{\sum_{i=1}^{n} T(i)} = \frac{T(i) \times T(j)}{\sum_{j=1}^{n} T(j)}$$

(n .1)2 se puede utilizar para calcular el grado de libertad de las estadísticas x2. Esta estadística es muy fácil de calcular y se puede utilizar para cualquier modelo n.

Precisión y recuperación

Los resultados pueden surgir de la creación de la matriz de confusión. Son Precisión o Recuperación.

La precisión también se conoce como valor predictivo positivo. Esta es simplemente la fracción de positivos identificados que son realmente positivos. Es la medida de la validez de la precisión. Tomemos, por ejemplo, queremos averiguar el número de personas en LinkedIn que están buscando un trabajo if nuestros algoritmos encuentran **n** de este tipo de personas mientras que sólo **m** están buscando trabajo. Nuestro valor de precisión sería **m/n.**

La recuperación, por otro lado, también se conoce como sensibilidad. Este es el número de positivos que se identifican realmente. Un retiro es la medida de la integridad de la predicción. Usando nuestro ejemplo de LinkedIn, ya que el valor de las personas reales que buscan un trabajo es **m,** nuestra fórmula de recuperación sería **m/n.** Por ejemplo, supongamos que nuestra matriz de confusión de recuperación es

Predicted	Actual Looking for Job	Not Looking	
Looking for Job	10	2	12
Not Looking	1	16	17
	11	18	29

Para la matriz de confusión anterior, nuestro valor, para la precisión es 10/12, mientras que la recuperación es 10/11. Esto implica que la precisión está relacionada con la probabilidad de falsos positivos (error de tipo 1). Esta es una menos precisión. Sin embargo, la recuperación está relacionada con la probabilidad de falso positivo (error de tipo 2). Esto es simplemente un menos recuerdo.

Precisión

La medida de la precisión del algoritmo sobre un esquema de clasificación es simplemente el porcentaje de texto que se clasifica con precisión. Esta medición se puede realizar tanto fuera de la muestra como en la muestra. Aquí está la fórmula para calcular esto de nuestra matriz de confusión

$$Accuracy = \frac{\sum_{i=1}^{n} A(i,i)}{\sum_{j=1}^{n} T(j)}$$

Falsos positivos

Es mejor tener un error de clasificación que tener una clasificación incorrecta. Por ejemplo, en un esquema de 2 x 2, es decir, un n.o 2 de dos categorías, cada matriz fuera de dimensión en la matriz de confusión es un falso positivo. Esto implica que, cuando n >2, significa que algunos errores de clasificación son peores que el otro.

Calcular el porcentaje de falsos positivos es una métrica muy importante con la que trabajar. Esto se puede calcular dividiendo la clasificación total realizada por el recuento ponderado o el recuento simple de clasificación.

Error de sentimiento
Una medida agregada de sentimiento se puede calcular una vez que se calculan muchos textos o artículos. Esto significa que la agregación es muy útil para cancelar el error de clasificación.

Error de sentimiento es simplemente el porcentaje del valor que obtendríamos cuando no hay ningún error de clasificación y la diferencia porcentual entre los sentimientos agregados calculados.

Correlación
Después de haber examinado algunos de los aspectos vitales del análisis de noticias, la pregunta que viene a la mente es, ¿cómo se correlacionaría el sentimiento de las noticias con las series temporales financieras? Leinweber y Sisk proporcionan la explicación de esta pregunta en su artículo publicado en 2010.

En el documento, explicaron diferencias cruciales en los rendimientos acumulados en exceso entre un fuerte sentimiento positivo y fuertes días de sentimiento negativo sobre horizontes de predicción de una semana o un trimestre. Por lo tanto, se puede inferir que el evento estudiado se centra en los desencadenadores de correlación puntual. La métrica de correlación visual es la correlación más simple. Aquí podemos ver cómo los sentimientos y las devoluciones se rastrean entre sí.

Métricas de la osa de fase

Un caso único de análisis de plomo-lag es la correlación entre los sentimientos y las series temporales de retorno. Esto se puede resumir como la búsqueda de correlaciones en la matriz. En términos simples, un análisis gráfico de plomo-retraso encuentra el patrón de gráfico en dos series y examina si hay alguna manera de que el patrón en una serie temporal se pueda predecir con la otra. En otras palabras, ¿hay alguna manera de utilizar los datos de opinión generados en algoritmos para las series en stock. Este tipo de examen gráfico se denomina análisis de retraso de fase.

Económico significativo

Podemos evaluar el análisis de noticias usando la importancia económica como un criterio. Al utilizar la importancia económica como criterio, estaríamos haciendo la siguiente pregunta, ¿los algoritmos ayudan a reducir el riesgo de ofrecer oportunidades rentables? ¿O no? Este tipo de evaluación nos ayudaría a identificar un conjunto de existencias que tendrían un rendimiento significativamente mejor que el otro.

Las métricas económicas contienen una gran cantidad de investigación y rendimientos para el análisis de noticias. De hecho, Leinweber y Sisk, en el artículo publicado en 2010, explicaron que hay alfa explotable en las corrientes de noticias. El análisis económico puede hacer uso de las áreas de gestión de riesgos y análisis de crédito para validar el análisis de noticias.

Resumen de textos

El texto se puede resumir fácilmente mediante estadísticas. La forma más sencilla de resumen de texto funciona más en el modelo basado en frases utilizado en la ordenación de las oraciones en un documento en orden descendente. Cuando esto ocurre, la mayoría de las palabras superpuestas se organizan primero, luego otras la siguieron. Por ejemplo, supongamos que un artículo D tiene una frase si,i a 1,2,...,m. En esta oración m, cada si representa un conjunto de palabras. Para resumir el texto, usaríamos el índice de similitud 3 para calcular cada superposición por pares entre oraciones.

Para conseguir la superposición de frases, encontraríamos la relación del tamaño de la intersección de las dos oraciones, por lo que y sj, dividido por el tamaño de la unión de los dos conjuntos. A continuación, la puntuación de similitud de cada oración se calcula como la suma de filas de la matriz de similitud de Jaccard.

$$J_{ij} = J(s_i, s_j) = \frac{|s_i \cap s_j|}{|s_i \cup s_j|} = J_{ji}$$

Después de obtener la suma de la fila, las ordenamos; el resumen es la primera n frase basada en el valor.

$$S_i = \sum_{i=1}^{m} I_{ij}$$

Conclusión

Hemos explicado en detalle qué es el análisis de noticias y cómo se lleva a cabo. Examinamos d las características vitales del análisis de noticias y los diferentes modelos que se pueden utilizar para llevar a cabo este análisis. Además, examinamos cómo se pueden evitar o contener los errores al mínimo al realizar análisis de noticias. El aspecto vital del recuento de palabras se explicó en detalle. En el siguiente capítulo, analizamos uno de los modelos importantes en ciencia de datos.

Capítulo Ocho

Modelo de Bajo

En este capítulo se explica en detalle todo lo que hay que saber sobre el modelo base. El capítulo abarcaría los siguientes esquemas:

- El modelo de graves

- Calibración

- Pico de Ventas

El modelo de graves

El modelo Bass es uno de los modelos clásicos de la literatura de marketing. Esto fue descubierto en 1969 y se ha convertido en uno de los mejores modelos para predecir la cuota de mercado de los productos que son productos recién introducidos e incluso maduros. El enfoque principal del modelo es la tasa de adopción de un producto debe seguir estas dos condiciones básicas:

- la propensión de los clientes a adoptar el producto sin la influencia de las influencias sociales

- la propensión adicional que el producto sería adoptado porque otros clientes tienen.

Es por eso que, en algún momento de un muy buen producto, la influencia de los primeros adoptantes se vuelve tan fuerte que afecta o agita a otros a adoptar el producto. Generalmente, esto se considera como un producto de la red. Sin embargo, Frank Bass ya había completado todo lo que hay que saber acerca de la influencia de los primeros adoptantes en un muy buen producto antes de la llegada del efecto de red. Es decir, la adopción de productos resultante de la influencia de los primeros adoptantes no es necesariamente un producto de la red.

El modelo de graves explica en detalle cómo la información de las primeras ventas de un producto se puede utilizar para predecir o pronosticar la venta futura del producto. Aunque este modelo parece ser más un modelo de marketing, se puede utilizar para determinar el valor de un negocio de puesta en marcha mediante el análisis del flujo de caja del negocio.

El Básico Idea

Aquí, seguiríamos la exposición del modelo bass. Tomemos, por ejemplo,, que la probabilidad acumulada de un producto por un solo individuo de una zona horaria de cero a tiempo t es F(t). La probabilidad de producto en el momento t es la función de densidad f(t)-F(t). Dado que no hay compra hasta ahora, la tasa de compra sería

.e.

$$\frac{f(t)}{1 - F(t)}.$$

Modelar esto es muy similar a cómo modelamos la tasa de adopción de un producto para un tiempo determinado t. Usando el modelo Bass, esta tasa de adopción se puede definir como:

$$\frac{f(t)}{1 - F(t)} = p + q\, F(t).$$

P en la ecuación se puede suponer que es la tasa independiente de un consumidor que adopta el producto, mientras que q es la tasa de imitación. Esto se debe a que modula el impacto del consumidor que adopta el producto a partir de la intensidad acumulativa de la adopción F(t).

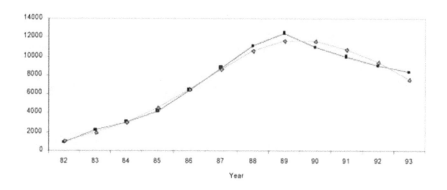

Con nuestro análisis de la p y q del producto, podemos utilizar nuestros hallazgos para pronosticar la adopción del producto.

Software

El software libre se puede utilizar para resolver una ecuación diferencial ordinaria. Entre los paquetes de código abierto más utilizados es el Máximo. Esto está disponible para su descarga en muchos lugares. Esto es lo que la solución básica para la ecuación diferencial en Máximo se ve como:

Maxima 5.9.0 http://maxima.sourceforge.net

Esto fue distribuido bajo la Licencia Pública GNU. La función bug_report() proporciona información de informes de errores

```
(C1) depends(F,t);
(D1)                             [F(t)]
(C2) diff(F,t)=(1-F)*(p+q*F);
                                 dF
(D2)                             -- = (1 - F) (F q + p)
                                 dt
(C3) ode2(%,F,t);
                        LOG(F q + p) - LOG(F - 1)
(D3)                    ------------------------- = t + %C
                                 q + p
```

Tenga en cuenta que la función 1/ 1-F se procesó desde la izquierda y no desde la derecha, ya que el software parece estar funcionando. Esta es la razón por la que Maxima se utilizaría para resolver los resultados de la fracción parcial en una integral simple. El resultado de esto sería

```
(%i1) integrate((q/(p+q))/(p+q*F)+(1/(p+q))/(1-F),F);

                        log(q F + p)   log(1 - F)
(%o1)                   ------------ - ----------
                          q + p          q + p
```

El resultado anterior es el correcto. Otra herramienta muy sencilla que es eficaz en el cálculo del cálculo simbólico a pequeña escala

276

es WolframAlpha. Esto se puede descargar en www.wolframalpha.com.

Calibración

¿Cómo descubrimos el coeficiente de p y q en nuestro modelo Bass anterior? Puesto que ya tenemos el historial de ventas actual del producto, esto se puede encajar fácilmente en la curva de adopción. A continuación se muestra la formula.to calcular esto:

Las ventas en cualquier período son: s(t) á m f(t).

Las ventas acumuladas hasta un momento determinado t son: S(t) á m F(t)

Puesto que ya tenemos la fórmula, vamos a seguir adelante y sustituir f(t) y F(t) en la ecuación Bass. Esto nos daría:

$$\frac{s(t)/m}{1 - S(t)/m} = p + q\, S(t)/m$$

Esto se puede reescribir como

s(t) á [p+q S(t)/m][m-S(t)]

por lo tanto:

$$
\begin{aligned}
s(t) &= \beta_0 + \beta_1\, S(t) + \beta_2\, S(t)^2 \\
\beta_0 &= pm \\
\beta_1 &= q - p \\
\beta_2 &= -q/m
\end{aligned}
$$

Usaremos esta ecuación en otro ejemplo para entenderla perfectamente. Ahora vamos a examinar las ventas en curso para el producto de iPhone como un ejemplo. En primer lugar, leeríamos nuestra venta trimestrals ya almacenada en un archivo;; después de esto, llevaremos a cabo un análisis del modelo Bass. A continuación, vamos a código R para calcularlo:

```
> #USING APPLE iPHONE SALES DATA
> data = read.table("iphone_sales.txt",header=TRUE)
> isales = data[,2]
> cum_isales = cumsum(isales)
> cum_isales2 = cum_isales^2
> res = lm(isales ~ cum_isales+cum_isales2)
> print(summary(res))

Call:
lm(formula = isales ~ cum_isales + cum_isales2)

Residuals:
    Min      1Q  Median      3Q     Max
-14.106  -2.877  -1.170   2.436  20.870

Coefficients:
               Estimate Std. Error t value Pr(>|t|)
(Intercept)   3.220e+00  2.194e+00   1.468   0.1533
cum_isales    1.216e-01  2.294e-02   5.301 1.22e-05 ***
cum_isales2  -6.893e-05  3.906e-05  -1.765   0.0885 .

Signif. codes:  0 ?***? 0.001 ?**? 0.01 ?*? 0.05 ?.? 0.1 ? ? 1

Residual standard error: 7.326 on 28 degrees of freedom
Multiple R-squared:  0.854,     Adjusted R-squared:  0.8436
F-statistic: 81.89 on 2 and 28 DF,  p-value: 1.999e-12
```

Ahora encajaremos en el modelo y luego trazaremos nuestras ventas reales superpuestas en la previsión.

```
> #FIT THE MODEL
> m1 = (-b[2]+sqrt(b[2]^2-4*b[1]*b[3]))/(2*b[3])
> m2 = (-b[2]-sqrt(b[2]^2-4*b[1]*b[3]))/(2*b[3])
> print(c(m1,m2))
cum_isales cum_isales
 -26.09855 1790.23321
> m = max(m1,m2); print(m)
[1] 1790.233
> p = b[1]/m
> q = -m*b[3]
> print(c(p,q))
(Intercept) cum_isales2
 0.00179885 0.12339235
>
> #PLOT THE FITTED MODEL
> nqtrs = 100
> t=seq(o,nqtrs)
> fn_f = eval(ff)*m
> plot(t,fn_f,type="l")
> n = length(isales)
> lines(1:n,isales,col="red",lwd=2,lty=2)
>
```

Pico de Ventas

A partir de nuestro cálculo hasta ahora, calcular el pico de ventas es muy fácil. Todo lo que necesitamos para diferenciar f(t) con respecto a t, y luego establecer el resultado igual a cero. Esto se muestra de la siguiente manera:

tá argmaxt f(t)

Esto es lo mismo que la solución a f1 (t)-0.

El cálculo es muy simple, la fórmula es

$$t^* = \frac{-1}{p+q} \ln(p/q)$$

279

Por lo tanto, para los valores p a 0,01 y q a 0,2, tendremos

$$t^* = \frac{-1}{0.01 + 0.2} \ln(0.01/0.2) = 14.2654 \text{ years.}$$

Ahora, para nuestras ventas de iPhone, el cálculo del pico de ventas nos daría:

```
> #PEAK SALES TIME POINT (IN QUARTERS)
> tstar = -1/(p+q)*log(p/q)
> print(tstar)
(Intercept)
   33.77411
   > length(isales)
[1] 31
```

En nuestro cálculo, observaríamos que el pico ocurre en medio año. El número de trimestres que pasaron antes del pico de ventas es 31.

Conclusión

En este capítulo, llevamos a cabo una extensa explicación del modelo Bass. Además, una explicación de cómo utilizar el modelo Bass para determinar el futuro de las ventas y calcular el pico de ventas en el negocio. En el siguiente capítulo, examinamos cómo se extraen las dimensiones en Ciencia de datos.

Capítulo Nueve

Extraer Dimensiones: Discriminante y Análisis de Factores

E ste capítulo cubre el análisis de grandes conjuntos de datos. Explica en detalle todo lo que hay que saber sobre el análisis de datos de gran tamaño. Estaríamos utilizando los dos enfoques comunes del análisis de datos de gran tamaño: análisis discriminatorio y análisis de factores. Los dos datos nos ayudarían a comprender los componentes estructurales más importantes de cualquier big data. En el análisis discriminante, por ejemplo, estaríamos desarrollando modelos que nos ayudarían a agrupar el tamaño de la población en dos componentes amplios: machos vs. mujeres, inmigrantes contra indigene y así sucesivamente. Con el análisis de factores, seríamos capaces de batir grandes datos sobre la población en variables explicativas. Estos son los esquemas que se tratarán en este capítulo:

- Análisis discriminatorio
- Notación y Asunción
- Función discriminante
- Eigensystem
- Análisis de factores

- Diferencia entre el análisis discriminante y el análisis de factores

- Rotación del factor

Análisis discriminatorio

El análisis discriminatorio es un intento de explicar los datos categóricos mediante la creación de una división dicotómica de observaciones. Por ejemplo, supongamos que queremos dividir nuestros datos empresariales grandes en dos categorías. Una categoría es para los malos acreedores, y la otra es para los buenos acreedores. En DA, los acreedores malos y buenos se conocen como variables dependientes o variables de criterio. La variable que utilizamos para explicar la división en la variable de criterio se conoce como variable explicativa o predictora. Podemos suponer que la variable de criterio son las variables del lado izquierdo, mientras que la variable explicativa son las variables de la derecha.

La propiedad significativa de DA es que las variables de la izquierda son cualitativas. Esto implica que, aparte de su valor numérico, son naturalmente de buenas cualidades. Un buen ejemplo de cómo funciona la AGENDA es el proceso de admisión de las universidades y otras instituciones terciarias. Cada universidad tiene un corte específico para cada departamento que un estudiante podría querer solicitar. La marca de corte es lo que separa al estudiante que sería admitido de aquellos que no serán admitidos. Ahora, esta marca de corte se determina con la ayuda del fiscal.

En un término muy simple, DA es la herramienta que se utilizan variables explicativas cuantitativas para explicar las variables de criterio cualitativas. Esto no significa que DA sólo funciona con dos categorías. El número de categorías que utilizamos DA no se limita a solo dos; comienza a partir de dos o más.

Notación y unssumption

Supongamos que hay N grupos o categorías indexadas por i á 2...N.

En cada uno de los grupos N, hay observaciones yj, indexadas por j a 1...Mi. Tenga en cuenta que el grupo no necesita necesariamente tener el mismo tamaño.

Tenemos un conjunto de predictores o explicaciones x a [x1,x2,...,xK]. Debe haber una razón válida para elegir esto para que y pueda tener un grupo donde pertenece. Por lo tanto, el valor de la variable kth para el grupo i, observación j, se denota como xijk.

Las observaciones deben ser mutuamente excluyentes. Esto implica que cada miembro de un grupo no puede pertenecer al otro grupo.

Cov(xi) - Cov(xj). es decir, la variable explicativa de todos los grupos tiene la misma matriz de covarianza K-K.

Discriminante Función

El enfoque principal de DA es encontrar una función discriminante que mejor defina y separe un grupo del otro. El enfoque más común es utilizar un DAlineal. Aunque , la función podría ser no lineal. La función del DA toma esta fórmula:

$$D = a_1 x_1 + a_2 x_2 + \ldots + a_K x_K = \sum_{k=1}^{K} a_k x_k$$

El peso discriminante son los coeficientes **ak.**

Para llevar a cabo nuestro análisis, necesitaríamos una puntuación para el corte C. Tomemos, por ejemplo, N . Esto implica que hay 2 grupos, la observación caería en el grupo uno si D >C mientras que caerá en el grupo dos si D - C.

Por lo tanto, la función **de objetivo** es seleccionar el valor de la clasificación de forma que se reduzca el error de clasificación.

La fórmula C - D ('xk';' ak es la fórmula de un **hiperplano** que divide el espacio de observación en diferentes partes dependiendo del número de grupos con los que estamos tratando. Si nos ocupamos de dos grupos, el espacio de observación se dividiría en dos partes.

Implementación con R

En esta sección, estaríamos usando datos para los 64 mejores equipos en el torneo de la NCAA 2005-06 y luego implementaríamos un modelo de función discriminante en los datos. Los datos del programa son los siguientes:

	GMS	PTS	REB	AST	TO	A.T	STL	BLK	PF	FG	FT	X3P
1	6	84.2	41.5	17.8	12.8	1.39	6.7	3.8	16.7	0.514	0.664	0.417
2	6	74.5	34.0	19.0	10.2	1.87	8.0	1.7	16.5	0.437	0.753	0.361
3	5	77.4	35.4	13.6	11.0	1.24	5.4	4.2	16.6	0.479	0.702	0.376
4	5	80.8	37.8	13.0	12.6	1.03	8.4	2.4	19.8	0.445	0.783	0.329
5	4	79.8	35.0	15.8	14.5	1.09	6.0	6.5	13.3	0.542	0.759	0.397
6	4	72.8	32.3	12.8	13.5	0.94	7.3	3.5	19.5	0.510	0.663	0.400
7	4	68.8	31.0	13.0	11.3	1.16	3.8	0.8	14.0	0.467	0.753	0.429
8	4	81.0	28.5	19.0	14.8	1.39	6.8	3.3	18.8	0.509	0.762	0.467
9	3	62.7	36.0	8.3	15.3	0.54	8.0	4.7	19.7	0.407	0.716	0.328
10	3	65.3	26.7	13.0	14.0	0.93	11.3	5.7	17.7	0.409	0.827	0.377
11	3	75.3	29.0	18.0	13.0	1.23	8.0	0.3	17.7	0.483	0.827	0.476
12	3	65.7	41.3	8.7	14.3	0.60	9.3	4.3	19.7	0.360	0.692	0.279
13	3	59.7	34.7	13.3	16.7	0.80	4.7	2.0	17.3	0.472	0.579	0.357
14	3	88.0	33.3	17.0	11.3	1.50	6.7	1.3	19.7	0.508	0.696	0.358
15	3	76.3	27.7	16.3	11.7	1.40	7.0	3.0	18.7	0.457	0.750	0.405
16	3	69.7	32.7	16.3	12.3	1.32	8.3	1.3	14.3	0.509	0.646	0.308
17	2	72.5	33.5	15.0	14.5	1.03	8.5	2.0	22.5	0.390	0.667	0.283
18	2	69.5	37.0	13.0	13.5	0.96	5.0	5.0	14.5	0.464	0.744	0.250
19	2	66.0	33.0	12.0	17.5	0.69	8.5	6.0	25.5	0.387	0.818	0.341
20	2	67.0	32.0	11.0	12.0	0.92	8.5	1.5	21.5	0.440	0.781	0.406
21	2	64.5	43.0	15.5	15.0	1.03	10.0	5.0	20.0	0.391	0.528	0.286
22	2	71.0	30.5	13.0	10.5	1.24	8.0	1.0	25.0	0.410	0.818	0.323
23	2	80.0	38.5	20.0	20.5	0.98	7.0	4.0	18.0	0.520	0.700	0.522
24	2	87.5	41.5	19.5	16.5	1.18	8.5	2.5	20.0	0.465	0.667	0.333
25	2	71.0	40.5	9.5	10.5	0.90	8.5	3.0	19.0	0.393	0.794	0.156
26	2	60.5	35.5	9.5	12.5	0.76	7.0	0.0	15.5	0.341	0.760	0.326
27	2	79.0	33.0	14.0	10.0	1.40	3.0	1.0	18.0	0.459	0.700	0.409
28	2	74.0	39.0	11.0	9.5	1.16	5.0	5.5	19.0	0.437	0.660	0.433
29	2	63.0	29.5	15.0	9.5	1.58	7.0	1.5	22.5	0.429	0.767	0.283
30	2	68.0	36.5	14.0	9.0	1.56	4.5	6.0	19.0	0.398	0.634	0.364
31	2	71.5	42.0	13.5	11.5	1.17	3.5	3.0	15.5	0.463	0.600	0.241
32	2	60.0	40.5	10.5	11.0	0.95	7.0	4.0	15.5	0.371	0.651	0.261
33	2	73.5	32.5	13.0	13.5	0.96	5.5	1.0	15.0	0.470	0.684	0.433
34	1	70.0	30.0	9.0	5.0	1.80	6.0	3.0	19.0	0.381	0.720	0.222
35	1	66.0	27.0	16.0	13.0	1.23	5.0	2.0	15.0	0.433	0.533	0.300
36	1	68.0	34.0	19.0	14.0	1.36	9.0	4.0	20.0	0.446	0.250	0.375
37	1	68.0	42.0	10.0	21.0	0.48	6.0	5.0	26.0	0.359	0.727	0.194
38	1	53.0	41.0	8.0	17.0	0.47	9.0	1.0	18.0	0.333	0.600	0.217
39	1	77.0	33.0	15.0	18.0	0.83	5.0	0.0	16.0	0.508	0.250	0.450
40	1	61.0	27.0	12.0	17.0	0.71	8.0	3.0	16.0	0.420	0.846	0.400
41	1	55.0	42.0	11.0	17.0	0.65	6.0	3.0	19.0	0.404	0.455	0.250
42	1	47.0	35.0	6.0	17.0	0.35	9.0	4.0	20.0	0.298	0.750	0.160
43	1	57.0	37.0	8.0	24.0	0.33	9.0	3.0	12.0	0.418	0.889	0.250
44	1	62.0	33.0	8.0	20.0	0.40	8.0	5.0	21.0	0.391	0.654	0.500
45	1	65.0	34.0	17.0	17.0	1.00	11.0	2.0	19.0	0.352	0.500	0.333
46	1	71.0	30.0	10.0	10.0	1.00	7.0	3.0	20.0	0.424	0.722	0.348
47	1	54.0	35.0	12.0	22.0	0.55	5.0	1.0	19.0	0.404	0.667	0.300
48	1	57.0	40.0	2.0	5.0	0.40	5.0	6.0	16.0	0.353	0.667	0.500
49	1	81.0	30.0	13.0	15.0	0.87	9.0	1.0	29.0	0.426	0.846	0.350
50	1	62.0	37.0	14.0	18.0	0.78	7.0	0.0	21.0	0.453	0.556	0.333
51	1	67.0	37.0	12.0	16.0	0.75	8.0	2.0	16.0	0.353	0.867	0.214
52	1	53.0	32.0	15.0	12.0	1.25	6.0	3.0	16.0	0.364	0.600	0.368

53	1	73.0	34.0	17.0	19.0	0.89	3.0	3.0	20.0	0.520	0.750	0.391
54	1	71.0	29.0	16.0	10.0	1.60	10.0	6.0	21.0	0.344	0.857	0.393
55	1	46.0	30.0	10.0	11.0	0.91	3.0	1.0	23.0	0.365	0.500	0.333
56	1	64.0	35.0	14.0	17.0	0.82	5.0	1.0	20.0	0.441	0.545	0.333
57	1	64.0	43.0	5.0	11.0	0.45	6.0	1.0	20.0	0.339	0.760	0.294
58	1	63.0	34.0	14.0	13.0	1.08	5.0	3.0	15.0	0.435	0.815	0.091
59	1	63.0	36.0	11.0	20.0	0.55	8.0	2.0	18.0	0.397	0.643	0.381
60	1	52.0	35.0	8.0	8.0	1.00	4.0	2.0	15.0	0.415	0.500	0.235
61	1	50.0	19.0	10.0	17.0	0.59	12.0	2.0	22.0	0.444	0.700	0.300
62	1	56.0	42.0	3.0	20.0	0.15	2.0	2.0	17.0	0.333	0.818	0.200
63	1	54.0	22.0	13.0	10.0	1.30	6.0	1.0	20.0	0.415	0.889	0.222
64	1	64.0	36.0	16.0	13.0	1.23	4.0	0.0	19.0	0.367	0.833	0.385

Ahora ejecutaremos parte del comando almacenado en la **lda. R** en el programa

```
ncaa = read.table("ncaa.txt",header=TRUE)
x = as.matrix(ncaa[4:14])
y1 = 1:32
y1 = y1*0+1
y2 = y1*0
y = c(y1,y2)

library(MASS)
dm = lda(y~x)
```

Por lo tanto, los primeros 32 miembros del equipo formarían nuestra categoría 1 (y-1), los últimos 32 formarían la categoría 2 (y-0). El resultado de nuestro análisis discriminante es:

```
> lda(y~x)
Call:
lda(y ~ x)

Prior probabilities of groups:
  0   1
0.5 0.5

Group means:
      xPTS      xREB     xAST      xTO      xA.T     xSTL  xBLK      xPF
0 62.10938 33.85938 11.46875 15.01562 0.835625 6.609375 2.375 18.84375
1 72.09375 35.07500 14.02812 12.90000 1.120000 7.037500 3.125 18.46875
       xFG       xFT      xX3P
0 0.4001562 0.6685313 0.3142187
1 0.4464375 0.7144063 0.3525313

Coefficients of linear discriminants:
```

Podemos extraer algún resultado útil de la siguiente manera:

```
> result = lda(y~x)
> result$prior
  0   1
0.5 0.5
> result$means
      xPTS      xREB     xAST      xTO      xA.T     xSTL  xBLK      xPF
0 62.10938 33.85938 11.46875 15.01562 0.835625 6.609375 2.375 18.84375
1 72.09375 35.07500 14.02812 12.90000 1.120000 7.037500 3.125 18.46875
       xFG       xFT      xX3P
0 0.4001562 0.6685313 0.3142187
1 0.4464375 0.7144063 0.3525313
> result$call
lda(formula = y ~ x)
> result$N
[1] 64
> result$svd
[1] 7.942264
```

El valor de descomposición del valor singular se encuentra en la última línea. Este es también el nivel discriminante de Fisher que proporciona la relación entre y dentro de la desviación estándar del grupo en las variables discriminantes lineales. Los cuadrados de estos valores discriminantes lineales son las estadísticas F canónicas.

Confusión Matrix

La matriz de confusión se ha explicado previamente en este estudio. Es una presentación tabular de valores reales y predichos. El siguiente comando R se utilizaría para generar la matriz de confusión para el equipo de baloncesto en nuestro ejemplo anterior.

```
> result = lda(y~x)
> y_pred = predict(result)$class
> length(y_pred)
[1] 64
> table(y,y_pred)
   y_pred
y    0  1
  0 27  5
  1  5 27
```

En el comando anterior, observaríamos que tanto 5 como 64 han sido clasificados erróneamente. Para evaluar esto, estaríamos calculando las estadísticas x2 para la matriz de confusión. Para ello, primero definiríamos la matriz de confusión como

$$E = \begin{bmatrix} 16 & 16 \\ 16 & 16 \end{bmatrix}$$

La matriz anterior muestra cierta capacidad de clasificación. Sin embargo, ¿qué sucede cuando nuestro modelo no tiene ninguna capacidad de confusión? Esto significa que nuestra matriz no tendría ninguna relación entre las filas ycolumnas; por lo tanto, el número medio se dibujaría en función del total de filas y columnas. Dado que el total de filas y columnas para nuestro programa es 32, nuestra matriz sin capacidad de confusión se vería así:

$$A = \begin{bmatrix} 27 & 5 \\ 5 & 27 \end{bmatrix}$$

El número total de diferencias normalizadas cuadradas en la celda de una matriz individual es **Estadísticas de texto**. La fórmula para esto es:

$$\text{Test-Stat} = \sum_{i,j} \frac{[A_{ij} - E_{ij}]^2}{E_{ij}}$$

Dividirse en Multiple Groups

Si queremos dividir nuestro equipo de la NCAA en grupos, por ejemplo, queremos dividir el grupo en cuatro, simplemente usamos los siguientes comandos:

```
> y1 = rep(3,16)
> y2 = rep(2,16)
> y3 = rep(1,16)
> y4 = rep(0,16)
> y = c(y1,y2,y3,y4)
> res = lda(y~x)
> res
Call:
lda(y ~ x)

Prior probabilities of groups:
   0    1    2    3
0.25 0.25 0.25 0.25

Group means:
    xPTS     xREB     xAST     xTO      xA.T     xSTL    xBLK     xPF     xFG
0 61.43750 33.18750 11.93750 14.37500 0.888750 6.12500 1.8750 19.5000 0.4006875
1 62.78125 34.53125 11.00000 15.65625 0.782500 7.09375 2.8750 18.1875 0.3996250
2 70.31250 36.59375 13.50000 12.71875 1.094375 6.84375 3.1875 19.4375 0.4223750
3 73.87500 33.55625 14.55625 13.08125 1.145625 7.23125 3.0625 17.5000 0.4705000
       xFT      xX3P
0 0.7174375 0.3014375
1 0.6196250 0.3270000
2 0.7055625 0.3260625
```

```
3  0.7232500  0.3790000

Coefficients of linear discriminants:
            LD1           LD2           LD3
xPTS   -0.03190376   -0.09589269   -0.03170138
xREB    0.16962627    0.08677669   -0.11932275
xAST    0.08820048    0.47175998    0.04601283
xTO    -0.20264768   -0.29407195   -0.02550334
xA.T    0.02619042   -3.28901817   -1.42081485
xSTL    0.23954511   -0.26327278   -0.02694612
xBLK    0.05424102   -0.14766348   -0.17703174
xPF     0.03678799    0.22610347   -0.09608475
xFG    21.25583140    0.48722022    9.50234314
xFT     5.42057568    6.39065311    2.72767409
xX3P    1.98050128   -2.74869782    0.90901853

Proportion of trace:
  LD1     LD2     LD3
0.6025  0.3101  0.0873
> predict(res)$class
 [1] 3 3 3 3 3 3 3 3 1 3 3 2 0 3 3 3 0 3 2 3 2 2 3 2 2 0 2 2 2 2 2 2 3 1 1 1 0 1
[39] 1 1 1 1 1 1 1 1 0 2 2 0 0 0 2 0 0 2 0 1 0 1 1 0 0
Levels: 0 1 2 3
> y
 [1] 3 3 3 3 3 3 3 3 3 3 3 3 3 3 3 3 3 3 2 2 2 2 2 2 2 2 2 2 2 2 2 2 2 2 1 1 1 1 1 1
[40] 1 1 1 1 1 1 1 1 1 0 0 0 0 0 0 0 0 0 0 0 0 0 0 0 0
> y_pred = predict(res)$class
> table(y,y_pred)
   y_pred
y   0  1  2  3
  0 10  3  3  0
  1  2 12  1  1
  2  2  0 11  3
  3  1  1  1 13
```

Eigen Systems

Aquí, exploraremos algunos componentes de matrices que nos
ayudarían en la clasificación de datos. Para empezar, primero
descargaríamos la fecha de tasa de interés del Tesoro del sitio web
de FRED: http://research.stlouisfed.org/fred2/. Esto se puede evaluar
en un archivo denominado tryrates.txt. Después de esto, simplemente
leemos el archivo

```
> rates = read.table("tryrates.txt",header=TRUE)
> names(rates)
[1] "DATE"    "FYGM3"   "FYGM6"   "FYGT1"   "FYGT2"   "FYGT3"   "FYGT5"   "FYGT7"
```

•AV-AV

Comenzando con la matriz A, la descomposición para el valor propio sería tanto V como . Para la Matriz M, estaríamos encontrando tanto el valor propio como los autovectores, ya que no hay explicación o ecuación para esto. Por lo tanto, requeriríamos que el número 0. Luego estableceríamos la Matriz A como la matriz de covarianza para las tasas de diferentes vencimientos.

```
> eigen(cov(rates))
$values
[1] 7.070996e+01 1.655049e+00 9.015819e-02 1.655911e-02 3.001199e-03
[6] 2.145993e-03 1.597282e-03 8.562439e-04

$vectors
             [,1]         [,2]         [,3]         [,4]         [,5]         [,6]
[1,]  -0.3596990  -0.49201202   0.59353257  -0.38686589  -0.34419189  -0.07045281
[2,]  -0.3581944  -0.40372601   0.06355170   0.20153645   0.79515713   0.07823632
[3,]  -0.3875117  -0.28678312  -0.30984414   0.61694982  -0.45913099   0.20442661
[4,]  -0.3753168  -0.01733899  -0.45669522  -0.19416861   0.03906518  -0.46590654
[5,]  -0.3614653   0.13461055  -0.36505588  -0.41827644  -0.06076305  -0.14203743
[6,]  -0.3405515   0.31741378  -0.01159915  -0.18845999  -0.03366277   0.72373049
[7,]  -0.3260941   0.40838395   0.19017973  -0.05000002   0.16835391   0.09196861
[8,]  -0.3135530   0.47616732   0.41174955   0.42239432  -0.06132982  -0.42147082
             [,7]         [,8]
[1,]   0.04282858   0.03645143
[2,]  -0.15571962  -0.03744201
[3,]   0.10492279  -0.16540673
[4,]   0.30395044   0.54916644
[5,]  -0.45521861  -0.55849003
[6,]  -0.19935685   0.42773742
[7,]   0.70469469  -0.39347299
[8,]  -0.35631546   0.13650940

> rcorr = cor(rates)
> rcorr
             FYGM3       FYGM6       FYGT1       FYGT2       FYGT3       FYGT5       FYGT7
FYGM3    1.0000000   0.9975369   0.9911255   0.9750889   0.9612253   0.9383289   0.9220409
FYGM6    0.9975369   1.0000000   0.9973496   0.9851248   0.9728437   0.9512659   0.9356033
FYGT1    0.9911255   0.9973496   1.0000000   0.9936959   0.9846924   0.9668591   0.9531304
FYGT2    0.9750889   0.9851248   0.9936959   1.0000000   0.9977673   0.9878921   0.9786511
FYGT3    0.9612253   0.9728437   0.9846924   0.9977673   1.0000000   0.9956215   0.9894029
FYGT5    0.9383289   0.9512659   0.9668591   0.9878921   0.9956215   1.0000000   0.9984354
FYGT7    0.9220409   0.9356033   0.9531304   0.9786511   0.9894029   0.9984354   1.0000000
FYGT10   0.9065636   0.9205419   0.9396863   0.9680926   0.9813066   0.9945691   0.9984927
             FYGT10
FYGM3    0.9065636
FYGM6    0.9205419
FYGT1    0.9396863
FYGT2    0.9680926
FYGT3    0.9813066
FYGT5    0.9945691
FYGT7    0.9984927
FYGT10   1.0000000
```

A continuación, calculamos los autovectores y los valores propios de la matriz de covarianza. Supongamos que la matriz de covarianza es el total de la tasa de conexión entre las tasas de vencimientos en nuestro conjunto de datos. Sin embargo, no sabemos el número de dimensiones presentes en estos datos. Para cada dimensión de la comunalidad, nos centramos en la importancia de la dimensión (valor propio) y la influencia de la dimensión en cada tasa (valor del eigenvector). La dimensión más alta de eigenvalue es la más importante. Esto también se conoce como "principal eigenvalue" con su correspondiente eigenvector principal. El valor propio y el autorvector son los que componen el par Eigen. Esta es la razón por la que se llama la "matriz de descomposición de valor propio".

Análisis de factores

Esto es simplemente el uso de la descomposición de eigenvalue para encontrar la estructura básica de los datos. Cuando tenemos un conjunto de datos de variables explicativas y de observación, utilizamos el análisis de factores para lograr la descomposición de estas dos propiedades:

En primer lugar, genere un conjunto de dimensiones reducidas de variables explicativas. Esto también se conoce como, factores extraídos, derivados o descubiertos. Los factores generados deben no estar correlacionados entre sí.

Generar reducción de datos. Esto implica que sugiere un conjunto limitado de variables. Para nuestro conjunto de variables, cada subconjunto es la manifestación de una dimensión subyacente abstracta.

Notación

Variables explicativas originales: xik,k a 1...K.

Observaciones: yi,i 1...N.

Factores: Fj, j 1...M.

M<K.

La idea

Observaremos por nuestra observación de los datos de tarifas que hay ocho tipos diferentes de tarifas. Ahora, para modelar los datos de cada uno de los ocho datos, necesitaríamos un controlador independiente que conduzca al factor subyacente K - 8. Sin embargo, esto iría en contra de la esencia del análisis de factores. El análisis de factores tiene como objetivo reducir el número de conductores existentes. Como resultado, iríamos con un valor más pequeño de factores M < K.

El enfoque más importante aquí es proyectar las variables x - RK en el conjunto de factores reducidos F - RM. Esto nos ayudaría a explicar la mayoría de las variables por los factores. Por lo tanto, lo que estamos buscando es una relación:

x - BF

B en la ecuación significa B ákj - RK-M es una matriz de factor "cargas" para las variables. Con la matriz B, podemos representar x en dimensión más pequeña M. Las entradas de la matriz B pueden ser negativas o positivas. Cuando las entradas son negativas, significa que las entradas están correlacionadas negativamente con los factores. Cuando es positivo, se correlaciona positivamente. Nuestro objetivo es utilizar la relación de y a una F reducida para reemplazar la correlación de y a x.

Una vez definido el conjunto de factores, las observaciones N y se pueden expresar en términos de factor a través de una matriz de puntuación de factor A .aij - RN-M en esta forma

y - AF

Además, la puntuación del factor puede ser positiva o negativa. Tenemos diferentes maneras en que se puede llevar a cabo la transformación de factores a variables. Observaríamos algunas de estas maneras a medida que avanzamos.

Análisis de componentes principales (PCA)
Análisis de componentes principales toma cada componente y lo ve como una combinación ponderada de las otras variables. Aunque no es así como se lleva a cabo la implementación de Análisis de Factores, es una de las formas más populares en el Análisis de Factores.

La matriz de covarianza es el punto de partida de PCA. El objetivo principal del ACP es extraer el principal autovector utilizando el análisis de valor propio de la matriz. El análisis se puede realizar utilizando el comando R. A continuación se muestra un ejemplo de esta acción:

```
> ncaa = read.table("ncaa.txt",header=TRUE)
> x = ncaa[4:14]
> result = princomp(x)
> screeplot(result)
> screeplot(result,type="lines")
```

The results are as follows:

```
> summary(result)
Importance of components:
                        Comp.1    Comp.2    Comp.3    Comp.4    Comp.5
Standard deviation    9.8747703 5.2870154 3.9577315 3.19879732 2.43526651
Proportion of Variance 0.5951046 0.1705927 0.0955943 0.06244717 0.03619364
Cumulative Proportion  0.5951046 0.7656973 0.8612916 0.92373878 0.95993242
                        Comp.6    Comp.7    Comp.8    Comp.9
Standard deviation    2.04505010 1.53272256 0.1314860827 1.06217 9e-01
Proportion of Variance 0.02552391 0.01433727 0.0001055113 6.885489e-05
Cumulative Proportion  0.98545633 0.99979360 0.9998991100 9.999680e-01
                        Comp.10    Comp.11
Standard deviation    6.591218e-02 3.007832e-02
Proportion of Variance 2.651372e-05 5.521365e-06
Cumulative Proportion  9.999945e-01 1.000000e-00
```

La Diferencia Between FA y PCA

La principal diferencia entre el PCA y el FA es que, para fines computacionales, el PCA asume que todas las variables son comunes con todos los factores únicos iguales fijados acero, mientras que FA asume que hay alguna variance. También, el PCA se puede tomar como un subconjunto de FA. El modelo FA seleccionado determina el nivel de varianza única. Por lo tanto, podemos resumir diciendo que el modelo FA es un sistema abierto mientras que PCA es un sistema cerrado. Los factores FA se centran en descomponer la matriz de correlación tanto en porciones únicas como en porciones comunes.

Rotación del factor

Cuando los factores se giran, a veces hace que las variables se carguen mejor en los factores. La mayoría de las veces, los factores llevan a cabo esta función automáticamente. Este tipo de acción se denomina rotación de factores.

Estos son los pasos para factorizar la rotación

Recuerde que las variables x se descomponieron de la siguiente manera:

x BF+e

Puesto que x es la dimensión K, B a RK-M, F - RM, y e es un vector de dimensión K. Esto significa que Cov(x) - BB+

Recuerde que la matriz de carga de factores es B. Si este es el caso, el sistema permanece inalterado si BG sustituye a b. Aquí G - RM-M y G son ortogonales. A continuación, llamamos a G una "rotación" de B.

Conclusión

El análisis discriminante y el análisis de factores son dos modelos importantes que han hecho de la extracción de big data una hazaña fácil. Este capítulo ha proporcionado una explicación exhaustiva de estos dos factores. En el siguiente capítulo, examinamose un tema interesante en Ciencia de datos: Subastas.

Capítulo 10

Subasta

E ste capítulo examina los diferentes tipos de formatos de subasta que tenemos y los diferentes principios de maximización de ingresos y teorías de ofertas asociadas con la subasta. Los esquemas que se tratarán en este capítulo incluyen:

- Subasta

- Tipos de subasta

- Cómo determinar los valores de la subasta

- Tipos de Licitantes

- Modelo de referencia

- Subasta matemáticas

- UPA y DPA

- Clics

Subastas

La subasta involucra algunas de las formas de mercado más antiguas hoy en día, pero todavía se utilizan ampliamente para el mecanismo de comercialización y la venta de activos. Hal Varian, economista jefe de Google (NYT, 1 de agosto de 2002),, dio una definición muy interesante de una subasta, declaró que "las subastas, una de las formas más antiguas de comprar y vender, han renacido y revitalizado en Internet.

Una de las subastas gestionadas por ordenador en línea más populares es eBay. Debido a su gran ventaja y su valor económico, se ha vuelto relativamente popular. Una subasta por ordenador en línea se puede utilizar para la comercialización de casi cualquier producto.

Características en subastas

Hay varias características en una subasta, pero la más importante es la información asimétrica entre el vendedor y el comprador. Aunque la suposición básica en la subasta es que el vendedor sabe más sobre el producto que el comprador, no es raro que los compradores tengan información diferente sobre el producto. Esto es a menudo porque los compradores siempre toman nota de la información negativa de otros oferentes. En este capítulo, examinaríamos cómo la información asimétrica desempeña un papel importante en la licitación de productos.

Igualmente significativo es el hecho de que el mecanismo de mercado para la subasta es relativamente explícito. Esto significa que los precios y los ingresos son consecuencias directas del diseño de la subasta. A diferencia de esto, otros mecanismos de mercado suelen ser más implícitos que explícitos. Un ejemplo muy común es el caso de los productos básicos. Aquí un mecanismo de mercado se basa en la demanda y la oferta.

Ejemplos de subastas

Tenemos varios ejemplos de una subasta activa, algunos de estos incluyen subasta de artes y objetos de valor, subastas de anuncios de Google, Valores del Tesoro, eBay, e incluso la Bolsa de Nueva York. Todos estos son buenos ejemplos de una subasta de llamadas continuas. Dependiendo del producto que se subasta, una subasta puede ser de una sola unidad o de varias. Un buen ejemplo de una subasta de una sola unidad son las artes, mientras que Treasury Securities es un ejemplo de múltiples subastas.

Tipos de subastas

Los principales tipos de la subasta incluyen:

Inglés (E), el mejor postor gana. Esta es una subasta abierta. Se llama subasta abierta porque la progresión de las pujas se revela a los participantes. Generalmente, el precio de los productos está en orden ascendente.

Neerlandés (D). Esto también es un tipo abierto de subasta. Sin embargo, los precios de los productos en este tipo de subasta están en orden descendente. El subastador comienza desde los precios más altos hasta los más bajos. El ganador de la oferta suele ser el primer postor.

Subasta sellada de precio (iP). Aquí, la oferta se sella y no se revela. El ganador del postor es el mejor postor.

2o precio de la puja sellada (2P): esto es muy similar al (iP). Sin embargo, la única diferencia entre los dos es que a diferencia de (iP) donde gana el primer mejor postor, aquí gana el segundo mejor postor.

Anglo-Holandés (AD): este tipo de subasta comienza como una subasta abierta, pero se sella cuando se deja con sólo dos oferentes.

Cómo determinar el valor de una subasta

Los dos aspectos más importantes de una subasta son el valor y el precio. Sin embargo, el valor de un producto a subastar sólo puede determinarse por la naturaleza del producto. Aquí hay dos de los modelos para determinar el valor de un producto que se subasta:

Modelo de valores privados independientes: este modelo indica que el licitador individual determina la valoración del producto. Esto es muy común con una subasta de arte

Modelo de valores comunes: Aquí, los licitadores tienen como objetivo descubrir el precio común del producto que se subasta. Esto se debe a que por lo general hay un mercado después donde se negocia el valor común. Un buen ejemplo de este modelo de subasta es Treasury Securities.

Tipos de Licitantes

Los tipos del licitador y la suposición hecha por los licitadores sobre el producto determinan los ingresos que se generarían a partir de la subasta. Hay dos tipos principales de postor:

Simétrico: En este tipo de licitador, los licitadores comparten la misma distribución de probabilidad de productos y precios stop-out (SP). Precio stop-out significa el precio de la puja ganadora más baja para la última unidad vendida. Esta suposición es muy buena cuando la competencia es alta.

No simétrico o asimétrico. Este tipo de pujador tiene una distribución de valores diferentes. Esto ocurre generalmente donde el mercado está segmentado. Un buen ejemplo es la licitación de empresas en el acuerdo de fusiones y adquisiciones.

Modelo de referencia (BM)

Benchmark Model es el modelo más simple que se puede utilizar para analizar subastas. Este modelo se basa en cuatro suposiciones principales. Los supuestos se explican a continuación:

Riesgo-neutralidad de los licitadores: esto implica que la función de utilidad no es necesaria en el análisis de la subasta

Modelo de valores privados: aquí, todos los pujadores son bienvenidos a su propio valor reservado para los productos. Esto implica que existe una distribución del valor privado del licitador.

Pujadores simétricos: todos los licitadores la misma distribución del valor del producto. Esto ya se explica en los tipos de oferentes.

El pago de los ganadores se basa únicamente en las pujas.

Propiedades y Resultados de Benchmark Model

D - iP, es decir, el precio Ist y el tipo de subasta holandesa son equivalentes a los licitadores. Esto se debe a que, en cada tipo de subasta, el licitador tiene que elegir qué tan alto o bajo pujaría sin el conocimiento de otros oferentes

En Benchmark Model, lo más importante es pujar de acuerdo a lo valioso que sea el producto para usted. Esto es obvio en D e iP porque ambos mecanismos no implican que los licitadores vean otras ofertas más bajas. Por lo tanto, el licitador puja de acuerdo con la importancia del producto para él o ella y ver si la oferta gana. En otros mecanismos como el 2P, cuando pujas demasiado alto, exageras, y cuando pujas demasiado bajo, pierdes. La mejor manera de pujar es de acuerdo a lo valioso que es el producto para usted. Para el mecanismo de subastaE-,es aconsejable seguir pujando hasta que el precio cruce su nivel de valoración.

Tipos de equilibrio:

Dominante: Esta es una situación en la que los licitadores pujan con respecto a su verdadera valoración delproducto, sin importar lo que otros licitadores están pujando. Satisfecho por E y 2P.

Nash: aquí, las ofertas se eligen de acuerdo con la mejor conjetura de la oferta de otros oferentes y hence satisfecho por D e iP.

Subasta matemáticas

Ahora nos alejaremos de la explicación teórica de la subasta y aplicaremos alguna fórmula de equilibrio de subasta. Para empezar, **F** sería la distribución de probabilidad de las ofertas, mientras que **vi** es el valor real del postor **ith** en un continuo **0** y **1**. Digamos que clasificamos a los oferentes en orden de su verdadera valoración **vi**. ¿Cómo definimos **F(vi)**? Tomemos, por ejemplo,, que la puja se extrae de una distribución beta F en v á (0,1) de modo que la probabilidad de una oferta muy baja y una oferta muy alta es menor que una oferta en torno a la media de la distribución. La diferencia esperada entre el primer y segundo mejor postor **v1** y **v2** es:

D -[1-F(v2)](v1 -v2)

Esto implica que la diferencia entre la primera y la segunda oferta se multiplicaría por la probabilidad de que v2 sea el segundo mejor postor. O suponemos que la probabilidad de ser que hay un postor más alto que v2. Ahora, desde la condición de primer orden, es decir, el punto de vista de los vendedores, nuestra fórmula es:

$$\frac{\partial D}{\partial v_1} = [1 - F(v_2)] - (v_1 - v_2)F'(v_1) = 0$$

Dado que los licitadores son simétricos en BM, v1 ad v2. •d significa equivalente en la distribución. Esto significa que:

$$v_1 - v_2 = \frac{1 - F(v_1)}{f(v_1)}$$

Dado que los ingresos esperados son equivalentes al segundo precio esperado, reorganizaríamos la ecuación para obtener nuestra ecuación para el segundo precio:

$$v_2 = v_1 - \frac{1 - F(v_1)}{f(v_1)}$$

Optimización por parte de los Licitantes

El objetivo principal de cualquier licitador i es averiguar la función /regla de licitación B que es una función del valor privado **vi** de tal manera que

bi - B(vi)

En la ecuación anterior, bi significa el postorreal; cuando haya cualquier n postor, tendremos

$$\Pr[\text{bidder } i \text{ wins}] = \Pr[b_i > B(v_j)], \quad \forall j \neq i,$$
$$= [F(B^{-1}(b_i))]^{n-1}$$

El objetivo de cada postor es maximizar su beneficio esperado en relación con la valoración real del producto. Esto es:

$$\pi_i = (v_i - b_i)[F(B^{-1}(b_i))]^{n-1} = (v_i - b_i)[F(v_i)]^{n-1},$$

Ahora vamos a invocar la noción de simetría de postor. El primer paso para esto es optimizar tomando el valor de "i/" bi á 0. Sólo podemos llegar a esta fórmula de optimización tomando primero la suma de todos los derivados de ganancias en relación con el valor del licitador de la siguiente manera:

$$\frac{d\pi_i}{dv_i} = \frac{\partial \pi_i}{\partial v_i} + \frac{\partial \pi_i}{\partial b_i}\frac{db_i}{dv_i} = \frac{\partial \pi_i}{\partial v_i}$$

Dado que el valor de beneficio con respecto a la valoración personal se reduce.

La derivación artística p se toma de esta ecuación:

$$\frac{\partial \pi_i}{\partial v_i} = [F(B^{-1}(b_i))]^{n-1}$$

A continuación, tomaremos vi como la oferta más baja, luego integraremos las dos ecuaciones anteriores para obtener:

$$\pi_i = \int_{v_i}^{v_i}[F(x)]^{n-1}\,dx$$

Cuando equiparamos la fórmula para el valor del beneficio esperado, tendríamos:

$$b_i = v_i - \frac{\int_{v_i}^{v_i}[F(x)]^{n-1}\,dx}{[F(v_i)]^{n-1}} = B(v_i)$$

Suponiendo que F es un uniforme, tendríamos:

$$B(v) = \frac{(n-1)v}{n}$$

Observaremos que nuestra oferta está a la sombra ligeramente de nuestra valoración personal. Esto implica que pujamos menos que el valor real del producto; esto daría espacio para el beneficio. Las pujas se incrementan a medida que el nivel. aumento de valor personal y aumento de los oferentes, es decir:

$$\frac{\partial B}{\partial v_i} > 0, \qquad \frac{\partial B}{\partial n} > 0$$

Subastas de Tesorería

Nuestra explicación anterior se basa en una subasta de una sola unidad. En esta sección, estaríamos pasando de una sola unidad a una de las unidades múltiples más populares, las subastas del Tesoro. Las subastas del Tesoro son los mecanismos empleados por el gobierno y otros organismos similares para emitir sus letras, bonos y notas. Por lo general, una subasta se realiza el miércoles. Esto implica que las ofertas se reciben hasta la tarde del día en que se subastarán. Después de lo cual las cantidades solicitadas se suministran a los principales licitadores hasta que no haya una oferta restante de valores. Antes de la subasta o el comercio, la subasta del Tesoro se conoce como promercado o cuando se emite. Es en este mercado que los licitadores obtienen una indicación de los precios que podrían resultar en una agrupación más estricta de la oferta en la subasta.

La subasta del Tesoro se compone de dos tipos amplios de distribuidores: los pequeños distribuidores independientes y los distribuidores principales. Los principales distribuidores implican casas de inversión, grandes bancos, etc. La mayoría de las veces, la subasta se juega entre los distribuidores principales. Los distribuidores principales ponen precios competitivos en el artículo a subasta mientras que los pequeños distribuidores independientes juegan con precios no competitivos.

Por lo general, el valor colocado en el artículo que se subasta se basa en información sobre el mercado secundario del artículo. El mercado secundario se produce inmediatamente después del mercado primario. Esto implica que el beneficio asumido que el artículo probablemente atraerá en el mercado secundario es lo que influyó en el precio del licitador en la subasta. El precio probable del artículo en el mercado secundario se suele obtener del mercado cuando se emite.

El ganador en el Treasury Securities a menudo se va con más pesar que placer porque él o ella es consciente de que él ha pujado con más dinero que se sobrejugó. En los valores del Tesoro, este fenómeno se conoce como la "maldición de los ganadores".." Antes de que se lleve a cabo la subasta, el gobierno federal y otros participantes en el Tesoro de Valores tratan de mitigar la 'maldición del ganador. Esto se debe a que alguien con menos propensión al arrepentimiento pujaría a at un precio más alto.

UPA o DPA

UPA significa "subasta uniforme de precios",mientras que DPA es sinónimo de "subasta de precios discriminatoria". DPA se utiliza principalmente y se prefiere más en valores del Tesoro, mientras que UPA sólo se introduce recientemente. Para DPA, el mejor postor obtiene su cantidad de oferta al precio por el que puja. El siguiente mejor postor obtiene lo mismo y esto continúa hasta el último postor y el último artículo. Esto implica que en Treasury Securities, cada ganador se llena a un precio, por lo tanto, el precio de las ofertas varía. Esto es lo que se conoce y se refiere como discriminatorio en el precio.

Sin embargo, para UPA, el mejor postor obtiene su cantidad de oferta al precio de stop-out, es decir, el precio de la última ganancia. El siguiente mejor postor también obtiene lo mismo hasta que se agote la oferta de valores del Tesoro. Esto significa que UPA utiliza una subasta de precio único.

Aunque DPA tiende a producir más ingresos, UPA ha demostrado ser más exitoso. Esto se debe a que la maldición de los ganadores se mitiga en UPA. Todos los oferentes pujan lo mismo, a diferencia de DPA iban a ganar, tendría que pagar más que otros oferentes.

Diseño de Mecanismos

Para lograr un buen mecanismo de subasta, tenga en cuenta lo siguiente:

- El precio de partida del artículo a subastar.

- ¿La colusión está contenida al mínimo?

- ¿Hay una revelación de valor veraz? Esto también se conoce como "ofertaveraz" . "

- ¿El producto es eficiente? es decir, la maximización de la utilidad del subastador y los licitadores

- ¿Es demasiado caro para jugar?

- Equidad a ambos lados, ya sea grande o pequeño, alto o bajo.

Clics (Subastas publicitarias)

Uno de los programas populares que permite la creación fácil de anuncios que aparecerían en sitios importantes como la página de resultados de búsqueda de Google y otros sitios relacionados es el programa de Google AdWords. Google AdWords es diferente del programa Google AdSense. Google AdSense es el que entrega Google AdWords a otros sitios. Según el tipo de anuncio que se muestre en el sitio, Google paga a los editores web en función del número de clics y del número de impresiones recopiladas por el anuncio.

En esta sección, estaríamos explicando algunas de las características básicas de un modelo de anuncio de motor de búsqueda utilizando el documento de investigación escrito por Aggarwal, Goel y Motwani (2006).

Hay tres etapas de la experiencia de la página de búsqueda utilizado por el programa de anuncios motor de búsqueda. Estas etapas incluyen el costo por clic (CPC), el costo por miles de vistas (CPM) y el costo por adquisición (CPA). Entre estostres, CPC es el más utilizado. En CPC, tenemos dos modelos:

a) Clasificación de ingresos (el modelo de Google)

b). Clasificación directa (modelo de obertura).

El comerciante paga el siguiente precio de clic. Este precio es diferente del de la segunda subasta. Sin embargo, esta declaración no es así en la clasificación de ingresos,, como se vería en nuestro ejemplo.

Asimétrico: no hay incentivo para sobrepasaran, sólo para

Iterativo: esta es una situación en la que un postor realiza muchas ofertas y observa la respuesta de estas ofertas. La razón de esto es descubrir el orden de las ofertas por otros oferentes. Pero esto no es tan simple como parece. De hecho, Google a menudo proporciona el estimulador de pujas de Google o GBS para que los vendedores puedan utilizar AdWords fácilmente para calcular las pujas óptimas.

La utilidad de los subastadores y comerciantes w III se maximizarán si la clasificación de ingresos es verdadera. Esto se conoce como eficiencia de subasta

Innovación: la subasta con escaleras. El peso aleatorio se adjunta a las pujas. Esto implica que si la suma de peso es 1, entonces el tipo de clasificación utilizada es la clasificación directa. Sin embargo, si se trata de CTR, es decir, Click Through Rate, entonces el tipo de clasificación utilizada es ingresos-basado, clasificación de ingresos.

Los siguientes pasos resaltados a continuación pueden ser utilizados por los comerciantes para averiguar el costo máximo por clic (CPA) de cada uno.

CPA máximo rentable. Esto es simplemente el margen de beneficio en el producto. Por ejemplo, si el precio de coste del producto es #200 y el precio de venta es #300, el margen de beneficio es simplemente #100. Esta es también la cantidad máxima que un vendedor pagaría por el CPA.

Tasa de conversión (CR). CR es simplemente la tarifa recopilada en función del número de veces que un clic da como resultado una venta. Para calcular esto, simplemente dividimos el número de ventas por el número de clics. Por ejemplo, si por cada 100 clics, se registran 5 ventas. El CR es del 5%.

Valor por clic (VPR). Esto es simplemente el CR multiplicado por el CPA. Usando nuestro ejemplo, nuestro VPR es simplemente 005 x 100o #5

Determinar el beneficio-maximizar la oferta de CPC. Cuanto más se reduzca la puja, mayor es la reducción del número de clics y más se reducirá el CPC y los ingresos. Sin embargo, esto podría no afectar el beneficio porque es posible que el beneficio después de la adquisición aumente. Podemos utilizar fácilmente el simulador de pujas de Google para encontrar el número de clics esperados en cada turno. Además, es importante tener en cuenta que el precio que puja no es el mismo que el precio de un clic. Esto se debe a que se basa en la clasificación de ingresos, es decir, una subasta de próximo precio. Por lo tanto, el modelo de Google determina el precio real que se pagaría. La ecuación para los beneficios es:

(VPC - CPC) - #Clicks (CPA - CR - CPC) - #Clicks

Por lo tanto, para una oferta #4, el beneficio sería:

(5 x 407,02/154) 154 a 362,98 dólares

El CPC de la subasta de siguiente precio se basa en el precio del clic justo después de realizar una oferta. Esto implica que,si, por ejemplo, la puja ganadora es para la posición j en la pantalla de búsqueda, el precio pagado es el de la oferta ganadora en la posición j +1.

Subasta con escaleras

La idea principal de una subasta escalonada es establecer la posición de CPC como:

$$p_i = \sum_{j=i}^{K} \left(\frac{CTR_{i,j} - CTR_{i,j+1}}{CTR_{i,i}} \right) \frac{w_{j+1} b_{j+1}}{w_i}, \quad 1 \leq i \leq K$$

so that

$$\frac{\#Clicks_i}{\#Impressions_i} \times p_i = CTR_{ii} \times p_i = \sum_{j=i}^{K} (CTR_{i,j} - CTR_{i,j+1}) \frac{w_{j+1} b_{j+1}}{w_i}$$

Los ingresos esperados a Google por impresión de anuncio es **el lhs**. El objetivo del modelo es maximizar los ingresos para Google y, al mismo tiempo,, hacer que el sistema de subastas sea muy fácil y eficaz para los comerciantes. Si el resultado de la subasta es un equilibrio veraz, este es un buen resultado para Google. Tenga en cuenta que los pesos **wi** son arbitrarios.

Conclusión

De nuestra explicación hasta ahora, es obvio que la subasta todavía está de moda y aún no se ha desviado. Además, se necesita cierta maestría y habilidades para poder realizar eficazmente en cualquier subasta. La ciencia de datos es, de hecho, un dominio que abarca todo. En el siguiente capítulo se examinan las variables dependientes limitadas.

Capítulo 11

Variables Dependientes Limitadas

En este capítulo se examinan los diferentes enfoques para crear y trabajar con variables dependientes. El capítulo abarca los siguientes esquemas:

- Variables dependientes limitadas

- Logit

- Prohit

- Laderas

Variables dependientes limitadas

Las variables dependientes están limitadas cuando las variables son discretas, binomiales o multinomiales. Sin embargo, la mayoría de las veces, usamos las variables continuas para que la variable dependiente (y) ejecute una regresión. Un buen ejemplo es cuando hacemos regresiones sobre un ingreso de educación. Por lo tanto, necesitaremos un enfoque diferente para ejecutar la regresión en estos tipos de variables.

Un tipo único de variables dependientes limitadas son variables dependientes discretas. Algunos de los ejemplos de modelos que utilizan esta variable dependiente son el modelo Logit y Prohit. A menudo se denominan modelos de respuesta cualitativa (QR).

Una variable dependiente discreta a menudo se produce como binaria tomando valores de .0,1o. Cuando retrocedemos esto, obtenemos un modelo de probabilidad. Sin embargo, si simplemente retrocedemos del lado izquierdo de uno y cero en un conjunto de variables del lado derecho, esto podría encajar como regresión lineal. Si tomamos otra observación con el valor del lado derecho, por ejemplo, x á x1,x2,..., xk-podríamos usar el coeficiente ajustado para calcular el valor de las variables y. Excepto por coincidencia inusual, el valor no sería 0 o 1.

En una variable dependiente limitada, también explicaríamos el motivo de los resultados en la asignación de categorías. También hay una relación entre variables dependientes limitadas y modelos clasificadores. Esto se debe a que los modelos clasificadores se centran en asignar la observación a categorías, en la misma línea algunos ejemplos de variables dependientes limitadas se centran en explicar si una empresa está sindicada o no, si una persona está empleada o no, y si una empresa es o no solvente y así sucesivamente.

Es importante tener en cuenta que la mayoría de las veces, estos valores ajustados podrían ni siquiera estar entre 0 y 1 en regresión lineal. Esto significa que podríamos elegir una regresión no lineal para asegurarnos de que el valor ajustado de y está restringido a 0 y 1. Después de esto, podríamos conseguir un modelo y encajar en una probabilidad. Paralograrlo, utilizamos cualquiera de los dos modelos mencionados en nuestra explicación, es decir, Logit o Prohit.

Logistica

Esto también se conoce como regresión logística. Este tipo de modelo toma la forma resaltada a continuación:

$$y = \frac{e^{f(x)}}{1 + e^{f(x)}}, \quad f(x) = \beta_0 + \beta_1 x_1 + \ldots \beta_k x_k$$

Nuestro enfoque aquí es encajar en el coeficiente de 0, 1,....,.k. Tenga en cuenta que esto se haría independientemente de los coeficientes (x) - , pero y - (0,1). Cuando f (x) , ,y - 0, y cuando f(x) - +,y - 1. Este modelo se puede reescribir como

$$y = \frac{e^{\beta' x}}{1 + e^{\beta' x}} \equiv \Lambda(\beta' x)$$

Aquí es el punto de mira de logit.

El modelo genera una curva en forma de S que se puede trazar de esta forma

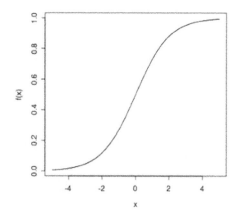

La probabilidad de que y-1 sea el valor ajustado de y.

Prohit

Esto es muy similar al Logit excepto que la distribución normal reemplaza la función de probabilidad. La ecuación para la ecuación no lineal es la siguiente:

y á [f(x)], f(x) á0 + x 1x1 + ... kx

La función normal acumulativa probablemente está representada por el signo . Al igual que el modelo de Logit, independientemente de los coeficientes, f(x) - (o , +) , pero y - (0, 1). Cuando f(x) → ,,y-0, y cuando f(x)-+,y-1.

Análisis

Los dos modelos Prohit y Logit explican cómo estableceríamos en nuestro modelo binario, es decir:

Pr[y s 1] - F(-1x)

Donde x representa el vector de variables explicativas, es un vector decoeficiente, y F es la función Prohit/Logit.

y- á F(-1x)

y- representa el valor ajustado de una x e y dada. En cualquiera de estos casos, la función del Logit o Prohitpermanece, como hemos indicado anteriormente. Por supuesto

Pr[y á 0] á 1-F(x)

Este modelo puede expresarse en forma de expectativa condicional como

E[y-x] á F(-1x)(y-1)+[1-F(-1x)](y-0) - F(-1x)

Laderas

Es muy fácil observar cómo cambian las variables dependientes cada vez que hay un cambio en las variables del lado derecho en la regresión lineal. Esto no es así con los modelos no lineales. Para comenzar con la regresión lineal, recordemos que el valor **de y** se encuentra dentro del rango de (0, 1). Nuestra preocupación ahora está en cómo cualquier cambio en el valor de las variables explicativas conduce a un cambio en E(y-x). En primer lugar, tomaríamos la derivada como:

$$\frac{\partial E(y|x)}{\partial x} = F'(\beta'x)\beta = f(\beta'x)\beta$$

Ahora calcularemos esto como el medio del regresor para cada modelo. El resultado del modelo Logit es el siguiente:

```
(C1)  F:  exp(b*x)/(1+exp(b*x));
```

$$(D1) \qquad \frac{\%E^{b\,x}}{\%E^{b\,x} + 1}$$

```
(C2)  diff(F,x);
```

$$(D2) \qquad \frac{b\,\%E^{b\,x}}{\%E^{b\,x} + 1} - \frac{b\,\%E^{2\,b\,x}}{(\%E^{b\,x} + 1)^2}$$

Esto se puede escribir como:

$$\frac{\partial E(y|x)}{\partial x} = \beta \left(\frac{e^{\beta' x}}{1 + e^{\beta' x}} \right) \left(1 - \frac{e^{\beta' x}}{1 + e^{\beta' x}} \right)$$

$$\frac{\partial E(y|x)}{\partial x} = \beta \cdot \Lambda(\beta' x) \cdot [1 - \Lambda(\beta' x)]$$

Esto se puede reescribir como:

$$\frac{\partial E(y|x)}{\partial x} = \phi(\beta' x)\beta$$

```
> h = glm(y~x, family=binomial(link="logit"))
> beta = h$coefficients
> beta
(Intercept)          xPTS          xREB          xAST          xTO
-45.83315262   -0.06127422    0.49037435    0.16421685   -0.38404689
       xA.T          xSTL          xBLK           xPF           xFG
 1.56351478    0.78359670    0.07867125    0.02602243   46.21373793
        xFT          xX3P
10.72992472    5.41984900
```

```
> dim(x)
[1] 64 11
> beta = as.matrix(beta)
> dim(beta)
[1] 12  1
> wuns = matrix(1,64,1)
> x = cbind(wuns,x)
> dim(x)
[1] 64 12
> xbar = as.matrix(colMeans(x))
> dim(xbar)
[1] 12  1
> xbar
            [,1]
       1.0000000
PTS 67.1015625
REB 34.4671875
AST 12.7484375
TO  13.9578125
A.T  0.9778125
STL  6.8234375
BLK  2.7500000
PF  18.6562500
FG   0.4232969
FT   0.6914687
X3P  0.3333750
> logitfunction = exp(t(beta) %*% xbar)/(1+exp(t(beta) %*% xbar))
> logitfunction
            [,1]
[1,] 0.5139925
> slopes = beta * logitfunction[1] * (1-logitfunction[1])
> slopes
                    [,1]
(Intercept)  -11.449314459
xPTS          -0.015306558
xREB           0.122497576
xAST           0.041022062
xTO           -0.095936529
```

Ahora usando el modelo Prohit, nuestro resultado es:

320

$$g(t) = \int_{-\infty}^{\infty} G(f)e^{i2\pi ft}\,df$$

Aquí la función de densidad normal es de 1 (.)

xA.T	0.390572574
xSTL	0.195745753
xBLK	0.019652410
xPF	0.006500512
xFG	11.544386272
xFT	2.680380362
xX3P	1.353901094

Estimación de máxima verosimilitud (MLE)

Para la estimación anterior, el uso de la función g l m se realiza mediante R utilizando MLE. Para escribir esta fórmula, recuerde que ya estamos de acuerdo en que cada variable de LHS es y . Es probable que la función tome esta forma:

$$L = \prod_{i=1}^{n} F(\beta'x)^{y_i}[1 - F(\beta'x)]^{1-y_i}$$

La probabilidad de registro tomaría este formulario:

$$\ln L = \sum_{i=1}^{n} \left[y_i \ln F(\beta'x) + (1 - y_i)\ln[1 - F(\beta'x)] \right]$$

Si bien tomamos esta derivada para maximizar la probabilidad de registro

$$\frac{\partial \ln L}{\partial \beta} = \sum_{i=1}^{n} \left[y_i \frac{f(\beta'x)}{F(\beta'x)} - (1 - y_i) \frac{f(\beta'x)}{1 - F(\beta'x)} \right] \beta = 0$$

Esto nos da un sistema de la ecuación que se puede utilizar para resolver . Ecuación de probabilidad es un nombre colectivo para el sistema de condiciones de primer orden. Para obtener la t-stat para uncoeficiente, simplemente dividimos su valor por su desviación estándar. La desviación estándar se hace de la respuesta a la pregunta, ¿cómo cambia el conjunto de coeficientes cuando cambia la probabilidad de registro? Nuestro interés está en el valor de "lnL". El recíproco de esto ya se ha calculado anteriormente. A continuación, definimos:

g á lnL /-

Después de esto, definimos la segunda derivada. Esto también se conoce como la matriz hessiana.

$$H = \frac{\partial^2 \ln L}{\partial \beta \partial \beta'}$$

Tenga en cuenta que la siguiente ecuación es válida:

E(g) a 0 (este es un vector)

Var(g) á E(gg)-E(g)2 - E(gg)

• E(H) (esta es una prueba no trivial)

A continuación, llamamos

I(O) - E(H)

la matriz de información. Esto se debe a que, heurísticamente, la variación en log-likelihood con los cambios en la beta es dada por Var(g) - .E(H) - I(o). Por lo tanto, tendremos:

Var(o) á I())-1

Para obtener las estadísticas t, dividimos el valor de la palabra por la raíz cuadrada de la diagonal de la matriz.

Multinomial Logit

Para usar este paquete, necesitaríamos el paquete **nnet.** Esto puede tomar la siguiente forma:

$$\text{Prob}[y = j] = p_j = \frac{\exp(\beta_j' x)}{1 + \sum_{j=1}^{J} \exp(\beta_j' x)}$$

Luego establecemos

$$\text{Prob}[y = 0] = p_0 = \frac{1}{1 + \sum_{j=1}^{J} \exp(\beta_j' x)}$$

Variables dependientes limitadas en la sindicación de VC

Es indiscutible que no todas las empresas respaldadas por empresas terminarían haciendo una salida exitosa ya sea a través de una compra, unaOPI o a través de otra ruta de salida. Aquí estaríamos midiendo la probabilidad de que una empresa haga una salida exitosa examinando una gran muestra de empresas. Por lo tanto, una salida correcta se designaría como S - 1, mientras que una salida infructuosa sería S - 0. Ajustaríamos un modelo Prohit a los datos mediante el uso de la matriz X de variables explicativas. A continuación, definimos S para que se base en una variablede umbral latente S -de tal manera que:

$$S = \begin{cases} 1 & \text{if } S^* > 0 \\ 0 & \text{if } S^* \leq 0. \end{cases}$$

Y la variable latente se modela como

$$S^* = \gamma'X + u, \quad u \sim N(0,\sigma_u^2)$$

La probabilidad de salida, que implica la E(S) para todas las rondas definanciación, es proporcionada por el modelo ajustado.

$$E(S) = E(S^* > 0) = E(u > -\gamma'X) = 1 - \Phi(-\gamma'X) = \Phi(\gamma'X),$$

Utilizando el método de probabilidad estándar, el vector del coeficiente instalado en el modelo Prohit es . La distribución normal acumulada está representada por el valor de la palabra .(.).

Endogeneidad

Suponiendo que queremos ver el impacto de la sindicación en una empresa exitosa. El éxito en una empresa sindicada es un producto de dos aspectos generales de la experiencia en capital de riesgo. Para empezar, el sindicato es muy eficaz para elegir una buena empresa, mientras que VC es muy eficaz para seleccionar un buen proyecto en el que invertir. VC es una hipótesis de selección descubierta por Lerner (1994). Dado que el proceso de sindicación implica la derivación de una segunda opinión por parte de los VC, esto significa que un sindicato proporciona evidencia de que el proyecto es muy bueno. Aparte de esto, el sindicato se puede utilizar para proporcionar monitoreo detallado como resultado de su capacidad para traer una amplia gama de habilidades a la empresa.

Una variable ficticia para la sindicación permite una estimación de primera mano de si la sindicación tiene o no algún impacto en el rendimiento, mientras que una regresión de variables permite un retorno sobre diferentes características de la empresa,a pesar deque se puede decir o asumir que la empresa sindicada es grande de mayor capacidad de rendimiento,, independientemente de si optaron por sindicar o no. VC tiende a preferir mejores empresas que probablemente podrían sindicar. Este VC no sólo puede identificar a estas empresas. En este tipo de situación, el valor añadido del sindicato se revela por el coeficiente de las variables ficticias, especialmente cuando no hay ningún valor. Como resultado, primero corregimos las especificaciones para la endogeneidad. A continuación, comprobamos si las variables ficticias son significativas o no.

La especificación de corrección que se adoptaría para la endogeneidad es la sugerida por Greene (2011). El modelo requerido se resumiría brevemente de la siguiente manera. Sin embargo, antes de eso, aquí está la regresión de rendimiento:

$$Y = \beta'X + \delta S + \epsilon, \quad \epsilon \sim N(0, \sigma_\epsilon^2)$$

Para la ecuación anterior, Y significa la variable de rendimiento mientras que S es la variable ficticia que toma el valor de 1 si hay sindicación, si no hay sindicación, el valor es cero. es el coeficiente que revela las diferencias de rendimiento a menudo causadas por la sindicación. Si no hay diferencia en el rendimiento, significa que no hay diferencia en el rendimiento entre las dos empresas o que las variables X son suficientes para explicar las diferencias de rendimiento entre las empresas.

Sin embargo, dado que estas son las mismas variables que determinan si hay o no sindicación, significa que tenemos un problema de endogeneidad. Esto se resolvería añadiendo algunas correcciones al modelo anterior. Nuestras correcciones verían afectada la señal de que se des haría para el término de error. Cuando la firma está, sindicada, y nuestro valor para S es 1, entonces el ajuste en el signo de la palabra sería:

$$E(\epsilon|S = 1) = E(\epsilon|S^* > 0) = E(\epsilon|u > -\gamma'X) = \rho\sigma_\epsilon \left[\frac{\phi(\gamma'X)}{\Phi(\gamma'X)} \right].$$

donde es corr (,u), y la desviación estándar de la palabra es de . Significa que

$$E(Y|S = 1) = \beta'X + \delta + \rho\sigma_\epsilon \left[\frac{\phi(\gamma'X)}{\Phi(\gamma'X)} \right].$$

Note that $\phi(-\gamma'X) = \phi(\gamma'X)$, and $1 - \Phi(-\gamma'X) = \Phi(\gamma'X$

Para las empresas que no están sindicadas, nuestro resultado sería:

$$E(Y|S=0) = \beta'X + \rho\sigma_\epsilon \left[\frac{-\phi(\gamma'X)}{1-\Phi(\gamma'X)} \right].$$

Esto se puede estimar mediante la regresión transversal lineal como:

$$Y = \beta'X + \beta_m m'(\gamma'X)$$

where $m' = \frac{-\phi(\gamma'X)}{1-\Phi(\gamma'X)}$ and $\beta_m = \rho\sigma_\epsilon$.

El modelo de estimación tomaría la forma tanto de la ecuación sindicada none como del modelo de regresión cruzada. Si este es el caso, se vería obligado a permanecer constante en todas las empresas sin iniciar ninguna restricción adicional. Por lo tanto, la especificación mantendría el mismo formulario OLS. Sin embargo, si después de la corrección de endogeneidad, se mantiene constante, esto apoya la hipótesis de que la sindicación es un iniciador de las diferencias en el rendimiento. Si los coeficientes de la clase de los coeficientes siguen siendo significativos, entonces para cada ronda de rendimiento del sindicato, las diferencias esperadas serían:

$$\delta + \beta_m \left[m(\gamma'_{ij}X_{ij}) - m'(\gamma'_{ij}X_{ij}) \right], \quad \forall i,j.$$

El método explicado anteriormente es una de las mejores maneras de abordar el efecto del tratamiento. Otra manera eficaz de hacer esto es primero utilizar un modelo de Prohit y, a continuación, establecer $m(\gamma X) = \Phi(\gamma X)$. Este enfoque es lo que se conoce como un enfoque de variables instrumentales.

Endogeneidad - Algunas teorías Ta Wrap Up

Esta es una situación que surge como resultado de la correlación de error en términos de regresión y variables independientes. La endogeneidad se puede destacar como:

$$Y = \beta'X + u, \quad E(X \cdot u) \neq 0$$

Esto puede suceder de las siguientes maneras enumeradas:

Error de medición: esto ocurre cuando X se mide por error. En tal situación, tenemos X X + e. La fórmula de regresión es, por lo tanto:

$$Y = \beta_0 + \beta_1(\tilde{X} - e) + u = \beta_0 + \beta_1\tilde{X} + (u - \beta_1 e) = \beta_0 + \beta_1\tilde{X} + v$$

Por lo tanto, tenemos

$$E(\tilde{X} \cdot v) = E[(X + e)(u - \beta_1 e)] = -\beta_1 E(e^2) = -\beta_1 Var(e) \neq 0$$

Variable omitida: suponiendo que la ecuación para el modelo verdadero es:

$$Y = \beta_0 + \beta_1 X_1 + \beta_2 X_2 + u$$

Pero el problema ahora es que noX2, que es un correlato de X1. Esto implica que, en el término de error, ya no tendremos: E(Xi á u) a 0, ai.

Simultaneidad: Esta es una situación en la que tanto Y como X se determinan conjuntamente. Un buen ejemplo es el uso conjunto de la alta manera y la escuela secundaria porque van juntos. El entorno estructural de este tipo de situación se puede destacar como:

$$Y = \beta_0 + \beta_1 X + u, \qquad X = \alpha_0 + \alpha_1 Y + v$$

Cuando intentamos resolver esta ecuación, lo que obtenemos es una versión de forma reducida del modelo:

$$Cov(X, u) = Cov\left(\frac{v + \alpha_1 u}{1 - \alpha_1 \beta_1}, u\right) = \frac{\alpha_1}{1 - \alpha_1 \beta_1} \cdot Var(u)$$

A continuación, calculamos lo anterior y obtenemos:

$$Y = \frac{\beta_0 + \beta_1 \alpha_0}{1 - \alpha_1 \beta_1} + \frac{\beta v + u}{1 - \alpha_1 \beta_1}, \qquad X = \frac{\alpha_0 + \alpha_1 \beta_0}{1 - \alpha_1 \beta_1} + \frac{v + \alpha_1 u}{1 - \alpha_1 \beta_1}$$

Conclusión

- Este capítulo ha cubierto ampliamente todo lo que hay que saber acerca de las variables dependientes limitadas. En el siguiente capítulo trataremos Análisis de Fourier y Teoría de Redes.

Capítulo 12

Análisis de Fourier y Teoría de la Red

Este capítulo abarcaría los siguientes esquemas:

- Análisis de Fourier

- Serie Fourier

- Resolver los coeficientes

- Álgebra compleja

- Transformación de mensajería

Análisis de Fourier

Este análisis implica numerosas conexiones diferentes entre series infinitas, teoría de vectores, números complejos y geometría. Diferentes aplicaciones tales como la adaptación de series temporales económicas, wavelets,series temporales de precios y la generación de aplicaciones de precios neutrales en el riesgo se pueden llevar a cabo utilizando el análisis de Fourier.

Fourier Series

Introducción:

Estas son series utilizadas para determinar series temporales periódicas mediante la combinación de ondas sinusoidales y coseno. El tiempo que toma un ciclo de la onda se llama "período" T, mientras que el número de ciclos por segundo es la "frecuencia de la onda" **f.** La fórmula para esto es:

f a 1/T

Círculo de unidades

Estaríamos usando alguna geometría básica para explicar esto

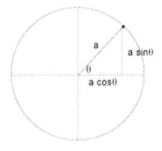

En nuestro círculo de arriba, si a-1, el círculo es el círculo de la unidad. Hay una relación o vínculo entre el círculo de la unidad y la onda sinusoidal. Para entender esto, trazaríamos otro diagrama:

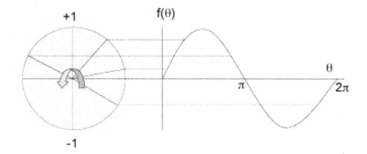

En el segundo círculo, la altura del vector de unidad en el círculo traza el círculo a medida que giramos a través de los ángulos. Para el radio a, llegaríamos a **una** onda sinusoidal con aptitudes **a.** Esto se puede escribir como:

f (o) - asin (o)

Velocidad angular

La velocidad es simplemente la distancia por tiempo en una dirección dada. En la velocidad angular, la distancia se mide en grado, es decir, el grado por unidad de tiempo. Normalmente, la velocidad angular se representa mediante el símbolo **w.** La fórmula se puede escribir como:

$$f(t) = a_0 + \sum_{n=1}^{\infty} (a_n \cos n\omega t + b_n \sin n\omega t)$$
$$= a_0 + \sum_{n=1}^{\infty} \left(a_n \cos \frac{2\pi n}{T} t + b_n \sin \frac{2\pi n}{T} t \right)$$

$$\omega = \frac{\theta}{T}, \quad \theta = \omega T$$

La función de la primera ecuación se puede escribir a tiempo como:

f (t) - asin-t

Serie Fourier

Como ya se ha explicado en la breve introducción, una serie de Fourier es simplemente la colección de ondas de seno y coseno. Cuando estos dos se resumen, se aproximaría a cualquier forma de onda dada. La serie Fourier se puede expresar en términos de onda sinusoidal y coseno como:

$$f(\theta) = a_0 + \sum_{n=1}^{\infty} (a_n \cos n\theta + b_n \sin n\theta)$$

$$f(t) = a_0 + \sum_{n=1}^{\infty} (a_n \cos n\omega t + b_n \sin n\omega t)$$

Necesitaríamos el a0 porque las ondas pueden no ser asimétricas alrededor del eje X.

Radián

La figura siguiente define el ángulo de un radián. Los grados se presentan en unidades de radianes.

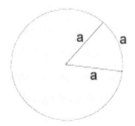

El ángulo en el diagrama anterior es un radián. Esto es aproximadamente 57.2958 grados. Esto es un poco más bajo que los 60 grados esperados de un triángulo equilátero. Tenga en cuenta que, dado que la circunferencia es de 2 a, 57.2958 a 57.2958 a 3.142 a 180 grados. Por lo tanto, para el círculo de la unidad, tendríamos:

$$2\pi = 360 \text{ (degrees)}$$
$$\omega = \frac{360}{T}$$
$$\omega = \frac{2\pi}{T}$$

La serie Fourier se puede reescribir como:

Nuestra próxima acción es cómo resolver el coeficiente.

Cómo resolver el coeficiente

Lo primero que hay que tener en cuenta es que el seno y el coseno son ortogonales. Por lo tanto, su producto interno es cero. Por lo tanto, tendremos:

$$\int_0^T \sin(nt).\cos(mt)\, dt = 0, \forall n, m$$
$$\int_0^T \sin(nt).\sin(mt)\, dt = 0, \forall n \neq m$$
$$\int_0^T \cos(nt).\cos(mt)\, dt = 0, \forall n \neq m$$

Esto implica que cuando multiplicamos dos ondas y luego integramos la onda resultante de 0 a T a menos que las dos ondas tengan la misma frecuencia, nuestro resultado sería cero (0). Con esto, la forma en que resolvemos el coeficiente de la serie Fourier se resalta a continuación. Integramos ambos lados de la ecuación anterior de 0 a T para llegar a esto:

$$\int_0^T f(t) = \int_0^T a_0\, dt + \int_0^T \left[\sum_{n=1}^{\infty} (a_n \cos n\omega t + b_n \sin n\omega t)\ dt \right]$$

Excepto por el primer término, todos los demás términos son cero. Esto implica que para los términos que llegamos a cero, el seno y el coseno se integran sobre el ciclo. Por lo tanto llegamos a :

$$\int_0^T f(t)\, dt = a_0 T$$

or

$$a_0 = \frac{1}{T} \int_0^T f(t)\, dt$$

Probemos con otra integral:

$$\int_0^T f(t) \cos(\omega t) = \int_0^T a_0 \cos(\omega t)\, dt$$
$$+ \int_0^T \left[\sum_{n=1}^{\infty} (a_n \cos n\omega t + b_n \sin n\omega t) \cos(\omega t)\, dt \right]$$

Excepto por los términos de a1 cos('t) cos('t'), todos los demás términos son cero. Esto se debe a que estamos multiplicando dos ondas con la misma frecuencia. Por lo tanto, obtendríamos:

$$\int_0^T f(t)\cos(\omega t) = \int_0^T a_1 \cos(\omega t)\cos(\omega t)\, dt$$
$$= a_1 \frac{T}{2}$$

¿Cómo llegamos a lo anterior?

Tenga en cuenta que la integración de cos (t) sobre un círculo sería igual a cero para la amplitud de la unidad. Cuando multiplicamos cos por sí mismo, volteamos todos los segmentos de onda desde debajo de las líneas cero hasta por encima de las líneas cero. Con esto, la mitad del área de 0 a T se llena por la onda del producto. Por lo tanto, obtenemos T/2. por lo tanto:

$$a_1 = \frac{2}{T}\int_0^T f(t)\cos(\omega t)$$

Podemos usar este método para resolver **todo** lo que hacemos es multiplicar por cos (n-t) y luego integrar. También podemos usar esto para resolver **bn.** Simplemente multiplicamos por un seno (n-t) y luego integramos. Esto constituye la base del resultado de los coeficientes de la serie Fourier que se destacan a continuación:

$$a_0 = \frac{1}{T}\int_{-T/2}^{T/2} f(t)\, dt = \frac{1}{T}\int_0^T f(t)\, dt$$
$$a_n = \frac{1}{T/2}\int_{-T/2}^{T/2} f(t)\cos(n\omega t)\, dt = \frac{2}{T}\int_0^T f(t)\cos(n\omega t)\, dt$$
$$b_n = \frac{1}{T/2}\int_{-T/2}^{T/2} f(t)\sin(n\omega t)\, dt = \frac{2}{T}\int_0^T f(t)\sin(n\omega t)\, dt$$

Álgebra compleja

Recuerde que :

$$e = \sum_{n=0}^{\infty} \frac{1}{n!}.$$

and

$$e^{i\theta} = \sum_{n=0}^{\infty} \frac{1}{n!}(i\theta)^n$$

$$
\begin{aligned}
\cos(\theta) &= 1 + 0.\theta - \frac{1}{2!}\theta^2 + 0.\theta^3 + \frac{1}{4!}\theta^2 + \dots \\
i\sin(\theta) &= 0 + i\theta + 0.\theta^2 - \frac{1}{3!}i\theta^3 + 0.\theta^4 + \dots
\end{aligned}
$$

Esto generó la fórmula popular de Euler:

$$e^{i\theta} = \cos\theta + i\sin\theta$$

and the corresponding

$$e^{-i\theta} = \cos\theta - i\sin\theta$$

Recuerde también que, $\cos(-\theta) = \cos(\theta)$, y $\sin(-\theta) = -\sin(\theta)$. También tenga en cuenta que si el valor de la palabra , entonces

$$e^{-i\pi} + 1 = 0$$

Esto se puede escribir como

$$e^{-i\pi} = \cos(\pi) - i\sin(\pi) = -1 + 0$$

Unnd como una ecuación que implica cinco constantes matemáticas principales y tres operadores. Estos son $i, \pi, e, 0, 1\}$, y $\{+, -, =\}$

De Trigs a Complex

Usando las dos últimas ecuaciones anteriores, llegaríamos a esto:

$$\cos\theta = \frac{1}{2}(e^{i\theta} + e^{-i\theta})$$

$$\sin\theta = \frac{1}{2}i(e^{i\theta} - e^{-i\theta})$$

Volviendo a la serie Fourier:

$$
\begin{aligned}
f(t) &= a_0 + \sum_{n=1}^{\infty}(a_n \cos n\omega t + b_n \sin n\omega t) \\
&= a_0 + \sum_{n=1}^{\infty}\left(a_n\frac{1}{2}(e^{in\omega t} + e^{-in\omega t}) + b_n\frac{1}{2i}(e^{in\omega t} - e^{-in\omega t})\right) \\
&= a_0 + \sum_{n=1}^{\infty}\left(A_n e^{in\omega t} + B_n e^{-in\omega t}\right)
\end{aligned}
$$

where

$$A_n = \frac{1}{T}\int_0^T f(t)e^{-in\omega t}\, dt$$

$$B_n = \frac{1}{T}\int_0^T f(t)e^{in\omega t}\, dt$$

¿Cómo resolvimos entonces esto? Comience con:

Entonces

$$f(t) = a_0 + \sum_{n=1}^{\infty} \left(a_n \frac{1}{2}(e^{in\omega t} + e^{-in\omega t}) + b_n \frac{i}{2i^2}(e^{in\omega t} - e^{-in\omega t}) \right)$$

$$= a_0 + \sum_{n=1}^{\infty} \left(a_n \frac{1}{2}(e^{in\omega t} + e^{-in\omega t}) + b_n \frac{i}{-2}(e^{in\omega t} - e^{-in\omega t}) \right)$$

$$f(t) = a_0 + \sum_{n=1}^{\infty} \left(\frac{1}{2}(a_n - ib_n)e^{in\omega t} + \frac{1}{2}(a_n + ib_n)e^{-in\omega t} \right)$$

Cómo deshacerse de a0

Lo primero que haríamos aquí es ampliar la primera suma n .0; llegaríamos a :

$$a_0 e^{i0\omega t} = A_0 \equiv a_0$$

La expresión se puede escribir como:

$$f(t) = \sum_{n=0}^{\infty} A_n e^{in\omega t} + \sum_{n=1}^{\infty} B_n e^{-in\omega t}$$

Colapso y simplificación

Nuestro enfoque aquí es colapsar los dos términos. En primer lugar, tomemos nota de lo siguiente:

$$\sum_{n=1}^{2} x^n = x^1 + x^2 = \sum_{n=-2}^{-1} x^{-n} = x^2 + x^1$$

Cuando aplicamos esta idea,ill obtenemos:

$$f(t) = \sum_{n=0}^{\infty} A_n e^{in\omega t} + \sum_{n=1}^{\infty} B_n e^{-in\omega t}$$

$$= \sum_{n=0}^{\infty} A_n e^{in\omega t} + \sum_{n=-\infty}^{-1} B_{(-n)} e^{in\omega t}$$

where

$$B_{(-n)} = \frac{1}{T} \int_0^T f(t) e^{-in\omega t}\, dt = A_n$$

$$= \sum_{n=-\infty}^{\infty} C_n e^{in\omega t}$$

where

$$C_n = \frac{1}{T} \int_0^T f(t) e^{-in\omega t}\, dt$$

Todo lo que tenemos que hacer es cambiar el nombre de An a Cn para mayor claridad. La gran participación de este proceso es que hemos sido capaces de contener a0, un bn en un conjunto de coeficientes Cn. Escribiremos lo siguiente por completo:

$$f(t) = a_0 + \sum_{n=1}^{\infty} (a_n \cos n\omega t + b_n \sin n\omega t) = \sum_{n=-\infty}^{\infty} C_n e^{in\omega t}$$

Transformación de Fourier

Con esta técnica, podemos pasar de la serieFourier, que utiliza un período T a ondas aperiódicas. Esto es simplemente para dejar que el período vaya hasta el infinito. Esto implica que la frecuencia se vuelve muy pequeña. Para hacer nuestro análisis, sustituiremos f(t) por g(t). Esto se debe a que ahora necesitamos usar f o f para denotar la frecuencia. Recuerde que:

$$\omega = \frac{2\pi}{T} = 2\pi f, \quad n\omega = 2\pi f_n$$

To recap

$$g(t) = \sum_{n=-\infty}^{\infty} C_n e^{in\omega t} = \sum_{n=-\infty}^{\infty} C_n e^{i2\pi ft}$$

$$C_n = \frac{1}{T}\int_0^T g(t)e^{-in\omega t}\, dt$$

Esto se puede escribir alternativamente en términos de frecuencia como:

$$C_n = \Delta f \int_{-T/2}^{T/2} g(t)e^{-i2\pi f_n t}\, dt$$

A continuación, sustituimos esto en la fórmula de g(t) y obtenemos:

$$g(t) = \sum_{n=-\infty}^{\infty}\left[\Delta f \int_{-T/2}^{T/2} g(t)e^{-i2\pi f_n t}\, dt\right] e^{in\omega t}$$

Tomando la fórmula de los límites como:

$$g(t) = \lim_{T\to\infty} \sum_{n=-\infty}^{\infty}\left[\int_{-T/2}^{T/2} g(t)e^{-i2\pi f_n t}\, dt\right] e^{i2\pi f_n t}\Delta f$$

Esto da una doble integral

$$g(t) = \int_{-\infty}^{\infty}\underbrace{\left[\int_{-\infty}^{\infty} g(t)e^{-i2\pi ft}\, dt\right]}_{G(f)} e^{i2\pi ft}\, df$$

df significa dominio de frecuencia, mientras que dt significa el dominio de tiempo. Por lo tanto, la **transformación de Fourier** se mueve del dominio del tiempo a un dominio de frecuencia.

$$G(f) = \int_{-\infty}^{\infty} g(t)e^{-i2\pi ft} \, dt$$

Inverse Fourier Transform se mueve del dominio de frecuencia al dominio de tiempo.

$$C_n = \frac{1}{T} \int_0^T g(t)e^{-i2\pi f_n t} \, dt = \frac{1}{T} \int_0^T g(t)e^{-in\omega t} \, dt$$

El coeficiente de Fourier es el siguiente:

$$g(t) = \int_{-\infty}^{\infty} G(f)e^{i2\pi ft} \, df$$

Observamos que hay una similitud increíble entre la transformación y el coeficiente. Tome nota de lo siguiente:

Los coeficientes dan la amplitud de cada onda de componente

La transformación proporciona el área de una onda de componente de frecuencia f. Esto se puede ver porque la transformación no tiene la división por T en ella.

Para cada frecuencia F, la transformación da la tasa de ocurrencia con esa frecuencia, en relación con otras ondas.

El Fourier rompe una compleja ola aperiódica en ondas periódicas simples.

Funciones de aplicación a probabilidad

Funciones características

La expectativa de la siguiente función de F da la función de características de x

$$\phi(s) = E[e^{isx}] = \int_{-\infty}^{\infty} e^{isx} f(x)\, dx$$

donde f(x) es la densidad de probabilidad de x. Por Taylor series para eisx tenemos:

$$
\begin{aligned}
\int_{-\infty}^{\infty} e^{isx} f(x)\, dx &= \int_{-\infty}^{\infty} [1 + isx + \frac{1}{2}(isx)^2 + \ldots] f(x) dx \\
&= \sum_{j=0}^{\infty} \frac{(is)^j}{j!} m_j \\
&= 1 + (is)m_1 + \frac{1}{2}(is)^2 m_2 + \frac{1}{6}(is)^3 m_3 + \ldots
\end{aligned}
$$

Waquí mj es el momento jth. Por lo tanto, es fácil ver que:

$$g(t) = \int_{-\infty}^{\infty} G(f) e^{i2\pi ft}\, df$$

$$m_j = \frac{1}{i^j} \left[\frac{d\phi(s)}{ds} \right]_{s=0}$$

where $i = \sqrt{-1}$.

Teoría de la red

La ciencia de la red está ganando un grupo en el mundo de los negocios hoy en día. El término "efecto de red" se utiliza ampliamente en términos conceptuales para describir la ganancia de la piggybacking en las conexiones en el mundo de los negocios. El aumento constante del efecto de la red en los negocios de hoy en día es sólo la punta del iceberg. A medida que el costo de la red y su análisis disminuyen rápidamente, las organizaciones empresariales harían uso de ellos cada vez más.

Las teorías de la red también son utilizadas por las empresas para encontrar comunidades de consumidores para partir e impulsar el tráfico en susesfuerzos de marketing. Las redes también se utilizan para entender cómo fluye la información en la red.

Teoría gráfica

Esta es la primera etapa para entender cómo funciona la teoría de la red. Esta es la razón por la que a un estudiante de negocios se le suele enseñar una digresión en la teoría de gráficos en otros para entender cómo funciona una red.

El gráfico es simplemente una imagen de una red. La imagen consiste en la relación entre entidades. Las entidades se denominan nodos o vértices (conjuntoV), mientras que la relación se denomina los bordes de un gráfico (conjunto E). Por lo tanto, un gráfico G se describe como:

G (V,E)

Hay dos tipos básicos de gráficos. Cuando los bordes e e-E de un gráfico no están inclinados con flechas que significan alguna causalidad o dirección, este tipo de gráfico se denomina gráfico "sin dirección". Sin embargo, si el gráfico se inclina con dirección, se denomina gráfico "dirigido". Cuando las conexiones (bordes) entre vértices v - V tienen pesos en ellos, el gráfico se denomina "gráfico ponderado." Sin embargo, cuando el gráfico no tiene peso sobre ellos, es "no ponderado".." Para cualquier par de vértices (u,v) en un gráfico no ponderado, tenemos:

$$w(u,v) = \begin{cases} w(u,v) = 1, & \text{if } (u,v) \in E \\ w(u,v) = 0, & \text{if } (u,v) \ni E \end{cases}$$

Sin embargo, el valor de w(u,v) no está restringido en un gráfico ponderado. Esto también puede ser negativo.

Un gráfico dirigido puede ser cíclico o acíclico. Para los gráficos cíclicos, hay una ruta de acceso de un nodo de origen que conduce de nuevo al propio nodo. Este no es el caso con los gráficos acíclicos. Los gráficos acíclicos directos se representan con el término "dag."

Además, un gráfico puede ser representado por su matriz adyacente. Esta es simplemente la matriz A á w(u,v) , áu, v. También podemos tomar la transposición de la matriz. En el caso de un gráfico dirigido, esto simplemente invertiría la dirección de todos los bordes.

Características de los gráficos

Hay varias características de un gráfico. Estos incluyen el número de nodos de gráfico y la distribución de vínculos entre nodos. Las aristas, que son los vínculos y la estructura de losnodos, determinan la extensión en la que están conectados los nodos, y la importancia de los nodos individuales. Esto también determina el flujo de redes.

Una simple bifurcación de gráficos sugiere dos tipos:

- Gráfico aleatorio

- Gráfico sin escalas

Estos dos gráficos están retratados en un artículo en el Scientific American escrito por Barabasi y Bonabeau (2003).

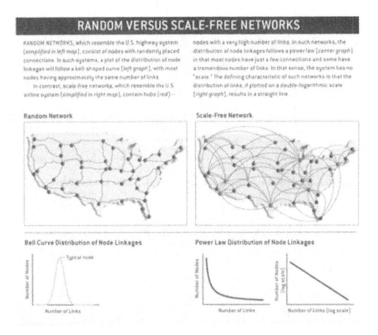

El gráfico aleatorio se puede trazar colocando algunos conjuntos de n nodos y luego conectando pares de nodos aleatoriamente con alguna probabilidad p. Cuanto mayor sea la probabilidad conectada, más bordes contenidos en el gráfico. La distribución del número de bordes en cada gráfico será más o menos gaussiana porque hay un número medio de bordes (n.p) con algún rango alrededor de la media. El gráfico izquierdo en la figura anterior es un ejemplo de esto. En el gráfico, la distribución de enlaces se muestra en formas de campana. Cuando un número d proporciona el número de enlaces de un nodo, la distribución de nodos en un gráfico aleatorio seríaf(d) á N(-N(-, 2), donde es el número medio de nodos con varianza 2.

La estructura de un gráfico sin escalas es un concentrador y habló. La mayoría de los nodos del gráfico tienen muy pocos enlaces. Aunque , hay algunos nodos con un gran número de links. En nuestro gráfico, la distribución de enlaces se muestra en el lado derecho. Esto no tiene forma de campana en absoluto, más bien es más exponencial. Aunque hay una media para esta distribución, esto no es representativo de los nodos de concentrador o no concentrador. Dado que la media no es representativa de la población, la distribución de enlaces en este tipo de gráfico no tiene escala. La red de este tipo de gráfico también se conoce como una red sin escalas.

La distribución de los nodos en un gráfico sin escalas a menudo se aproxima mediante una distribución de la ley de potencia, es decir, f(d) - d- , donde por lo general, la naturaleza parece haber estipulado que 2 a 3, por algún giro curioso del destino. La gráfica log-log de esta distribución es lineal.

las redes en el mundo de hoy en día tiene como objetivo estar libre de escala. La razón de esto se explica en el artículo de Barabasi y Albert (1999). Para explicar esto, desarrollaron la Teoría del AdjuntoPreferencial, que afirmaba que a medida que el progreso de la red y los nuevos nodos se agregan a ella, los nuevos nodos suelen asociarse a los nodos existentes que tienen la mayoría de los enlaces. Como resultado, los nodos influyentes ganan más conexión y evolucionan hacia una estructura de concentrador y radio.

La estructura del gráfico también determina algunas de las propiedades del gráfico. Por ejemplo, un gráfico sin escalas funciona excelentemente en la transmisión de información y en el movimiento de pasajeros de tráfico aéreo. Esta es la razón por la que los aeropuertos están dispuestos en este formato. Una red sin escalas también es muy buena para ataques aleatorios. Si, por ejemplo, un terrorista ataca un aeropuerto, a menos que golpee un centro, el daño suele ser mínimo.

En el resto de este capítulo, examinaríamos el riesgo de la red financiera y muchos gráficos más interesantes.

Capítulo 13

Gráfico de Búsqueda

En el capítulo anterior, proporcionamos una introducción a Graph Theory in ciencia de datos ; en este capítulo, estaríamos explorando los dos tipos amplios de gráficos de búsquedas. Estos incluyen la búsqueda de profundidad primero (DFS) y la búsqueda de amplitud primero (BFS). La razón por la que nos preocupa esto es que DFS, es decir, la teoría de profundidad primero es muy buena en la búsqueda de comunidades en las redes sociales, mientras que BFS funciona bien con la búsqueda de las conexiones más cortas en las redes. Este capítulo abarcaría los siguientes esquemas:

- Profundidad-Primera Búsqueda

- Breadth-First-Search

- Componentes fuertemente conectados

- Algoritmo de ruta más corto de Dijkstra

- Distribución de grados

- Diámetro

- Fragilidad

- Centralidad

- Comunidades

- Modularidad

Profundidad-Primera Búsqueda

Esto comienza tomando un vértice y lo usa para producir un árbol de vértices conectados recurrentes hacia abajo hasta que no haya manera de hacer esto de nuevo. Aquí están los algoritmos para DFS:

```
function DFS(u):
    for all v in SUCC(u):
        if notvisited(v):
            DFS(v)
    MARK(u)
```

A partir de este algoritmo, podemos generar dos subárboles de la siguiente manera:

$$a \rightarrow b \rightarrow c \rightarrow g \quad \begin{matrix} \nearrow f \\ \\ \searrow d \end{matrix}$$

$$e \rightarrow h \rightarrow i$$

El número de nodos muestra la secuencia en la que el programa accede a los nodos. Por lo general, la salida de un DFS es menos detallada y se presenta en una secuencia muy simple en la que los nodos se visitan por primera vez. Un buen ejemplo de un DFS es el siguiente gráfico:

350

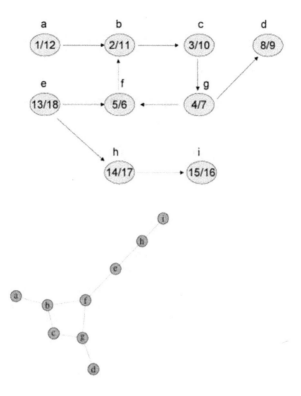

```
> RNGkind("Mersenne-Twister")
> set.seed(123)
> g1 <- randomGraph(letters[1:10], 1:4, p=.3)
> g1
A graphNEL graph with undirected edges
Number of Nodes = 10
Number of Edges = 21
> edgeNames(g1)
 [1] "a~g" "a~i" "a~b" "a~d" "a~e" "a~f" "a~h" "b~f" "b~j"
[10] "b~d" "b~e" "b~h" "c~h" "d~e" "d~f" "d~h" "e~f" "e~h"
[19] "f~j" "f~h" "g~i"
> RNGkind()
[1] "Mersenne-Twister" "Inversion"
> DFS(g1,"a")
a b c d e f g h i j
0 1 6 2 3 4 8 5 9 7
```

Nos daríamos cuenta de que el gráfico DFS es un conjunto de árboles. El árbol en sí es un tipo especial de gráfico. Es inherentemente acíclico cuando el gráfico es acíclico. Esto implica que un gráfico cíclico tendría los árboles DFS en los bordes posteriores. Este proceso se puede interpretar como la partición de vértices en un subconjunto de grupos conectados.

Al aplicar esto a los negocios, es necesario primero entender por qué son diferentes. En segundo lugar, la capacidad de dirigir estos grupos separados a diferentes preguntas y respuestas empresariales. Las empresas y organizaciones empresariales que hacen uso de este tipo de datos utilizan algoritmos para averiguar "comunidades". Dentro de las comunidades, BFS entonces se aplica para determinar la conexión de las redes y la cercanía de estas conexiones.

Además, DFS se puede utilizar para averiguar la conexión de las redes. Con el uso de DFS, podemos determinar cuán cercanas son las entidades entre sí en una red. Estos análisis a menudo sugieren un "fenómeno del pequeño mundo o lo que coloquialmente se conoce como "seis grados de separación".

Nuestro siguiente enfoque es examinar cómo se implementa DFS en el paquete igraph. Estaríamos haciendo uso de este proceso a lo largo de este capítulo. En nuestro ejemplo siguiente se muestra cómo se utiliza una lista de vértices emparejados para crear un gráfico.

```
#CREATE A SIMPLE GRAPH
df = matrix(c("a","b","b","c","c","g",
              "f","b","g","d","g","f",
              "f","e","e","h","h","i"),ncol=2,byrow=TRUE)

g = graph.data.frame(df,directed=FALSE)
plot(g)

#DO DEPTH-FIRST SEARCH
dfs(g,"a")

$root
[1] 0

$neimode
[1] "out"

$order
+ 9/9 vertices, named:
[1] a b c g f e h i d

$order.out
NULL

$father
NULL
```

Para verificar nuestro resultado, estaríamos trazando un gráfico

Breadth-First-Search

A partir de un vértice **de** origen s, BFS explora los bordes **E** para averiguar todos los vértices accesibles en el gráfico. Esto se lleva a cabo de una manera que procede a encontrar una frontera de vértices **k** distantes de **s**. La búsqueda pasa a localizar vértices K + 1 lejos del origen después de que haya localizado todos estos vértices. La diferencia básica entre DFS y BFS es que mientras QUE BFS cubre todos los vértices mientras que DFS va todo el camino sin cubrir todos los vértices en una sola búsqueda.

Para implementar BFS, primero etiquetamos cada uno con su distancia desde el vértice de origen. Un ejemplo de BFS es el siguiente gráfico.

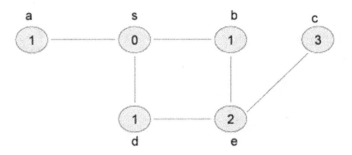

En el gráfico anterior, es fácil determinar el gráfico más cercano. Ahora, cuando se produce una reacción positiva de alguien de la población, esto ayudaría a dirigirse al vecino más cercano de manera rentable. Esto se hace simplemente definiendo los bordes de las conexiones. Los algoritmos para BFS son los siguientes:

```
function BFS(s)
    MARK(s)
    Q = {s}
    T = {s}
    While Q ne { }:
        Choose u in Q
        Visit u
        for each v=SUCC(u):
            MARK(v)
            Q = Q + v
            T = T + (u,v)
```

BFS también puede producir un árbol, el nivel del árbol está determinado por lo cerca o lejos que está del vértice de origen.

$$s \quad \nearrow \quad b \searrow$$
$$s \quad \rightarrow \quad d \rightarrow e \rightarrow c$$
$$\searrow a$$

Componentes fuertemente conectados

El mejor lugar para agrupar los miembros de una red está en un gráfico dirigido. Esto se hace mediante la búsqueda de los componentes fuertemente conectados en el gráfico. Por lo tanto, un SCC es un subgrupo de los vértices U-V en un gráfico con las propiedades para todos los pares de sus vértices (u,v) - U, ambos vértices son accesibles entre sí. A continuación se muestra un ejemplo de un gráfico desglosado en sus componentes fuertemente conectados:

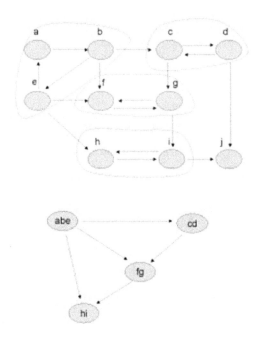

SCC es muy útil para particionar un gráfico en unidades estrechas. No sólo esto, sino que también genera comentarios locales. Esto implica que cuando se apunta a un miembro de SCC, todos los miembros de los componentes SCC sonobjetivo, y el estímulo se mueve a través del SCC.

igraph ha surgido como los paquetes más populares para gráficos de análisis. Tiene versiones en Python,C y R. Este paquete también se puede utilizar para trazar y generar el gráfico aleatorio en R.

Algoritmo de ruta más corto de Dijkstra

Este es uno de los algoritmos más utilizados en la informática teórica. Cuando se proporciona un vértice de origen en un gráfico ponderado y dirigido, los algoritmos encuentran la ruta más corta a todos los demás nodos desde el origen **s**. **w(u, v)** denota el peso entre dos vértices. El algoritmo de Dijkstra funciona para gráficos en los que w(u,v)-0. Para los pesos negativos, se utiliza el algoritmo Bellman-Ford. A continuación se muestran los algoritmos:

```
function DIJKSTRA(G,w,s)
S = [ ]
%S = Set of vertices whose shortest paths from
%source s have been found
Q = V(G)
while Q notequal [ ] :
    u = getMin(Q)
    S = S + u
```

A continuación se muestra un ejemplo de un gráfico al que se han aplicado algoritmos Dijkstra a.

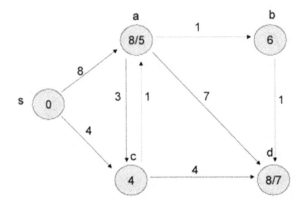

```
[8,]     2    4    1
> g = add.edges(graph.empty(5), t(el[,1:2]), weight=el[,3])
> shortest.paths(g)
      [,1] [,2] [,3] [,4] [,5]
[1,]    0    5    6    4    7
[2,]    5    0    1    1    2
[3,]    6    1    0    2    1
[4,]    4    1    2    0    3
[5,]    7    2    1    3    0
> get.shortest.paths(g,0)
[[1]]
[1] 0

[[2]]
[1] 0 3 1

[[3]]
[1] 0 3 1 2

[[4]]
[1] 0 3

[[5]]
[1] 0 3 1 2 4
```

Distribuciones de Grado

El número de vínculos que un nodo tiene a otros nodos de una red es el grado de un nodo. La distribución de grados es la probabilidad de distribución de los nodos. En una red dirigida, hay dos tipos de grados. Uno es paragrado, y el otro es para un grado. Sin embargo, en una red no dirigida, la distribución de grados es simplemente el número de bordes contenidos en un nodo. Es importante tener en cuenta que el peso de los bordes no desempeña ningún papel en la computación de la distribución de grado de los nodos. Aunque hay ocasiones en las que habría una necesidad de hacer uso de esta información.

Diámetro

Esta es la distancia más corta más larga entre dos nodos cualquiera en todos los nodos. Se puede calcular de la siguiente manera:

```
> print(diameter(g))
[1] 7
```

Podemos cotejar esto usando el siguiente comando:

```
> res = shortest.paths(g)
> res[which(res==Inf)]=-99
> max(res)
[1] 7
> length(which(res==7))
[1] 18
```

Tenga en cuenta que las rutas de acceso que son de longitud 7 son 18 en número. Sin embargo, se trata de unduplicado. Thus que corremos estos caminos en las dos direcciones. Esto nos daría 9 pares de nodos que tienen la distancia más corta más larga entre ellos.

Fragilidad

Esto es simplemente una calidad de una red basada en su distribución de grado. La pregunta que surge de esto es, al comparar dos redes del mismo grado, ¿cómo evaluamos sobre qué contagio de red es más probable? Este puede ser el primer hallazgo si la red es una red sin escalas. Esto se debe a que una red sin escalas tiende a difundir la variable de interés, independientemente de si se trata de una gripe, información, o malestar financiero. Además, en una red sin escalas, cuanto mayor sea la preponderancia de los concentradores centrales, mayor será la probabilidad de redes. Esto se debe a que algunos nodos ya tienen una concentración del grado. Por lo tanto, cuanto mayor sea la concentración, mayor será la libre de escala, y mayor será la fragilidad.

Para medir la concentración, el economista ha estado usando un paquete único durante mucho tiempo. Este paquete es el índice Herndahl-Hirschman. El índice es bastante técnico de computación porque es el grado medio cuadrado para n nodos, es decir,

$$H = E(d^2) = \frac{1}{n} \sum_{j=1}^{n} d_j^2$$

Cuantos más grados se concentren en unos pocos nodos, más aumenta la **métrica H,** manteniendo constantes, los grados totales de la red. Por ejemplo, supongamos que tenemos un gráfico de tres nodos cada uno con un grado de 1, 1, 4o frente a otro gráfico de tres nodos de 2,2,2o. El valor de la métrica **H** aumentaría en la primera que la segunda. El primero tendría **H 18,** mientras que el segundo tendría H a **12.** Para calcular la fragilidad, simplemente normalizamos H por el grado promedio. Aquí está la fórmula para esto:

$$\text{Fragility} = \frac{E(d^2)}{E(d)}$$

En el ejemplo de tres nodos que estamos utilizando, la fragilidad es simplemente 3 y 2 respectivamente. También se puede elegir otra normalización, por ejemplo, el denominador E (d)2. Calcular esto no es simplemente, ya que requiere una sola línea de código.

Centralidad

Esta es la propiedad de los vértices en una red. Tomando la matriz adyacente A a á w(u, v), seguimos adelante y generamos una medida de la "influencia" de todos los vértices en una red. Tomando la influencia del vértice **i** como **xi.** La influencia de cada vértice está contenida en la columna **x,** ¿cuál es entonces la influencia? Para responder a esta pregunta, tomemos un momento para observar la página web. Cuantos más enlaces en la página web, más influencia de su página principal a otras páginas. Esto demuestra que la influencia es interdependiente.

x A x

Simplemente podemos añadir un escalar a esto para obtener:

$$\xi\, x = Ax$$

Cuando añadimos un escalar, obtenemos un eigensystem. Cuando descompongamos esto, obtendremos el principal autovector. El valor de esto nos da la influencia de cada miembro. Con este método, podemos encontrar la red más influyente. Hay numerosas aplicaciones a estos datos a datos reales. Esta centralidad eigenvector es exactamente lo que Google marca como PageRank, a pesar de que no inventaron la centralidad del autovector.

Otros conceptos de centralidad son la "entrete entredad". Esta es simplemente la proporción de la ruta más corta que pasa a través de un nodo en relación con las otras trayectorias que pasan a través del nodo. La fórmula para esto es:

$$B(v) = \sum_{a \neq v \neq b} \frac{n_{a,b}(v)}{n_{a,b}}$$

Aquí, **na,b** es el número de rutas más cortas desde el nodo a al nodo b, y **na,b(v)** son el número de esas rutas que atraviesan el vértice **v**. A continuación se muestra un ejemplo:

```
> el <- matrix(nc=3, byrow=TRUE,
+            c(0,1,0, 0,2,2, 0,3,1, 1,2,0, 1,4,5, 1,5,2, 2,1,1, 2,3,1,
+              2,6,1, 3,2,0, 3,6,2, 4,5,2, 4,7,8, 5,2,2, 5,6,1, 5,8,1,
+              5,9,3, 7,5,1, 7,8,1, 8,9,4) )
> g = add.edges(graph.empty(10), t(el[,1:2]), weight=el[,3])
> res = betweenness(g)
> res
[1]  0.0 18.0 17.0  0.5  5.0 19.5  0.0  0.5  0.5  0.0
```

Comunidades

Estas son simplemente la aglomeración espacial del vértice que tiende a conectarse entre sí que con otros. Identificar estas aglomeraciones es un problema de detección de clúster, uno computacionalmente difícil (NP-hard). Esto es así porque permitimos que cada clúster tenga tamaños diferentes. Esto, a su vez,

362

permite límites porosos tales que los miembros tanto dentro como fuera de sus clústeres preferidos. La solución a esto es donde entran las comunidades.

Esto se construye simplemente optimizando **la modularidad.** La modularidad es una métrica de las diferencias entre el número de construcción dentro de la comunidad y el número esperado de construcciones. Debido a la gran complejidad computacional que implica tamizar todas las particiones posibles, identificar comunidades no es una tarea fácil.

Toda la idea de la formación comunitaria comenzó con Simon (1962). En su opinión, explicó que los sistemas complejos con varias entidades suelen tener subsistemas coherentes, o comunidades, que sirven a propósitos funcionales específicos. Para comprender las fuerzas funcionales subyacentes a estas entidades, es importante identificar las comunidades incrustadas en entidades más grandes. Para entenderesto, estaríamos examinando más definiciones del método de detección de la comunidad.

El método de detección de comunidad es el método en el que los nodos se dividen en clústeres con la tendencia a interactuar entre sí. Por lo tanto, todos los nodos no pueden pertenecer a la mismacomunidad; tampoco podemos arreglar el número de la comunidad a la vez. Además, le permitiría a cada comunidad tener diferentes tamaños. Después de haber vencido nuestra partición en una tarea más flexible, nuestro desafío ahora es encontrar la mejor partición porque el número de particiones posibles es muy grande.

Sin embargo, dado que el método de detección de la comunidad tiene como objetivo identificar clústeres que son internamente tightknit. Esto es lo mismo que encontrar una partición de clústeres para maximizar el número observado de conexiones entre los miembros del clúster menos lo que se espera condicionado a las conexiones dentro del clúster, agregado en todos los clústeres. Por lo tanto, vamos a ir para la partición con alta modularidad Q.

$$Q = \frac{1}{2m} \sum_{i,j} \left[A_{ij} - \frac{d_i \times d_j}{2m} \right] \cdot \delta(i,j)$$

En la ecuación anterior, **Aij** es la (i, j)-ésima entrada en la matriz de adyacencia. Esto implica que i es el número de conexiones en las que i y j están conectados conjuntamente. El número total de transacciones o el grado de i en el que participé el nodo en el que participé es di á j Aij. Mientras que m a 1 2 ij Aij es la suma de todos los pesos de arista en la matriz A. Cuando los nodos i y j son de la misma comunidad, la función (i, j) es un indicador igual a 1.0. Sin embargo, cuando no lo son, la función es cero. Q está limitado en [-1, +1]. Cuando Q > 0, implica que las conexiones intracomunitarias son más que el número esperado.

Modularidad

Para entenderesto, utilizaríamos un ejemplo muy sencillo antes de explorar las posibles diferentes interpretaciones de la modularidad. El cálculo que se adoptaría en nuestro ejemplo se basa en la medida dada por Newman (2006). Además, dado que hemos estado usando el paquete igraph en R, nuestros códigos para calcular la modularidad se presentarán con este paquete.

Para empezar, supongamos que tenemos una red de cinco nodos a,B, C, D, E, y los pesos de los bordes son: A: B a 6, A: C a 5, B: C a 2, C: D a 2, y D: E a 10. Supongamos que un algoritmo de detección de la comunidad asignó los valores A, B, C a una comunidad y de D, de E a otra. Esto implica que sólo tenemos dos comunidades. El gráfico de matriz adyacente para esto sería:

$$
\{\delta_{ij}\} = \begin{bmatrix} 1 & 1 & 1 & 0 & 0 \\ 1 & 1 & 1 & 0 & 0 \\ 1 & 1 & 1 & 0 & 0 \\ 0 & 0 & 0 & 1 & 1 \\ 0 & 0 & 0 & 1 & 1 \end{bmatrix}
$$

Ahora, primero detectemos las comunidades:

```
> library(igraph)
> A = matrix(c(0,6,5,0,0,6,0,2,0,0,5,2,0,2,0,0,0,2,0,10,0,0,0,10,0),5,5)
> g = graph.adjacency(A,mode="undirected",diag=FALSE)
> wtc = walktrap.community(g)
> res=community.to.membership(g,wtc$merges,steps=3)
> print(res)
$membership
[1] 1 1 1 0 0

$csize
[1] 2 3
```

Esto se puede llevar a cabo con otro algoritmo llamado enfoque "rápido-codicioso"

```
> g = graph.adjacency(A,mode="undirected",weighted=TRUE,diag=FALSE)
> fgc = fastgreedy.community(g,merges=TRUE,modularity=TRUE,
         weights=E(g)$weight)
> res = community.to.membership(g,fgc$merges,steps=3)
> res
$membership
[1] 0 0 0 1 1

$csize
[1] 3 2
```

La matriz delta de Kronecker que examina esta detección de la comunidad sería:

$$\{A_{ij}\} = \begin{bmatrix} 0 & 6 & 5 & 0 & 0 \\ 6 & 0 & 2 & 0 & 0 \\ 5 & 2 & 0 & 2 & 0 \\ 0 & 0 & 2 & 0 & 10 \\ 0 & 0 & 0 & 10 & 0 \end{bmatrix}$$

La puntuación de modularidad sería:

$$Q = \frac{1}{2m} \sum_{i,j} \left[A_{ij} - \frac{d_i \times d_j}{2m} \right] \cdot \delta_{ij}$$

En este caso, la suma del peso del borde en el gráfico es de m a 1 x 2 a ij Aij a 1 2 m-ij (13,4) 2 x i. Aij es la (i, j) -ésima entrada en la matriz de adyacencia. Esto implica el peso del borde entre los nodos i y j, mientras que el grado de nodo i es di á j Aij. El delta del Kronecker es la función .ij. Cuando los nodos i y j son de la misma comunidad, el valor 1 toma el valor. Sin embargo, cuando no son de la misma comunidad, el valor cero toma el valor cero. Matrix Aij es el centro de esta fórmula. Implica la modularidad,, que produce una

366

puntuación que aumenta cuando el número de conexiones dentro de una comunidad es mayor que la proporción esperada de conexiones si se asignan al azar dependiendo del grado de cada nodo. La puntuación toma un valor que oscila entre 1 y +1, ya que se normaliza dividiendo entre 2 m. Cuando Q > 0, simplemente significa que el número de conexiones dentro de las comunidades es más que el que hay entre las comunidades. A continuación se muestra el código de programa que toma la matriz de adyacencia y la matriz delta:

```
#MODULARITY
Amodularity = function(A,delta) {
    n = length(A[1,])
    d = matrix(0,n,1)
    for (j in 1:n) { d[j] = sum(A[j,]) }
    m = 0.5*sum(d)
    Q = 0
    for (i in 1:n) {
        for (j in 1:n) {
            Q = Q + (A[i,j] - d[i]*d[j]/(2*m))*delta[i,j]
        }
    }
    Q = Q/(2*m)
}
```

Ahora, estaríamos calculando la modularidad en el paquete R mediante el uso de una función enlatada. Para ello,, primero introduciríamos las dos matrices y luego llamaríamos a la función. También nos aseguraríamos de que obtenemos la misma función que la fórmula anterior:

```
> A = matrix(c(0,6,5,0,0,6,0,2,0,0,5,2,0,2,0,0,0,2,0,10,0,0,0,10,0),5,5)
> delta = matrix(c(1,1,1,0,0,1,1,1,0,0,1,1,1,0,0,0,0,0,1,1,0,0,0,1,1),5,5)
> print(Amodularity(A,delta))
```

A continuación, estaríamos repitiendo el mismo análisis que hicimos con el primer programa. El objetivo de esto es mostrar cómo podemos detectar comunidades usando algoritmos de trampa de paseo. A continuación, usaremos esta comunidad para determinar cómo se calcula la modularidad. El primer paso para lograr esto es convertir la matriz adyacente en un gráfico para que los algoritmos de detección de la comunidad puedanusarla.

```
> g = graph.adjacency(A,mode="undirected",weighted=TRUE,diag=FALSE)
  We then pass this graph to the walktrap algorithm:
> wtc=walktrap.community(g,modularity=TRUE,weights=E(g)$weight)
> res=community.to.membership(g,wtc$merges,steps=3)
> print(res)
$membership
[1] 0 0 0 1 1

$csize
[1] 3 2
```

Nos daríamos cuenta de que en el programa anterior, los algoritmos han separado los tres primeros nodos en una comunidad y los dos últimos nodos en otra comunidad. La variable de tamaño anterior muestra el tamaño de cada comunidad. Lo siguiente que hay que hacer ahora es calcular la modularidad.

```
> print(modularity(g,res$membership,weights=E(g)$weight))
[1] 0.4128
```

Esta es una confirmación del valor al quellegamos cuando usamos la implementación de la fórmula.

Conclusión

Este capítulo ha cubierto ampliamente los aspectos rudimentarios de un gráfico en ciencia de datos. El siguiente capítulo examinas la red neuronal.

Capítulo 14

Redes Neuronales

En este capítulo, estaríamos tratando una de las regresiones no lineales más comunes. Hasta ahora, en lo que nos hemos estado concentrando son regresiones lineales. Este capítulo proporciona un análisis exhaustivo de la regresión no lineal a través de la exploración de redes neuronales. Los esquemas que se tratarán en este capítulo incluyen:

- Visión general de las redes neuronales

- Regresión no lineal

- Percepciones

- Funciones de aplastamiento

- Aplicaciones de investigación

Visión general de las redes neuronales

Estas son algunas de las formas de regresión no lineal. Recuerde que en la regresión lineal, tenemos:

$$Y -X1-+e$$

Aquí, nuestro valor para X - Rt-n, mientras que la solución para la regresión es simplemente igual a á (X1X)-1(X1Y).

Para obtener esto, simplemente minimizamos la suma del error al cuadrado:

$$\min_{\beta} e'e = (Y - X'\beta)'(Y - X'\beta)$$
$$= (Y - X'\beta)'Y - (Y - X'\beta)'(X'\beta)$$
$$= Y'Y - (X'\beta)'Y - Y'(X'\beta) + \beta^2(X'X)$$
$$= Y'Y - 2(X'\beta)'Y + \beta^2(X'X)$$

Cuando nos diferenciamos w.r.t. nos daría el siguiente f.o.c:

$$2\beta(X'X) - 2(X'Y) = 0$$
$$\implies$$
$$\beta = (X'X)^{-1}(X'Y)$$

Estaríamos examinando esto usando el conjunto de datos markowitzdata.txt.

```
> data = read.table("markowitzdata.txt",header=TRUE)
> dim(data)
[1] 1507   10
> names(data)
 [1] "X.DATE" "SUNW"  "MSFT"  "IBM"  "CSCO"  "AMZN"  "mktrf"
 [8] "smb"   "hml"   "rf"
> amzn = as.matrix(data[,6])
> f3 = as.matrix(data[,7:9])
```

```
> res = lm(amzn ~ f3)
> summary(res)

Call:
lm(formula = amzn ~ f3)

Residuals:
     Min        1Q    Median        3Q       Max
-0.225716 -0.014029 -0.001142  0.013335  0.329627

Coefficients:
              Estimate Std. Error t value Pr(>|t|)
(Intercept)  0.0015168  0.0009284   1.634  0.10249
f3mktrf      1.4190809  0.1014850  13.983  < 2e-16 ***
f3smb        0.5228436  0.1738084   3.008  0.00267 **
f3hml       -1.1502401  0.2081942  -5.525 3.88e-08 ***

Signif. codes:  0 ¡£¡***¡£¡ 0.001 ¡£¡**¡£¡ 0.01 ¡£¡*¡£¡ 0.05 ¡£¡.¡£¡ 0.1 ¡£¡ ¡£¡ 1

Residual standard error: 0.03581 on 1503 degrees of freedom
Multiple R-squared: 0.2233,    Adjusted R-squared: 0.2218
F-statistic: 144.1 on 3 and 1503 DF,  p-value: < 2.2e-16

> wuns = matrix(1,length(amzn),1)
> x = cbind(wuns,f3)
> b = solve(t(x) %*% x) %*% (t(x) %*% amzn)
> b
            [,1]
       0.001516848
mktrf  1.419080894
smb    0.522843591
hml   -1.150240145
```

Observamos que, al final de la lista del programa, nuestra fórmula para los coeficientes del problema de mínimos cuadrados minimizado (XX) 1(XY) coincide con lo que obtuvimos del comando de regresión **lm**.

Regresión no lineal

Este tipo de regresión toma esta forma:

Y á f(X;o) + e

En la fórmula anterior, f(.) es una función no lineal. Calcular el coeficiente en la regresión no lineal es exactamente lo mismo que calcular en regresión lineal.

$$\min_{\beta} e'e = (Y - f(X;\beta))'(Y - f(X;\beta))$$
$$= Y'Y - 2f(X;\beta)'Y + f(X;\beta)'f(X;\beta)$$

Cuando diferenciamos w.r.t. nos daría el siguiente f.o.c:

$$-2\left(\frac{df(X;\beta)}{d\beta}\right)'Y + 2\left(\frac{df(X;\beta)}{d\beta}\right)'f(X;\beta) = 0$$
$$\left(\frac{df(X;\beta)}{d\beta}\right)'Y = \left(\frac{df(X;\beta)}{d\beta}\right)'f(X;\beta)$$

Perceptrones

Las redes neuronales son tipos únicos de regresiones no lineales. Esto se debe a que, en este tipo de regresión no lineal, el sistema de decisión para el que se construye NN imita de la misma manera que funciona el cerebro humano. Esto implica que el sistema de decisión de las redes neuronales funciona de manera perceptiva. Por lo tanto, el bloque de construcción básico de NN es perceptrón.

En redes neuronales, un perceptrón es similar a la neurona en el cerebro humano. Al igual que el cerebro humano, primero toma la entrada como la sensorial en un cerebroreal, y producen una señal de salida. Toda la red de perceptrón en redes neuronales se llama red neuronal.

Por ejemplo, supongamos que queremos llevar a cabo una solicitud para una tarjeta de crédito. Esto incluiría que proporcionamos parte de nuestra información personal como edad, negocios,ubicación, sexo, etc. Esta información se pasa a una serie de perceptrones en forma paralela. La capa del primer perceptrón es la primera "capa" de evaluación. Cada uno de los perceptrones entonces produce una señal de salida que podría ser enviado a otra serie del perceptrón para trabajar en; estas segundas series también emiten otra señal de salida. La segunda capa de salida se conoce como la capa de perceptrón "oculta". Después de ejecutar una serie de capas ocultas, todas las señales se envían a un solo perceptrón;; este último perceptrón produce la señal para decidir si usted está calificado o no para una tarjeta de crédito.

De nuestra explicación, se puede inferir que perceptrón puede emitir señales continuas o binarias (0,1). En nuestro ejemplo de tarjeta de crédito, el perceptrón de una señal es binario. Un perceptrón binario se implementa por medio de funciones de "aplastamiento". Una función de aplastamiento muy simple es la que emite un 1 si el valor de la función es positivo y un 0 si es negativo. La fórmula para esto se resalta a continuación:

$$S(x) = \begin{cases} 1 & \text{if } g(x) > T \\ 0 & \text{if } g(x) \leq T \end{cases}$$

En la ecuación anterior, g(x) representa cualquier función que tome el valor negativo o positivo.

Cuando una red neuronal contiene muchas capas, se conoce como perceptrones "multicapa". Mientras que todos los perceptrones juntos se conocen como un gran perceptrones, único. A continuación se muestra un ejemplo de este tipo de red neuronal:

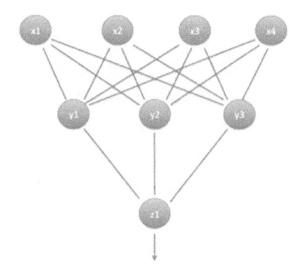

Los modelos de red neuronal son muy similares a Deep Learning. En el aprendizaje profundo, el número de capas ocultas es significativamente mayor que lo que normalmente se llegó en el pasado cuando la potencia computacional es generalmente limitada. Hoy en día, las redes de aprendizaje profundo han aumentado a más de 20-30 capas. Esto dio lugar a la capacidad única de las redes neuronales imitando el mismo proceso que funciona el cerebro humano.

La mayoría de las veces, los NN binarios se ven como una categoría de sistemas más elegantes. Esto se debe a que, como sistema clasificador, a menudo se utilizan para dividir a los miembros de una población en diferentes clases. Aparte de los NN binarios, los NN con salida continua se están volviendo rápidamente populares.

Funciones de aplastamiento

Esto es más general que el binario. En términos simples, la función de aplastamiento es un proceso mediante el cual la señal de salida se aplasta en un rango estrecho, por lo general (0,1). Una elección muy común de la función de aplastamiento es la función sigmoide, popularmente conocida como una función logística. La fórmula para esto es

$$f(x) = \frac{1}{1 + e^{-w\,x}}$$

Donde **w** es el peso ajustable. Otra opción muy común es la función Probit:

f (x) á (w x)

donde la función de distribución normal acumulativa es la función de distribución normal acumulativa.

¿Cómo funciona NN?

La forma más sencilla de ver cómo funciona NN es observar el NN más simple. Esto es simplemente un NN con un solo perceptrón que produce una salida binaria. El perceptrón tiene n entradas, con valores x_i, i a 1...n y pesos actuales w_i, i a 1...n. Genera una salida y. La "entrada neta" se define como:

$$\sum_{i=1}^{n} w_i x_i$$

La señal de salida es y - 0 cuando la entrada neta es mayor que un umbral T. Sin embargo; este no es el caso es si es menor que T si es menor que T, la salida es y - 0. La salida real se conoce como la salida "deseada" y se representa mediante d á 0,1o. Por lo tanto, los datos de "entrenamiento" proporcionados al NN comprenden tanto las entradas xi como la salida deseada d. La salida de nuestro modelo de perceptrón único será la función sigmoide de la entrada neta, que es

$$y = \frac{1}{1 + \exp\left(-\sum_{i=1}^{n} w_i x_i\right)}$$

El error en el NN para un conjunto de entrada dado es

$$E = \frac{1}{2} \sum_{j=1}^{m} (y_j - d_j)^2$$

Aquí, el tamaño del conjunto de entrenamiento es m en yj. Para obtener el NN óptimo, simplemente encontramos el NNóptimo; encontramos los pesos wi que minimiza esta función de error E. Una vez que se obtienen los pesos óptimos, tenemos una red neuronal calibrada "feedforward".

El perceptrón multicapa para una función de aplastamiento dada f y la entrada x á [x1,x2,...,xn], nos daría una salida en la capa oculta de

$$y(x) = f\left(w_0 + \sum_{j=1}^{n} w_j x_j\right)$$

La salida final de NN es:

$$z(x) = f\left(w_0 + \sum_{i=1}^{N} w_i \cdot f\left(w_{0i} + \sum_{j=1}^{n} w_{ji}x_j\right)\right)$$

En la ecuación anterior, la estructura anidada de la red neuronal es obvia.

Modelo Logit/Probit

Un buen ejemplo de un modelo Logit es el modelo especial que tenemos arriba. Sin embargo, el modelo se convierte en un modelo de regresión probit una vez que la función de aplastamiento se lleva a la distribución normal acumulativa. Sin embargo, ya sea Logit o Probit, el modelo se ajusta minimizando los errores al cuadrado, no por máxima probabilidad, que es la forma en que se parametrizan los modelos logit/probit estándar.

Conexión a hiperplanos

Es importante tener en cuenta que en las funciones de aplastamiento binario, pasamos la entrada de red a través de una función sigmoide y luego comparamos con el nivel de umbral T. Esta función sigmoide es monotono. Por lo tanto, esto significa que debe haber un nivel T en el que la entrada neta n.o.1 wi xi debe ser para que el resultado esté en la cúspide. La siguiente es la ecuación para un hiperplano

$$\sum_{i=1}^{n} w_i x_i = T'$$

Esto también significa que las observaciones en el espacio n-dimensional de las entradas xi deben estar en un lado u otro de este hiperplano. Cuando se encuentra por encima del hiperplano, entonces y - 1, más y - 0. A partir de nuestra explicación hasta ahora, los perceptrones únicos en las redes neuronales tienen una simple intuición geométrica.

Comentarios/Retropropagación

La principal diferencia entre la red neuronal ordinaria y las regresiones no lineales es la retroalimentación. Los comentarios desempeñan un papel vital en el rendimiento de la red neuronal. Las redes neuronales aprenden de sus comentarios. Las técnicas utilizadas en la implementación de comentarios es lo que se denomina retropropagación.

Suponiendo que lo que tenemos es un NN calibrado. Tendríamos que obtener otra observación de los datos y luego ejecutarlos a través de la NN. Para obtener el error para esta observación, compararíamos el valor de la salida y y la observación deseada d. Si el error detectado es muy grande, la mejor manera de corregir esto es actualizar el peso en el NN. Esto le permitiría autocorr corregir. El proceso de actualización del peso en NN para autocorrúrme es lo que se conoce como "retropropagación".

El beneficio de la retropropagación es evitar el largo proceso de hacer una tarea de reacondicionamiento completo. Con reglas simples, la corrección se puede hacer en un proceso gradual.

Echemos un vistazo a la retropropagación usando un solo perceptrón en este ejemplo muy simple. Teniendo en cuenta el jth perceptron, el valor sigmoide sería:

$$y_j = \frac{1}{1 + \exp\left(-\sum_{i=1}^{n} w_i x_{ij}\right)}$$

donde yj es la salida del jth perceptron, y xij es la entrada ith para el jth perceptron. El error que se obtenería de esta observación es (yj á dj). Recuerde que E es 1/2 mj-1(yj - dj)2. El cambio de error se puede calcular con respecto a la salida jth.

$$\frac{\partial E}{\partial y_j} = y_j - d_j$$

Note also that

$$\frac{dy_j}{dx_{ij}} = y_j(1 - y_j)w_i$$

and

$$\frac{dy_j}{dw_i} = y_j(1 - y_j)x_{ij}$$

A continuación, examinamos cómo cambia el error con los valores de entrada:

$$\frac{\partial E}{\partial x_{ij}} = \frac{\partial E}{\partial y_j} \times \frac{dy_j}{dx_{ij}} = (y_j - d_j)y_j(1 - y_j)w_i$$

Ahora podemos definir el valor de interés. Esto es simplemente el cambio en el valor de error con respecto a las ponderaciones

$$\frac{\partial E}{\partial w_i} = \frac{\partial E}{\partial y_j} \times \frac{dy_j}{dw_i} = (y_j - d_j)y_j(1 - y_j)x_{ij}, \forall i$$

En este caso, tenemos una sola ecuación para cada observación j y cada peso wi. Es importante tener en cuenta que se aplica a todos los perceptrones. Un caso único es donde cada perceptrón tiene su propio perceptrón, que es wij. En este caso, en lugar de actualizar una sola observación, la actualización se haría en muchas observaciones. Si este es el caso, la derivada del error sería:

•E/-wi-j(yj-dj)yj(1-yj)xij

Por lo tanto, wi se reduciría a E si es E / wi > 0. ¿Cómo lo logramos? Es en este aspecto que se implementan algunos arte y juicio. Para empezar, cuando el peso wi necesita ser reducido, hay un parámetro de ajuste 0 < < 1 que funciona para esto; De manera similar, cuando la derivada es E / wi < 0, entonces wi se incrementaría dividiéndola por .

Capítulo 15

Uno o cero: Cartera digital óptima

Los activos digitales son una inversión binaria. Esto significa que su recompensa es pequeña o grande. En este capítulo, estaríamos explorando algunas características clave de los activos de cartera digitalesóptimos; estos incluyen activos tales como activos de crédito, inversiones de riesgo y loterías. Los esquemas que se tratarán en este capítulo incluyen:

- Cartera Digital Óptima

- Modelado de carteras digitales

Cartera Digital Óptima

Este tipo de acciones de cartera correlacionaron activos con distribuciones conjuntas de Bernoulli. En nuestra explicación, estaríamos utilizando una técnica recursiva fácil y rápida para obtener el retorno en la distribución de la cartera. También estaríamos utilizando el ejemplo para generar orientacionessobre cómo los inversores de activos digitales deben construir su cartera. Recientemente, se ha descubierto que las carteras son mejores cuando se construyen homogéneas en el tamaño de los activos.

Es importante tener en cuenta que la distribución del rendimiento en las carteras digitales suele ser de cola grasa y extremadamente sesgada. El fondo de riesgo es un muy buen ejemplo de este tipo de cartera. La distribución de Bernoulli es una simple representación de la recompensa de la cartera digital. La distribución de Bernoulli tiene muy poco o ningún beneficio por un activofallido; sin embargo, su recompensa por una cartera exitosa es grande. La probabilidad de alcanzar el éxito en la inversión digital es relativamente pequeña. Por lo tanto, la optimización de la cartera de inversión digital no es susceptible a la técnica estándar utilizada para la optimización de la varianza media.

Por lo tanto, en nuestra explicación, estaríamos utilizando una técnica basada en el estándar recursivo utilizado para modelar la distribución de retorno en la distribución de Bernoulli.

Modelando la cartera digital

Tomemos, porejemplo, , que un inversor tiene una opción de n inversiones en activos digitales. La inversión se indexa i a 1,2,..., n. Para cada inversión, hay una probabilidad de éxito qi que produciría si dólar. Dada la probabilidad (1 x qi), la inversión y la puesta en marcha fallarían. Todo el dinero utilizado para la inversión se convertiría en un desperdicio total. El pago del flujo de caja para dicha inversión es:

$$\text{Payoff} = C_i = \begin{cases} S_i & \text{with prob } q_i \\ 0 & \text{with prob } (1 - q_i) \end{cases}$$

A continuación se muestra la función para determinar si una inversión es exitosa o no:

$$y_i = \rho_i\, X + \sqrt{1 - \rho_i^2}\; Z_i, \quad i = 1 \ldots n$$

En este caso, el coeficiente $\in$ que correlaciona un factor común normalizado X a N (0,1) con un umbral yi. La correlación se debe entre los activos digitales de la cartera por el factor común. Por lo tanto, asumimos que Zi - N(0,1) y Corr(X,Zi) - 0,i. Por lo tanto, el ái-j representa la correlación entre los activos i y j.

Tenga en cuenta que la media y la varianza de yi son: E(yi) á 0,Var(yi) á 1,ái. Condicional sobre X, los valores de yi son todos independientes, como Corr(Zi,Zj) á 0. A continuación, formalizamos el modelo de probabilidad para el éxito o el fracaso de la inversión definiendo primero una variable xi con la función de distribución F(-), de tal manera que F(xi) - qi, nos da la probabilidad de éxito de la inversión digital. Condicionado a un valor fijo de X, la probabilidad de éxito de la inversión ith sería:

$$p_i^X \equiv Pr[y_i < x_i | X]$$

Tomando el valor normal para ser F, tendríamos:

$$p_i^X = Pr\left[\rho_i X + \sqrt{1 - \rho_i^2}\, Z_i < x_i | X\right]$$

$$= Pr\left[Z_i < \frac{x_i - \rho_i X}{\sqrt{1 - \rho_i^2}} | X\right]$$

$$= \Phi\left[\frac{F^{-1}(q_i) - \rho_i X}{\sqrt{1 - \rho_i}}\right]$$

A partir de la ecuación anterior, la función de densidad normal acumulativa es de 2 (.). Tomando el valor para el nivel del factor común como X, la correlación de activos y las probabilidades de éxito incondicional qi, nuestra probabilidad de éxito condicional para cada activo sería pXi. Cuanto más X varía, más varía nuestro pXi. Estaríamos eligiendo la función F(xi) como la función de probabilidad normal acumulativa para los ejemplos numéricos que estaríamos tratando.

Una inversión se considera exitosa I tiene un alto beneficio Si. El flujo de efectivo de la cartera es una variable aleatoria

$$C = \sum_{i=1}^{n} C_i.$$

La suma de todos los activos digitales de flujo de caja nos daría el flujo de caja máximo que sería generado por la cartera. Esto se debe a que cada resultado es un éxito.

$$C_{max} = \sum_{i=1}^{n} S_i$$

Para simplificar el problema, simplemente asumiríamos que Si es unentero, y redondeamos la cantidad más cercana al dígito significativo. Por lo tanto, si la cantidad más cercana al dígito significativo es un millón, cada Si sería un entero de un millón.

Recordemos que en nuestra fórmula anterior, condicionada a un valor de X, la probabilidad de éxito del activo digital i se da como pXi. Esta técnica de recursividad nos facilitaría generar la probabilidad de flujo de efectivo de la cartera para cada nivel de X. Sobre la base de esto, simplemente utilizamos la distribución marginal para X representada por g(X) para componer estas distribuciones condicionales (en X) en la distribución incondicional de todas las carteras. Como resultado, la probabilidad total de flujo de caja de la cartera, condicionada a X sería f(C- X).

$$f(C) = \int_X f(C|X) \cdot g(X)\, dX$$

Conclusión

La ciencia de datos es más amplia que la informática o lasestadísticas; sin embargo, para sobresalir en elcampo, el conocimiento de estos dos es muy necesario. De nuestras explicaciones hasta ahora, se ha explorado mucho bajo estos dos campos. Por ejemplo, el análisis de Fourier, la extracción de datos, las variables dependientes limitadas están todas bajo el campo de las estadísticas, mientras que los algoritmos, la regresión lineal y no lineal, las subastas, las teorías de la red, las redes neuronales y más son frecuentes en el campo de la informática.

Al explicar algunas de las teorías del libro, utilizamos una técnica de recursividad prestada de muchos portafolios y ejemplos diferentes. También explicamos la principal diferencia entre la regresión no lineal y lineal, utilizando esto como fondo para explorar lo que implica la cartera digital óptima. Algunas teorías populares utilizadas en ciencia de datos, como Bass, Bayes, GARCH/ARCH,, y muchas más,, se explicaron en detalle. No sólo esto, exploramos diferentes modelos como el modelo Markowitz, Eigensystem, análisis de factores y muchos más.

Se observaron en detalle áreas importantes como el abastecimiento web con el uso de API, clasificador detexto, clasificador de recuento de palabras y muchas más. Los enfoques empleados en cada capítulo del libro son muy simples. Amplias estadísticas sobre modelos y teorías fueron golpeadas en detalles explicativos para que los lectores sean capaces de captar todas estas áreas.

Con un estudio y una práctica coherentes, se garantiza que los científicos de datos sobresalen en su campo.

CIENCIA

DE DATOS

Métodos y estrategias avanzados para
aprender ciencia de datos para empresas

William Vance

Introducción

Hay una transformación cada vez mayor que cambiará por completo la forma en que se derivan los conocimientos empresariales. El nombre que hemos acuñado para este propósito es Ciencia de datos, ¡y sí! Transformará varios aspectos de un negocio, que van desde la forma en que se realizan las transacciones hasta diversos aspectos de las decisiones de marketing.

El objetivo de este libro es guiarle a través de las principales estrategias de la ciencia de datos avanzada, y cómo se puede utilizar para diversos procesos de decisión empresarial, así como proporcionar estrategias prácticas sobre cómo puede aprovechar la omnispreocupación de las oportunidades de datos para el crecimiento empresarial.

Si bien el libro es avanzado, toda la información incluida está escrita en oraciones simples que pueden ayudar a facilitar su camino de aprendizaje en el mundo de la ciencia de datos avanzada y el análisis. Así que, en pocas palabras, esto es lo que vamos a cubrir a medida que avanzamos:

- La omnisividad de las oportunidades de datos

- El proceso general de las decisiones empresariales y cómo la ciencia de datos es útil durante este proceso

- diversos enfoques analíticos de las empresas

- lenguajes de programación,

- Y visualización de datos.

Generalmente, nos aburrimos rápidamente, o debería decir asustado cuando estamos aquí acerca de la ciencia de datos. La verdad es que realmente no hay nada de qué temer con respecto a la ciencia de datos como un nuevo enfoque para el crecimiento empresarial. Los conceptos son directos, y las técnicas aplicadas son simples, especialmente cuando se utiliza la guía correcta. Le guiaremos a través de métodos y estrategias avanzadas, pero aún más simples para aprender y aplicar la ciencia de datos para el crecimiento de su negocio.

Capítulo Uno

Un vistazo al Papel del Big Data en el Crecimiento Empresarial

En algún momento, hemos estado completamente sumergidos con datos desde hace bastante tiempo. Está en todas partes, y si usted es algo como yo, usted puede estar preguntándose la esencia de la cantidad de datos recogidos diariamente, su impacto en el mundo de los negocios y cómo los propietarios de negocios cotidianos los están utilizando. Bueno, aquí hay buenas noticias. He decidido hacer que su largo camino de búsqueda y aprendizaje en el mundo de la ciencia de datos sea menos extenuante. Este libro contiene métodos y estrategias avanzadas que pueden ayudarle a aprender la A-Z de la ciencia de datos para empresas. Sin embargo, aunque el libro está lejos de ser "básico", toda la información está estructurada para hacer que su proceso de aprendizaje sea menos extenuante pero, sin embargo, eficaz. Para que su camino de aprendizaje sea fácil, debemos echar un vistazo rápido al mundo del big data y su impacto en el crecimiento del negocio. Así que aquí estamos – ¡bienvenidos al mundo del Big Data y la Ciencia de Datos!

La omnisividad de las oportunidades de datos en los negocios

El poder del big data y la ciencia de datos están revolucionando el mundo y, de hecho, cambiando la forma en que se hacen las cosas en los últimos tiempos, incluso desde las opciones de estilo de vida convencional de los ciudadanos digitales de hoy en día hasta las grandes empresas y las empresas emergentes. En pocas palabras, la información sobre ciencia de datos está impulsando cambios y mejoras en todas las arenas, y han demostrado ser útiles para la mayoría de los propietarios de negocios. Si bien la ciencia de datos puede parecer nueva para muchos, es una habilidad esencial que puede ayudarte a mantenerte en la cima del juego.

En el pasado, varias empresas y organizaciones podían buscar los servicios de un analista, estadísticos y, a veces, modeladores para explorar conjuntos de datos manualmente. Aun así, el reciente aumento del volumen y los tipos de datos ha superado con diferencia la capacidad de análisis manual. Al mismo tiempo, los equipos se han vuelto mucho más eficaces en la exploración de conjuntos de datos. Las redes se han vuelto omnipresentes y los algoritmos se han creado de tal manera que pueden vincular fácilmente conjuntos de datos para que sea posible un análisis más amplio y en profundidad que antes. Este cambio reciente ha dado lugar al uso de principios de ciencia de datos y técnicas mineras en la mayoría de las empresas.

La ciencia de datos y la minería de datos se han utilizado en varias industrias. Es bastante razonable pensar que las estrategias de minería de datos más utilizadas están en actividades de marketing como marketing dirigido, publicidad en línea y recomendaciones de venta cruzada. Pero aquí hay un consejo rápido, la ciencia de datos se utiliza comúnmente y continuamente en varios departamentos de negocios. Por ejemplo, la administración de relaciones con el cliente implica procedimientos de minería de datos que se pueden usar para evaluar el comportamiento del cliente para mitigar el volumen de negocios y optimizar el valor esperado del cliente. La industria financiera utiliza la minería de datos para la puntuación de crédito y el comercio, y en las operaciones a través de la detección de fraude y la gestión de la fuerza de trabajo. Los principales minoristas de Walmart a Amazon aplican la minería de datos en todas sus empresas, desde la comercialización hasta la gestión de la cadena de suministro. La mayoría de las empresas y organizaciones se han distinguido estratégicamente, al tiempo que aumentan su ventaja competitiva con el uso de la ciencia de datos, a veces hasta el punto de convertirse en una empresa de minería de datos.

La ciencia de datos ha demostrado ser eficaz de muchas otras maneras, y exploraremos algunos de ellos en los siguientes puntos a continuación.

1. Toma de decisiones racionales con pruebas medibles

El proceso tradicional de toma de decisiones y la inteligencia empresarial eran más abstractos y estáticos. Sin embargo, sobre la base de los recientes avances tecnológicos y el advenimiento de métodos y estrategias avanzadas de ciencia de datos, el proceso de toma de decisiones es cada vez más complejo y, por supuesto, más eficaz.

De hecho, la importancia de los datos no puede ser exagerada en todas las organizaciones, pero lo que hace que todo el proceso de recopilación de datos sea más significativo es el científico de datos. Los datos deben estar a disposición de todos los responsables de cada organización. Todo el concepto de ciencia de datos puede parecer extenuante, ya que aproximadamente el 80% de todos los datos no están estructurados, y se requieren técnicas analíticas predictivas para obtener información sobre los datos recopilados diariamente. Su empresa creará modelos predictivos para probar una gama de posibilidades extrayendo números y estadísticas de la ciencia de datos. Esto permitirá a las empresas aprender el enfoque para lograr el mejor resultado posible y recomendar acciones racionales en el mejor de los casos para mejorar el rendimiento.

El proceso de toma de decisiones incluye la evaluación y el examen de diversos aspectos que se incorporan a la materia. La toma de decisiones es un proceso en seis etapas:

- **Etapa 1: Identificación del problema**

- **Etapa 2: Recopilación y recopilación de información relevante**

Para cada decisión, es necesario que recopile y coteje información relevante: aquí, se espera que llegue a una decisión adecuada con respecto a la información necesaria para resolver el problema en cuestión, donde dicha información puede ser derivada, y la práctica óptima que se requiere para la recopilación. Cada paso implica "datos" tanto interna como externamente.

- **Etapa 3: Seleccione las posibles rutas de las acciones**

Durante esta etapa, debe identificar y seleccionar las alternativas necesarias que son esenciales para su proceso de toma de decisiones a medida que recopila la información. Esto puede requerir la construcción de nuevas opciones utilizando información complementaria, y por supuesto, su intuición. En esta etapa, se identificarán todas las acciones factibles y rentables.

- **Etapa 4: Hacer un análisis razonable y sopesar las pruebas**

Haga inferencias razonables sobre la información disponible. Esto le ayudará a tomar decisiones racionales con respecto a las alternativas disponibles, y se pueden determinar acciones menos favorables. Si cada alternativa se llevó a cabo hasta el final, evaluarla; utilizando cada opción para que se pueda resolver la necesidad definida en la primera etapa.

- **Etapa 5: Elija la mejor opción del conjunto de acciones inscrito**

- **Etapa 6: Revise sus decisiones.**

Claramente, ninguno de estos procesos se puede lograr sin la ayuda de un científico de datos.

2. Mejorar la relevancia de su producto

Las metodologías de ciencia de datos pueden explorar la historia, hacer comparaciones competitivas, analizar el mercado y, en última instancia, hacer recomendaciones sobre cuándo y dónde se venderán mejor sus productos o servicios. Esto puede ayudar a una empresa a entender cómo su producto está beneficiando a otros y desafiando los procesos de negocio existentes según sea necesario. Esta constante investigación y reflexión científica de datos ofrece una comprensión profunda de la respuesta del mercado a los productos y servicios de su negocio. Al ver cómo se utiliza más su producto, reconsiderará su modelo y se asegurará de proporcionar las soluciones que sus clientes necesitan.

3. Automatización del reclutamiento

Ciencia de Datos ha demostrado ser eficaz en el crecimiento y desarrollo de varias organizaciones. Esto incluye la automatización del proceso de contratación. Una de estas actividades es la selección y el reclutamiento de candidatos potenciales. Reclutar al mejor talento puede ser abrumador, ya que la mayoría de las organizaciones tienden a competir con hordas de CV candidatos todos los días. Sin embargo, se vuelve más rápido y más confiable con la ciencia de datos. Con todos los puntos de datos de talento disponibles en las redes sociales, los repositorios corporativos y los sitios de trabajo, las organizaciones pueden trabajar a través de estos puntos de datos y utilizar métodos analíticos para identificar a los solicitantes que se adapten mejor a la empresa. Algunas empresas importantes pueden incluso ser capaces de atraer miles de CV para- un papel. Las empresas hacen uso de la ciencia de datos para dar sentido a todos estos CV y seleccionar al candidato adecuado.

En otras palabras, puede extraer los datos existentes de los solicitantes, lo que simplemente significa encontrar trabajadores que se ajusten a la cultura de la empresa en lugar de simplemente verse bien en papel. Esto es particularmente importante si recibe un gran número de solicitantes y está buscando ocupar un papel rápidamente.

4. Capacitación de personal

Incluso con el personal adecuado, puede ser una tarea difícil mantener a sus empleadores actualizados con respecto a los cambios recientes en el espacio de trabajo, el entorno y la industria. La ciencia de datos recopilará información que sus trabajadores necesitan aprender. Los conocimientos y conocimientos adquiridos se pueden utilizar para complementar el software de TI que contiene experiencia crítica para los empleados. También puede crear un equipo estratégico y perspicaz que pueda utilizar estos conocimientos para impulsar el negocio recopilando datos duros y presentando estadísticas y hechos de los empleados a los que pueden acceder en cualquier momento.

5. Identificar tu público objetivo

Se estima que generamos alrededor de 2.500 millones de gBs de datos por día. Puede ser un desafío capturar lo que es relevante para sus clientes y su empresa con esta cantidad cada vez mayor de datos. Cada dato de datos que su empresa recopila de sus clientes, ya sean redes sociales, visitas a sitios web o encuestas por correo electrónico, contiene datos que se pueden analizar para comprender mejor a sus clientes.

Puede integrar puntos de datos para crear inforkjmación y dirigirse a sus clientes de forma más eficiente mediante el uso de la ciencia de datos con la información que recibe su cliente. Esto implica que puede adaptar los servicios y productos a grupos específicos. Por ejemplo, la identificación de asociaciones de edad a ingreso saque a la organización a crear nuevas promociones u ofertas para audiencias que pueden no haber estado disponibles anteriormente. La implementación de métodos de ciencia de datos en la empresa agregará valor a la toma de decisiones, reclutamiento, capacitación, marketing y más de diversas maneras. El análisis de los datos dará lugar a decisiones bien informadas que permiten a su negocio crecer de manera inteligente y estratégica. Tomarse el tiempo para usar la ciencia de datos, y descubrir los hechos detrás de sus resultados es un recurso que debe ser útil para cada empresa.

6. Análisis predictivo

Un determinante importante del crecimiento y el éxito de la organización es el análisis predictivo. Las industrias han aumentado su capacidad para llevar a cabo análisis rigurosos con varios tipos de datos después de la llegada de sofisticadas herramientas y tecnologías estadísticas. Por lo general, el análisis predictivo hace uso de algoritmos de aprendizaje automático para pronosticar el resultado de un evento. Por otro lado, este resultado futuro sólo se predice con el uso de datos históricos (explicamos más sobre esto en los capítulos cuatro y cinco).

Para las empresas, hay implementaciones específicas de análisis predictivos como análisis de beneficios, tendencias y análisis de la industria, segmentación del mercado, calificaciones de riesgo y análisis sobre el comportamiento del consumidor.

7. Generar decisiones comerciales significativas

Hemos discutido cómo la ciencia de datos desempeña un papel esencial en la previsión de resultados y rendimiento específicos en el punto destacado anterior. Para que las empresas conozcan los resultados futuros, estas predicciones son necesarias. Basándose en esto, las empresas están tomando decisiones basadas en datos. En el pasado, debido a la falta de investigación o a la mera dependencia de lo que yo llamo "buenos sentimientos", muchas empresas tomarán malas decisiones, lo que a veces puede conducir a algunas decisiones desastrosas que eventualmente pueden resultar en millones de pérdidas.

Sin embargo, con la disponibilidad de una gran cantidad de datos y los recursos de datos y herramientas necesarios, las organizaciones medidas ahora pueden tomar decisiones basadas en datos. De hecho, las decisiones empresariales se pueden tomar utilizando herramientas robustas que no solo procesan los datos de manera más eficiente, sino que también producen resultados precisos. Es un requisito previo para que las empresas las evalúen después de tomar decisiones a través de la predicción de eventos futuros. Esto se puede hacer a través de varias herramientas de prueba para la hipótesis. Las empresas deben entender cómo estas decisiones afectan su rendimiento y crecimiento después de que se hayan implementado las decisiones. Si los llamados resultados conducen a un resultado contradictorio, entonces debe ser analizado, mientras que el factor ralentiza su rendimiento eliminado. Existen diferentes procedimientos mediante los cuales las organizaciones pueden analizar sus acciones y preparar una estrategia adecuada para el compromiso. Estas decisiones giran en torno a las necesidades de sus clientes, los objetivos de negocio y las necesidades de los gerentes de proyecto. Las empresas obtendrán ganancias significativas con la ayuda de métodos y estrategias avanzados de ciencia de datos para predecir el rendimiento. Esto se puede llevar a cabo fácilmente después de un análisis cuidadoso, mientras que el curso de acción actual se utiliza para hacer deducciones útiles sobre el futuro.

Con suerte, hemos sido capaces de discutir la importancia de la ciencia de datos en el mundo empresarial, y cómo puede estimular el crecimiento y el desarrollo en todas las organizaciones. Echemos un vistazo al caso práctico de Walmart y exploremos cómo utilizan los datos para transformar la cadena de suministro y considerar las necesidades de los consumidores.

Caso práctico de Walmart Ciencia de Datos

Con más de dos millones de empleados y 20.000 tiendas en 28 naciones, Walmart es el minorista más grande del mundo y la empresa basada en ingresos más grande del mundo. Para las operaciones en esta escala, no es de extrañar que hayan visto el valor del análisis de datos durante mucho tiempo. Años atrás, cuando el huracán Sandy golpeó a los Estados Unidos, descubrieron que los descubrimientos podrían salir a la luz cuando los datos se analizan en su conjunto, en lugar de como conjunto individual. La CIO Linda Dillman enumeró algunas estadísticas sorprendentes en un intento de pronosticar la demanda de suministros de emergencia frente al huracán Sandy que se acercaba.

Además de linternas y equipos de emergencia, el mal tiempo previsto había llevado a un aumento en las ventas de Pop-Tarts de fresa en varios otros lugares. En 2012, los envíos adicionales de estos fueron entregados a las tiendas a lo largo de la ruta del huracán Frances y se vendieron excepcionalmente bien.

Desde entonces, Walmart ha crecido considerablemente en su departamento de Big Data y Analytics, al tiempo que aumenta su ventaja competitiva con el tiempo.

¿Qué problema buscan resolver con la ayuda de la "Big Data and Ciencia de Datos"?

Los supermercados venden millones de artículos todos los días a millones de personas. Es un negocio ferozmente competitivo que depende de una gran proporción de personas que viven en el mundo desarrollado para proporcionarles el día a día necesario. Los supermercados están compitiendo no sólo en términos de precio, sino también en términos de servicio al cliente y, lo que es más importante, comodidad. Tener los bienes adecuados en el lugar correcto en el momento adecuado para que las personas adecuadas puedan comprarlos plantea enormes desafíos logísticos. Los productos deben tener un precio eficaz para seguir siendo competitivos. Y si los clientes encuentran que bajo un mismo techo no pueden obtener todo lo que necesitan, van a buscar en otro lugar una tienda que se adapte mejor a su apretada agenda.

Por lo tanto, en pocas palabras, las siguientes son algunas maneras Walmart está utilizando la ciencia de datos para resolver sus problemas de negocio:

- Walmart utiliza análisis en tiempo real para analizar los patrones de compra de los clientes. Les ayuda a almacenar en los productos actuales, así como artículos que serán necesarios en el futuro en función de varios factores.

- Walmart utiliza la ciencia de datos para mejorar la eficiencia de los checkouts de la tienda, ya que las salidas pueden llegar a estar llenas inesperadamente. Esto hace que el manejo de sus clientes durante este período sea totalmente difícil y desafiante para los empleados de Walmart. Walmart puede, sin embargo, llevar a cabo análisis razonables para determinar el tipo de pagos que son esenciales para cada salida. Esto se lleva a cabo a menudo con la ayuda de análisis predictivos.

- Con la ayuda de la ciencia de datos, Walmart controla la cantidad de inventario y distribución. Dirige y controla su inventario (cadena de suministro) y analiza su tasa de agotamiento, tomando los pasos necesarios a través de una logística eficiente. También analizan los carriles necesarios para cada camión. En resumen, utilizan la ciencia de datos para encontrar el carril óptimo para garantizar la rentabilidad y la minimización del tiempo.

- Walmart personaliza la experiencia de compra evaluando las expectativas y el comportamiento de los consumidores. Utilizando la ciencia de datos, monitorea los patrones de compra de los consumidores y ofrece productos y descuentos adicionales para mejorar su experiencia de compra.

Uno de los objetivos principales de este libro es ayudarle a interpretar los problemas empresariales desde una perspectiva de datos y comprender los principios de extraer información de datos útil. El pensamiento analítico de datos tiene una estructura fundamental y principios fundamentales que deben revertirse. Cuando comprenda la amplia gama de oportunidades que ofrece la ciencia de datos, puede fortalecer rápidamente su pensamiento analítico de datos. Al mismo tiempo, puede obtener una comprensión de cómo y dónde aplicar la imaginación y el conocimiento del dominio.

La ciencia de datos puede agregar valor a cualquier empresa que pueda hacer un buen uso de su información. Desde estadísticas e información hasta flujos de trabajo y contratación de nuevos candidatos para ayudar a los empleados senior a tomar decisiones mejor informadas. Sin duda, la ciencia de datos es valiosa para todos los negocios. Suficiente de la mirada rápida, vamos a entrar en acción ya!

Capítulo Dos

Revisitar los Conceptos Básicos

El capítulo anterior dedica una gran atención a los beneficios del big data y la ciencia de datos en el crecimiento empresarial. Pero antes de profundizar en nuestro principal tema de preocupación, creemos que es mejor que revisemos los conceptos básicos sólo para obtener el sabor esencial del tema.

Ciencia de Datos, Aprendizaje automatizado y Minería de Datos

Todos sabemos que la ciencia es un método sistemático mediante el cual los individuos estudian y describen una situación o sucesos del mundo real. De la misma manera, podemos pensar en la ciencia de datos como un estudio científico que se dedica exclusivamente a la búsqueda del conocimiento a través del análisis de datos. Para hacer esto de manera efectiva, utiliza algunos conjuntos de estrategias y métodos que sólo se pueden llevar a cabo eficazmente con la ayuda de métodos y estrategias de ciencia de datos.

La ciencia de datos requiere un conjunto de principios, descripciones de problemas, algoritmos y procesos para extraer patrones de grandes conjuntos de datos que no son obvios y útiles. A través de campos relacionados como el aprendizaje automático y la minería de datos, se han desarrollado muchos de los elementos de ciencia de datos. Los profesionales de la ciencia de datos utilizan sus herramientas para extraer conocimientos que de otro modo serían imposibles de lograr con fenómenos básicos. Los enfoques de ciencia de datos están equipados con variedades de métodos básicos y avanzados que han demostrado ser eficaces en los procesos de toma de decisiones de la industria y otras situaciones del mundo real. Con la incorporación de la ciencia de datos en la mayoría de las empresas e industrias, las empresas están equipadas con los conocimientos necesarios para automatizar el procedimiento operativo, al tiempo que aumentan la generación de ingresos y la eficiencia.

Por otro lado, las técnicas y metodologías de ciencia de datos se han adoptado con éxito en la investigación para obtener datos, que son necesarios para llevar a cabo un análisis riguroso sobre una materia. En pocas palabras, podemos decir que se extiende a través de un enorme campo y disciplina. Pero para este libro, tuvimos que restringir nuestro camino de aprendizaje a aquellas técnicas que son específicamente beneficiosas para el análisis empresarial por sí solo.

Pero recuerde: para mantenerse en la cima de su juego, necesita habilidades en matemáticas, programación informática y otras habilidades estadísticas antes de que realmente pueda llamarse a sí mismo un científico de datos. No te preocupes, cubriremos algunos de ellos también en este libro.

En realidad, la ciencia de datos, el aprendizaje automático y la minería de datos se han utilizado indistintamente en varias ocasiones. Una similitud fundamental entre estos campos es el hecho de que a menudo se utilizan para hacer y mejorar el proceso de toma de decisiones a través del análisis de datos. Sin embargo, si bien la ciencia de datos toma prestado de estos otros campos, es más completa en el ámbito. El aprendizaje automático (ML) se centra en el diseño y la evaluación de algoritmos de extracción de patrones de datos. La minería de datos normalmente se ocupa del análisis de datos estructurados y a menudo incluye un énfasis en las aplicaciones comerciales. La ciencia de datos tiene en cuenta todas estas preocupaciones, pero también aborda otros problemas, como la recopilación, limpieza y procesamiento de redes sociales no estructuradas y datos web; el uso de tecnología de big data para almacenar y procesar conjuntos de datos masivos y no estructurados; y ética de datos y cuestiones regulatorias.

Podemos extraer diferentes tipos de patrones utilizando la ciencia de datos. Por ejemplo, es posible que deseemos eliminar patrones que nos ayuden a identificar grupos de clientes con comportamientos y gustos similares. En la jerga empresarial, esto se conoce como segmentación de clientes, y en la terminología de ciencia de datos, se denomina agrupación en clústeres. Alternativamente, es posible que deseemos derivar una tendencia que distinga los productos que a menudo se compran juntos. Un proceso llamado ley de asociación minera. O tal vez queremos encontrar patrones que reconozcan ocurrencias inusuales e irregulares, como reclamos de seguros falsos, un proceso conocido como anomalía o detección de valores atípicos. Más aún, podríamos querer identificar patrones únicos que nos pueden ayudar a clasificar las cosas. La siguiente regla, por ejemplo, ilustra cómo podría ser un patrón de clasificación extraído de un conjunto de datos de correo electrónico: si un correo electrónico contiene la frase "¡Empezar a ganar ahora!" es probable que sea un correo electrónico de spam. La detección de estos tipos de leyes de clasificación se conoce como predicción.

La palabra predicción puede parecer una opción extraña porque la regla no predice lo que va a suceder en el futuro: el correo electrónico ya es o no es un correo electrónico no deseado. Por lo tanto, es mejor pensar en estos patrones de predicción como predecir el valor que falta en un atributo en lugar de predecir el futuro. En este caso, predecimos si la calidad de la clasificación de correo electrónico debe tener o no el significado de "spam". Aunque podemos usar la ciencia de datos para extraer diferentes tipos de patrones, siempre queremos que los patrones extraídos sean menos obvios y, al mismo tiempo, útiles. La regla de clasificación de correo electrónico dada en el párrafo anterior es tan simple y evidente que si fuera la única regla extraída por el proceso de ciencia de datos, nos sentiríamos decepcionados. Por ejemplo, esta regla de clasificación de correo electrónico solo rige un atributo de un correo electrónico: ¿contiene el correo electrónico la frase "Comienza a ganar ahora!" Si un experto humano puede crear fácilmente una tendencia en su cabeza, por lo general no vale la pena el tiempo y el esfuerzo utilizados durante la ciencia de datos.

En términos generales, la ciencia de datos es útil cuando tenemos un gran número de muestras de datos, y cuando los patrones son demasiado complejos para que las personas lo descubran y recuperen manualmente. Como límite inferior, un gran número de muestras de datos se pueden definir y analizar fácilmente con la ayuda de la ciencia de datos. Aún así, con la ayuda de un experto humano como estadísticos y similares, apenas hay una amplia gama de matrices de datos que cubrir.

Pero entonces, con respecto a la naturaleza y complejidad de los patrones, también podemos describirlo en relación con las habilidades humanas. Nosotros, los seres humanos, somos razonablemente buenos para identificar reglas que prueban uno, dos o incluso tres atributos (también comúnmente conocidos como características o variables). Aún así, cuando vamos más allá de tres atributos, podemos empezar a luchar para lidiar con las interacciones entre ellos. La ciencia de datos, por otro lado, se utiliza a menudo en contextos donde queremos buscar patrones entre decenas, cientos, miles y millones de atributos, en casos extremos.

Los patrones que utilizamos la ciencia de datos para extraer sólo son útiles si nos dan una idea del problema que nos permite hacer algo para ayudar a resolver el problema. En este contexto, la frase perspicacia procesable a veces se utiliza para describir el resultado que queremos de los patrones extraídos. El término información señala el hecho de que los llamados patrones nos proporcionarán información relevante sobre el tema que no es obvio.

Científico de datos frente a ingeniero de datos

Si bien parece haber enormes diferencias y similitudes con respecto al papel y las responsabilidades de los científicos de datos y un ingeniero de datos, su mayor disparidad a menudo gira en torno a su área de especialización y enfoque.

Cada uno tiene una gama específica de especialización que ayuda a las empresas a destacar las tendencias recientes en las empresas y desarrollar procedimientos de negocio. Pero entonces, ¿cómo es posible desarrollar un valor real para la mayoría de las organizaciones? Abordaremos algunas de estas cuestiones a medida que avancemos.

Podemos definir a un ingeniero de datos como un genio de los datos cuyo papel principal está alineado para preparar las herramientas e infraestructura necesarias que son esenciales para el análisis de datos. Los ingenieros de datos se centran en la preparación para producir elementos esenciales de datos que se necesitan para un análisis. Algunas de estas opciones incluyen seguridad, escalado de datos, formatos, seguridad y escalado.

La mayoría de los ingenieros de datos provienen de una experiencia en ingeniería de software y son capaces de programar lenguajes como Python, Scala y Java. Más aún, pueden tener antecedentes numéricos para ayudarles a utilizar varios métodos teóricos para ofrecer soluciones efectivas a los problemas empresariales generales.

También tienen experiencia en el desarrollo y la gestión de sistemas distribuidos para analizar grandes volúmenes de datos. Su objetivo principal, sin embargo, es ayudar a los científicos de datos a transformar una serie de conjuntos de datos en decisiones realistas y viables. Aunque la ciencia de datos es bastante antigua y, se considera como un nivel complejo de aprendizaje automático y ciencias de la computación en general. Antes del inicio de la ingeniería de datos como un rol diferente, los científicos de datos desempeñaron más del 50% de un rol de ingeniero de datos. En otras palabras, desempeñaron funciones esenciales como la limpieza de datos, al tiempo que proporcionaron herramientas esenciales necesarias para llevar a cabo un análisis. Los científicos de datos de hoy se centran en descubrir nuevas perspectivas a partir de la información que los ingenieros de datos han limpiado para su análisis habitual. Así que supongo que podemos decir que toda la comparación entre la ciencia de datos y la ingeniería de datos no es un gran problema después de todo. Más específicamente, porque trabajan mano a mano de tal manera que complementan al otro para ayudar a las organizaciones a alcanzar sus objetivos y metas comerciales ideales.

Ambos tienen algunas habilidades similares, pero eso no significa que las posiciones sean intercambiables. Ambos son programadores de todos modos. Sin embargo, los ingenieros de datos tienen un mayor nivel de conocimiento cuando se trata de programación, mientras que por otro lado, los científicos de datos están más equipados cuando se trata de análisis de datos. A pesar de todo, debido a los recientes avances tecnológicos, muchos científicos de datos están empezando a ser clave en la programación. Esto les ha ayudado a hacer análisis de datos complejos y toma de decisiones automotrices. No se espera que los ingenieros de datos tengan habilidades analíticas avanzadas; sólo necesitan ser capaces de entender las especificaciones de cada tarea del proyecto.

Por último, tenga en cuenta que en una estructura organizativa más amplia, los ingenieros de datos y los científicos de datos son solo dos posiciones pequeñas. En el éxito de cualquier iniciativa basada en datos, los gerentes, los empleados de nivel medio y los líderes corporativos también desempeñan un papel enorme.

La principal ventaja de integrar la ciencia de datos y la ingeniería de datos en sus iniciativas es optimizar sus datos externos e internos para mejorar las capacidades de apoyo a la toma de decisiones de su empresa.

El rompecabezas de ciencia de datos

Para practicar la ciencia de datos, necesita los conocimientos teóricos de matemáticas y estadísticas en el verdadero significado del término, las habilidades de codificación necesarias para trabajar con datos y un área de especialización en la materia. También podría llamarse a sí mismo un matemático o un estadístico sin conocimiento de la materia. Del mismo modo, puede ser mejor considerar un programador de software sin experiencia en la materia y conocimientos analíticos como ingeniero o desarrollador de software, pero lo contrario es el caso para la mayoría de los científicos de datos.

Debido al aumento exponencial de la demanda de información de datos, cada área se ve obligada a adoptar la ciencia de datos. Como tal, han surgido varios sabores de ciencia de datos. Las siguientes son solo algunas funciones en las que los profesionales utilizan la ciencia de datos de cada disciplina —

- Científico de datos de personalización de mercado

- Analista de datos de ingeniería geográfica

- Análisis geoespacial

- Director de banca, analista de datos, etc.

Recopilación, análisis y uso de datos

Los ingenieros de datos son responsables de almacenar y recopilar grandes porciones de datos, incluidos conjuntos de datos estructurados, semiestructurados y no estructurados. Los datos semiestructurados son aquellos conjuntos de datos que sobrevaloran la capacidad de manejar sistemas de bases de datos tradicionales porque son demasiado masivos, viajan demasiado rápido o no cumplen con las especificaciones técnicas de la arquitectura de base de datos tradicional. Por lo general, la ciencia de datos se extiende a través del análisis de datos, la predicción y la visualización. Dadas estas disparidades, un científico de datos recopila, busca y absorbe datos a lo largo del proceso analítico; realiza investigaciones, que es algo similar al papel de un ingeniero de datos en una organización.

Aunque se pueden producir deducciones útiles a partir de un conjunto de datos determinado, varias combinaciones de conjuntos de datos también proporcionan la información contextual necesaria para impulsar mejores decisiones informadas sobre los datos. Un científico de datos puede operar desde varios conjuntos de datos que se encuentran en almacenes de datos individuales y múltiples. A veces, las fuentes de datos se almacenan y analizan con la ayuda de ingenieros de software y datos. Independientemente de cómo se compilen los conjuntos de datos o dónde se almacenen, es posible que deba consultar los conjuntos de datos si está realizando la ciencia de datos. También puede escribir comandos para recuperar conjuntos de datos relevantes del sistema de almacenamiento de datos. Use lenguaje de consulta estructurado (SQL) para consultar datos la mayor parte del tiempo. Vamos a hacer un montón de excavación sobre SQL, así que si usted está asustado por el acrónimo, relajarse, y nos permite guiarlo a través del proceso.

La importancia de las matemáticas y las estadísticas en la ciencia de datos

Debido a que estas son las habilidades necesarias para entender el poderoso significado de los datos y sus procedimientos, la mayor parte de la ciencia de datos depende en gran medida de las matemáticas y la experiencia estadística de un profesional. Para la ciencia de datos, las habilidades matemáticas y estadísticas son bastante esenciales porque puede usarlas para realizar análisis estadísticos, toma de decisiones y pruebas de hipótesis.

Antes de ir más lejos, es esencial detenerse aquí mismo y explicar claramente las disparidades entre los campos de las matemáticas y las estadísticas. Mientras que los enfoques matemáticos utilizan enfoques deterministas, deductivos y numéricos para derivar una situación del mundo real sólida y basada en numéricos, las estadísticas, por otro lado, es un método científico derivado de enfoques matemáticos. Hacen uso de enfoques estocásticos, un enfoque basado en la probabilidad, para formar una descripción cuantitativa del mundo.

El uso de métodos estadísticos para derivar información

El uso de métodos estadísticos es esencial en la ciencia de datos para obtener información razonable sobre   la naturaleza de los resultados, probar teorías, escenarios de modelos y predecir eventos futuros. Y entre los ingenieros de datos, analistas cuantitativos y científicos, las habilidades estadísticas avanzadas son algo poco comunes. Independientemente de si desea hacer más excavación, o descubrir más con la ciencia de datos, debe tomar tiempo para aprender algunas técnicas estadísticas esenciales que serán útiles para su análisis. Algunos de ellos incluyen:

- Regresión lineal,

- Regresión normal de mínimos cuadrados,

- Simulaciones de Monte Carlo,

- Y el estudio de los datos de series temporales.

Bueno, aquí hay otro consejo – no necesitas aprender todos ellos antes de empaparte con la ciencia de datos – no necesitas un título en estadísticas para comenzar. Para resolver problemas, todo lo que necesita es sólo unos pocos conceptos básicos y soluciones de las estadísticas.

Comunicación, otro conjunto de habilidades esenciales de un científico de datos

El conjunto de habilidades es crucial para el éxito de un científico de datos (y puede no ser tan evidente): es necesario tener habilidades de comunicación agudas orales y escritas como científico de datos. Si un científico de datos no puede interactuar con sus usuarios finales, no se hará nada para su empresa por todo el conocimiento y la visión del mundo del big data. Los científicos de datos deben ser capaces de explicar la información de datos en un lenguaje atractivo. No solo eso, necesita producción de visualizaciones claras y significativas de datos y narrativas escritas. A lo largo de sus métodos y procedimientos de comunicación, los científicos de datos deben ser innovadores y realistas.

Codificación, otra parte del juego

Cuando se trabaja en ciencia de datos, la codificación es inevitable. Debe poder escribir código para indicar a la máquina cómo acceder, interpretar y mostrar los datos. Los lenguajes de programación como Python y R son esenciales para escribir scripts de manipulación, análisis y visualización de datos, y SQL es útil para consultar datos. La biblioteca JavaScript D3.js es una nueva opción para hacer que las visualizaciones de datos personalizadas basadas en web sean muy interesantes.

Mientras que los lenguajes de programación y otras jergas tecnológicas como la codificación son un requisito previo significativo en la ciencia de datos, no parece tan aterrador como mucha gente por ahí lo ha etiquetado; *recordar rumores se propaga fácilmente que el hecho real.* En esencia, su codificación puede ser tan sofisticada y complicada como desearía más adelante, pero también puede adoptar un enfoque simple. Si bien estas habilidades son primordiales para el éxito, también puede aprender todo el procedimiento de programación necesario con relativa facilidad, así que tome una píldora fría y aprenda los procesos.

Capítulo Tres

Ciencia de Datos y Procedimientos Empresariales

La ciencia de datos es un campo bastante emocionante, más específicamente para los hackers y frikis por ahí, pero para la mayoría de la gente, la frase corta es interesante sólo debido a los beneficios que puede traer, que es bastante comprensible. La codificación y los algoritmos estadísticos complejos pueden sonar aburridos para la mayoría de los gerentes de negocios y líderes organizacionales. Por otro lado, están muy interesados en encontrar nuevas formas de aumentar los beneficios y la productividad del negocio aumentando las tasas de beneficio y los volumen de negocios y minimizando las ineficiencias del mercado. Me alegro de que hayamos hecho algunos análisis fundamentales sobre los beneficios de la ciencia de datos en soluciones empresariales. Sin embargo, me hubiera gustado adoptar un enfoque más detallado para explicar algunos de estos conceptos. En este capítulo, haré un análisis rápido sobre el concepto de ciencia de datos centrado en el mercado, explicaré cómo difiere de la inteligencia empresarial tradicional y discutiré cómo puede usar información empresarial derivada de datos para mejorar los resultados de su negocio.

Convertir datos sin procesar en información procesable

El proceso de negocio es complejo, la ciencia de datos, por otro lado, también está llena de complejidad incuestionable. A veces, cuando se mira una portada de libro, es casi fácil quedar atrapado que se olvida de mirar la información esbozada en el libro. Es por eso que es increíblemente importante mantenerse enfocado en el objetivo final en todas las áreas de negocio. Por último, independientemente de su línea de negocio, el crecimiento del negocio es esencial, y el beneficio a menudo se considera como un determinante significativo del crecimiento del negocio. Y sorprendentemente, todo esto se puede lograr con la ciencia de datos, y para hacerlo de manera efectiva, convertir sus datos sin procesar en información procesable es un paso esencial que se debe tomar para lograr sus objetivos de negocio. Para generar ideas a partir de datos sin procesar, datos centrados en el negocio, los científicos utilizan el análisis de datos para realizar deducciones cuidadosas.

Los siguientes son cuatro tipos de análisis de datos que probablemente encontrará en orden de complejidad creciente:

- **Análisis descriptivo:** Este tipo de análisis responde a la pregunta "¿Qué?" el análisis descriptivo se basa generalmente en los datos actuales e históricos. Un analista de mercado o un científico de datos centrado en el negocio se centra en la investigación detallada sobre inteligencia empresarial avanzada.

- **Análisis de diagnóstico:** Utilice este método de análisis para encontrar respuestas a la pregunta " ¿Por qué?" ¿O qué pasa?" Los análisis de diagnóstico son útiles para deducir e inferir el éxito o el fracaso de los subcomponentes de cualquier iniciativa basada en datos.

- **Análisis predictivo:** hemos hecho esto en capítulos anteriores, y me temo que todavía habíamos seguido hablando de ello. Debido a que, en lo que respecta a la ciencia avanzada de datos, el análisis predictivo es un enfoque significativo utilizado por la mayoría de los científicos de datos. Aunque este tipo de análisis se basa en datos históricos y actuales, el análisis predictivo va un paso más allá del análisis descriptivo. Para predecir un evento o tendencia futuro, el análisis predictivo implica la creación y el análisis de modelos complejos. Estos análisis serían llevados a cabo por el científico de datos centrado en el negocio en un contexto empresarial.

- **Análisis prescriptivo**: Este tipo de análisis intenta mejorar los procesos, procedimientos y sistemas mediante acciones informadas basadas en el análisis predictivo, esencialmente diciéndole qué hacer sobre la base de una predicción educada de lo que va a suceder. Los analistas de negocios, así como los científicos de datos centrados en el negocio, pueden producir análisis prescriptivos, pero con diferentes métodos y fuentes de datos.

Idealmente, una empresa debe participar en las cuatro formas de análisis de datos, pero el análisis prescriptivo es el medio más eficaz y eficiente de generar valor a partir de información sobre los datos. Sin embargo, debido a que el enfoque de este libro se centra más en el análisis predictivo y prescriptivo.

Desafíos comunes a los que se enfrenta durante el análisis de datos y las posibles soluciones

En la mayoría de las empresas, el análisis suele encontrar al menos dos problemas. En primer lugar, a menudo es difícil para las organizaciones encontrar nuevas contrataciones con conjuntos de habilidades específicos que incluyen análisis. En segundo lugar, incluso a los analistas calificados a menudo les resulta difícil comunicar información sofisticada de una manera manejable para que los responsables de la toma de decisiones lo entiendan.

La organización necesita crear y nutrir una cultura que valore y acepte productos de análisis para superar estos desafíos. La empresa se esforzará por educar a todos los niveles de la empresa para que, introduciéndolos, la dirección tenga un concepto básico de análisis y el progreso que se pueda lograr. Por otro lado, los científicos de datos centrados en el negocio necesitan tener un excelente conocimiento de trabajo de las empresas en general y, en particular, una sólida comprensión de la industria involucrada.

Uno de los tres requisitos principales de cualquier científico de datos centrado en el negocio es un sólido conocimiento empresarial: los otros dos es tener conocimiento en codificación y fuertes habilidades analíticas cuantitativas a través de las matemáticas y el modelado estadístico.

Recuperación de datos

La parte fundamental del trabajo necesario para convertir datos en información empresarial significativa es la organización de datos. La organización de datos es esencial porque se puede utilizar para crear análisis a partir de una estructura de datos sin procesar. Simplemente se define como los procesos y procedimientos que se utilizan para limpiar y transformar datos de un formato y estructura a otro para que los datos sean correctos, y el producto final esté en la forma exacta donde se necesitan herramientas analíticas y scripts para el consumo. En la siguiente lista se describen algunas de las actividades y problemas de organización de datos que me parecen más relevantes para la organización de datos.

- **Extracción de datos/minería de datos:** cada científico de datos centrado en el negocio debe determinar primero los conjuntos de datos que son primordiales para el problema en cuestión y, a continuación, extraer cantidades suficientes de los datos necesarios para resolver el problema. (Este proceso de extracción se conoce comúnmente como minería de datos.)

- **Medición de datos:** la medición de datos implica la limpieza de los datos sin procesar extraídos por la minería de datos y luego convertirlos en un formato que permita que los datos se consuman más convenientemente.

- **Gestión de datos:** Los principios de gestión de datos son especificaciones que se utilizan como medida de control de calidad para garantizar que las fuentes de datos manuales y automatizadas cumplan con los requisitos de datos del modelo. Los requisitos de administración de datos deben implementarse para que cuando se almacenen y estén listos para su uso, la información tenga la granularidad correcta. La granularidad es una medida de cómo es el detalle de un conjunto de datos. La granularidad de los datos viene determinada por el tamaño relativo de los subgrupos en los que se distribuyen los datos.

- **Arquitectura de datos:** la TI y la arquitectura de datos son uno de los elementos esenciales para la lucha. Si sus datos están segregados en servidores fijos e independientes, uno de esos silos de datos notorios de los que la mayoría de la gente suele quejarse, solo está abierto a unos pocos individuos dentro de una línea de negocio en particular. Los sistemas de datos en silo dan lugar a situaciones en las que la organización apenas utiliza la mayoría de sus conjuntos de datos de una organización en su conjunto. (No hace falta decir que los sistemas de datos en silo son increíblemente derrochadores e ineficaces).

Al analizar los conjuntos de datos, debe seguir estos procedimientos simples

1. Importación de datos. Asegúrese de leer y tomar nota de los conjuntos de datos relevantes.

2. Limpio. Limpiar, Eliminar extraviados, duplicados y registros fuera de rango y estandarizar su carcasa también.

3. Adaptar. Tratar los valores que faltan en este paso, tratar con valores atípicos y escalar las variables.

4. Método. Al procesar datos, debe incluir el análisis de datos, el registro de variables, la concatenación y otros medios de reformateo del conjunto de datos para prepararlo para el análisis.

5. Por favor, inicie sesión. Simplemente cree un registro que describa el conjunto de datos en este paso. Este registro debe incluir estadísticas descriptivas, información de formato variable, origen de datos, métodos de recopilación y mucho más. Si necesita compartir esta información con otros usuarios del conjunto de datos generado, asegúrese de almacenarla en una ubicación que pueda recordar.

6. Copia de seguridad de datos. El último paso para preparar los datos es almacenar una copia de seguridad de este conjunto de datos procesado. El proceso le ayuda a tener una versión nueva y nueva, independientemente de lo que pueda suceder en el futuro.

De los datos sin procesar a las perspectivas empresariales

Después de obtener los datos hasta obtener información razonable, el segundo paso para pasar de los datos sin procesar a la información empresarial de valor añadido es tomar medidas decisivas basadas en esos conocimientos. La única razón justificable en el negocio para pasar tiempo derivando información de datos sin procesar es que las actividades conducirán a un aumento en los beneficios del negocio. El hecho de no tomar medidas sobre la información basada en datos da como resultado un desperdicio total y completo de los recursos gastados en derivarlos, sin ningún valor para la empresa. Cuando hay nuevas perspectivas empresariales disponibles, una organización debe estar preparada y equipada para cambiar, evolucionar y progresar. Para hacer esto de manera eficaz, asegúrese de que tiene los siguientes sistemas en su lugar.

- **Los datos correctos, en el lugar correcto y en el momento adecuado:** esta parte no es complicada: todo lo que tienes que hacer es tener los datos correctos, recogidos y puestos a disposición en los lugares correctos y en los momentos adecuados cuando más se necesita.

- **Avance tecnológico:** Todas las organizaciones deben mantenerse al día con los rápidos cambios tecnológicos. El dominio del análisis está cambiando rápidamente, ¡muy rápido! Hay muchas maneras de mantenerse al día. Si mantiene expertos internos, puede asignarles la responsabilidad continua de supervisar el progreso de la industria y, a continuación, sugerir los cambios necesarios para mantener su organización actualizada. Una manera fácil de mantenerse al día es comprar licencias de software como servicio (SaaS) basadas en la nube y luego confiar en las actualizaciones de software SaaS para mantenerlo actualizado sobre las tecnologías más creativas y de última generación.

- **Científicos de datos y analistas de negocios centrados en el**negocio: tienen un equipo de científicos de datos y analistas de negocios calificados para abordar los problemas cuando surgen.

- **Cultura organizacional informada y entusiasta: Si la** cultura de su organización representa una ingenuidad o incomprensión de la importancia de los datos, comience a cultivar una cultura corporativa que valore el análisis y el análisis de datos. Considere la posibilidad de aprovechar la preparación, los seminarios y las actividades.

- **Gestión educada y**entusiasta: eduque y anime a los líderes de su organización a tener un equipo directivo que entienda los valores y haga un uso eficaz de las perspectivas analíticas del negocio.

- **Protocolos escritos con cadenas de responsabilidad claramente definidas:** tienen procesos escritos e entrelazados en su organización para que la organización esté preparada para responder cuando llegue el momento. Se generan nuevos conocimientos todo el tiempo, pero el crecimiento solo se puede lograr mediante ajustes iterativos y acciones basadas en la evolución continua de la información sobre los datos.

Inteligencia Empresarial vs.

Los científicos de datos empresariales y los analistas de inteligencia empresarial se parecen más o menos a los hermanos: ambos utilizan datos para lograr el mismo objetivo estratégico, pero su método, infraestructura y propósito varían según los niveles observables. En esta sección, me tomaré tiempo para definir y hacer las comparaciones necesarias entre ambos.

Una rápida inmersión en el mundo de la inteligencia empresarial

La inteligencia empresarial tiene como objetivo generar información empresarial específica que puedan ser utilizadas por los líderes empresariales y ejecutivos para tomar decisiones informadas sobre los datos.

Un analista de negocios utiliza esta herramienta (inteligencia empresarial) para generar productos relevantes de gestión empresarial y soporte para la toma de decisiones. Puede utilizar herramientas y métodos de inteligencia empresarial para desarrollar diversos conocimientos, incluidas visualizaciones y paneles de apoyo a la toma de decisiones a partir de conjuntos específicos de datos corporativos estructurados.

Ellos (BI) consisten en:

Conjuntos de datos internos: por conjuntos de datos internos, nos referimos a información específica derivada dentro de una organización. Estos datos a menudo los recopilan los administradores y las partes interesadas de su organización.

Técnicas de Estrategias y Nivel de Competencia: esto puede incluir el procesamiento predictivo electrónico, ETL (extracción, transferencia y carga de información de un conjunto determinado de conjuntos de datos a otro, así como tecnología de información de aplicaciones empresariales.

Tipos de datos utilizados para Inteligencia empresarial

La información de inteligencia empresarial (BI) se deriva del tamaño estándar de los datos empresariales. En su mayor parte, las soluciones de BI se basan en datos transaccionales: datos generados durante un evento de transacción, como los datos generados durante una venta o durante una transferencia de dinero entre cuentas bancarias. Los datos transaccionales son un mero subproducto de las actividades comerciales de una organización y se pueden extraer de todo tipo de inferencias. En la lista siguiente se describen las posibles preguntas que se pueden responder al usar BI para obtener información de estos tipos de datos:

- **Desempeño del personal:** "¿Qué empleados son menos productivos? ¿Cuál de ellos es considerado como el personal de mejor rendimiento?" Si es posible definir la "productividad del personal" explícitamente en función de los datos existentes, se trata de una consulta de base de datos simple. Para recuperar un conjunto de registros de personal de una base de datos, se podría utilizar una herramienta de consulta estándar. Los resultados podrían ordenarse por el importe acumulado de los ingresos generados o por algún otro indicador clave de rendimiento

- **Servicio al cliente:** "¿Qué actividades comerciales atraen a los tiempos de espera crecientes de los clientes y qué acciones se pueden poner en marcha para reducirlo?

- **Ventas y marketing:** "¿Qué estrategias de marketing se consideran eficaces y por qué?"

- **Rentabilidad:** ¿Atraerá nuevos clientes a aumentar mi nivel de beneficio? ¿Cuántos ingresos esperaría recibir de estos clientes? Las técnicas de minería de datos que examinan los registros históricos de clientes y producen modelos de rentabilidad predictivos podrían abordar estas preguntas. Estos procedimientos generarían modelos a partir de datos históricos que luego podrían utilizarse para hacer predicciones para nuevos clientes. También quieren hacer algo más que enumerar a los clientes valiosos. Queremos describir las características comunes de los clientes rentables. Los atributos de cliente individuales se pueden extraer de una base de datos mediante métodos como consultar la base de datos, que también se pueden usar para generar estadísticas de resumen. Un análisis más detallado incluiría decidir qué atributos diferencian los rentables de los clientes no rentables.

- **Operaciones:** "¿Qué tan eficaz funciona el servicio de asistencia? ¿Qué posibles acciones se pueden tomar para resolver el problema en cuestión?"

Tecnologías y conjunto de habilidades útiles en la ciencia de datos orientada al negocio.

Dado que los productos de ciencia de datos se producen a menudo a partir de big data, las soluciones de plataforma de datos basadas en la nube son populares en la industria. Las soluciones de big data como Hadoop, Map Reduce, Spark y plataformas de procesamiento paralelo masivo (MPP) a menudo derivan datos que se utilizan en la ciencia de datos. Los científicos de datos son pensadores innovadores y con visión de futuro que a menudo se espera que piensen fuera de la caja para encontrar soluciones exactas a los problemas que resuelven. Muchos científicos de datos tienden a encontrar soluciones de código abierto cuando están disponibles. Este enfoque beneficia a las organizaciones que emplean a estos científicos desde una perspectiva de costos.

Los científicos de datos centrados en el negocio suelen utilizar técnicas de aprendizaje automático para encontrar patrones en (y extraer información valiosa de) enormes conjuntos de datos relevantes para una línea de negocio o negocio en su conjunto. Son expertos en matemáticas, estadísticas y programación, y a menudo utilizan estas habilidades para generar modelos de predicción. En

Python o R, normalmente saben cómo programar. La mayoría de ellos saben cómo usar SQL para consultar datos relevantes de la base de datos. Normalmente son capaces de comunicar información de datos a los usuarios finales: los usuarios finales son gerentes empresariales y líderes organizativos en ciencia de datos centrada en el negocio. Volveremos a visitar algunos de estos conceptos en otros capítulos desde un ángulo avanzado.

Aunque los científicos de datos centrados en el negocio desempeñan un papel de apoyo a la toma de decisiones en el negocio, varían del analista de negocios en que normalmente tienen excelentes antecedentes académicos y profesionales en matemáticas, ciencias o ingeniería, o todo lo anterior. Dicho esto, los científicos de datos centrados en el negocio también tienen un sólido conocimiento de la gestión empresarial.

Deducciones de valor empresarial de los métodos de aprendizaje automático

Discutir la ciencia de datos en los negocios sería incompleto sin describir los métodos populares de aprendizaje automático utilizados para generar valor empresarial, como se describe en esta lista:

- **Regresión lineal: puede utilizar la**regresión lineal para predecir previsiones de ventas, optimización de precios, optimización de marketing y riesgo financiero como se describe en esta lista.

- **Regresión logística:** utilice la regresión logística para predecir la rotación del cliente, predecir los gastos de respuesta frente a los anuncios, predecir el valor de por vida de un cliente y supervisar cómo afectan las decisiones empresariales a las tasas de abandono pronosticadas.

- **Bayes ingenuos:** Puede utilizar un clasificador Bayes nave para crear un detector de spam, evaluar los sentimientos de los consumidores o categorizar los bienes, clientes o competidores automáticamente.

- **Análisis de componentes clave:** el análisis de componentes clave o el análisis de componentes principales es una forma de reducción de la dimensionalidad que se puede utilizar para detectar fraudes, identificar expresiones y detectar spam.

- **K-means:** La agrupación k-means es útil para el modelado de costos y la segmentación de clientes.

- **Agrupación jerárquica:** si desea modelar procesos de negocio o segmentar clientes en función de las

- el respuestas de la encuesta, es probable que la agrupación en clústeres jerárquica sea útil.

- **Clasificación de vecinos más cercanos:** un tipo de aprendizaje basado en instancias es el vecino más cercano al k. Se puede utilizar para la clasificación de documentos de texto, simulación de previsiones de dificultades financieras y examen y clasificación de competidores.

Las analogías entre la inteligencia empresarial y la ciencia de datos centrada en el negocio son evidentes; es aún más desconcertante, ya que estas relaciones son bastante difíciles de discernir por la mayoría de las personas. Las principales conexiones entre ambos es simplemente convertir los datos sin procesar en decisiones empresariales racionales que todos los líderes de la organización pueden usar para estimular el crecimiento. En términos de método, la inteligencia empresarial y la ciencia de datos centrada en negocio varían. Por lo tanto, la inteligencia empresarial hace deducciones razonables para dibujar predicciones sobre el futuro utilizando información histórica y reciente.

Por otro lado, los científicos de datos centrados en el negocio están tratando de utilizar enfoques matemáticos y estadísticos para analizar y hacer predicciones de negocio. Lo hacen con la ayuda de una gran cantidad de datos que se cotea diariamente de Internet. En términos generales, estas perspectivas cuantitativas son esenciales para el crecimiento y el desarrollo de la empresa. El científico de datos centrado en el negocio está probando nuevas metodologías y enfoques de mirar conjuntos de datos específicos para dar un nuevo punto de vista a la empresa, sus actividades y sus conexiones con clientes, proveedores y oponentes del mercado. Por lo tanto, para hacer esto eficazmente, deben estar familiarizados con las tendencias básicas de una industria, y adivinar qué? Esto también se puede realizar con la ayuda de los principios y estrategias de ciencia de datos

Algunas diferencias significativas entre los científicos de datos específicos del negocio y la inteligencia empresarial

- **Fuente de información: mientras que la ciencia de datos centrada en el** negocio puede utilizar varios tipos de datos, incluidos datos estructurados y no estructurados, como datos generados por máquina, inteligencia empresarial, por otro lado, utiliza datos generados a partir de la base de datos relacional.

- **Diferencias tecnológicas: BI utiliza almacenes de** datos, OLAP, técnicas ETL y bases de datos relacionales, almacenes de datos, mientras que la ciencia de datos centrada en el negocio utiliza datos de sistemas basados en datos como Map Reduce y Hadoop.

- **Salida analítica:** la mayoría de los resultados de inteligencia empresarial a menudo vienen en forma de informes, tablas y, a veces, tablero, mientras que los resultados de ciencia de datos centrados en el negocio apenas vienen en forma de informes de datos. En general, los científicos de datos transmiten sus resultados en palabras, o a veces a través de la visualización de datos. Esto se debe a que la fuente de una base de datos de científicos de datos suele ser más complicada; por lo tanto, a la mayoría de los gerentes de negocios les puede resultar difícil entender los resultados de un científico de datos empresariales.

- **Área de especialidad:** la inteligencia empresarial depende en gran medida del conocimiento de TI y tecnología empresarial. Mientras que, por otro lado, los científicos de datos centrados en el negocio dependen de las habilidades estadísticas, matemáticas y de programación.

Capítulo Cuatro

Análisis Descriptivo

El análisis descriptivo a menudo se descuida en el mundo del análisis de datos. Pero la verdad es que juega un papel esencial en nuestra vida cotidiana, y ¿adivina qué? La ciencia de datos y la inteligencia empresarial tampoco se excluyen. El análisis descriptivo, cuando se hace correctamente, nos permite extraer un conocimiento razonable del mundo real vago, confuso y complejo. Aunque el análisis descriptivo es menos sofisticado en comparación con otros aspectos del análisis de datos, creo que es esencial que arrojemos más luz sobre este tema antes de explorar otros análisis avanzados. Porque una comprensión clara de los análisis descriptivos y otros factores relacionados principales nos ayudará a distinguir entre la verdad y la mala dirección de otros tipos de análisis.

Análisis descriptivo explicado

Al igual que el nombre implica, hacen exactamente lo que el nombre deduce; es decir, especifican y describen un conjunto de datos determinado. El análisis descriptivo reúne datos sin procesar, lo que facilita el descifrado de datos. Esto explica los factores históricos que están afectando a un tema determinado mientras cubren el período en que tuvo lugar el llamado evento. Esto podría ser hace unos segundos, un mes o un año. Utilizando datos históricos, el método aprovecha la extrapolación de datos y la minería para realizar deducciones racionales. Hacen uso de estadísticas descriptivas durante este proceso.

Las estadísticas descriptivas son muy valoradas al describir artículos como el stock total de inventario, los ingresos medios, el importe medio gastado por un cliente en un producto determinado y los cambios de ventas. Ejemplos comunes de esta forma de análisis incluyen informes esenciales como cifras de ventas, finanzas, información de producción actual y futura de la organización sobre la producción actual y futura, finanzas, clientes de una empresa. También son esenciales cuando necesitamos entender lo que está pasando en la empresa a nivel agregado, y cuando queremos describir y representar diferentes aspectos del negocio.

El análisis descriptivo es una buena manera de entender los atributos generales de datos específicos. Un análisis en profundidad incluye lo siguiente:

- mide y resume los datos acomunándolos en tablas y gráficos para ayudar a alcanzar los objetivos

- Proporciona ejemplos de tendencias y expectativas inusuales que deben abordarse al realizar un análisis formal

- Incluye información sobre la fluctuación o inestabilidad de los datos

Principios fundamentales de la analítica descriptiva

Los datos producidos se utilizan a menudo para realizar análisis predictivos o prescriptivos, que ofrecen información en tiempo real sobre la toma de decisiones empresariales. El análisis descriptivo rara vez intenta explorar o crear circunstancias y vínculos con los resultados finales. Las observaciones, estudios de caso y encuestas son algunos de los métodos convencionales utilizados en el análisis descriptivo. Este método de análisis requiere la recopilación y el procesamiento de conjuntos de datos de gran tamaño.

Las metodologías descriptivas se basan en el estudio de datos históricos para identificar patrones o tendencias. Las técnicas analíticas que entran en esta categoría se asocian con mayor frecuencia con el análisis de datos exploratorios que identifica tendencias centrales, variaciones y formas distributivas. Cuando no se asume ningún conocimiento a priori de patrones y relaciones, las metodologías descriptivas también pueden buscar estructuras subyacentes dentro de los datos. Esto puede incluir analizar la asociación, analizar el elemento exploratorio, explicar los componentes principales, analizar los patrones y analizar los clústeres. Generalmente, las variables involucradas en el análisis descriptivo incluyen:

- Variable dependiente e independiente: una variable independiente es una variable manipulada en un experimento para representar el efecto en la variable dependiente.

- Variables categóricas y continuas: variables categóricas, comúnmente consideradas cualitativas, son datos que se pueden dividir en grupos. Las variables continuas, por otro lado, pueden asumir cualquier valor. Son cuantitativos.

Para facilitar la comprensión, la siguiente sección le guiará a través de algunas formas comunes de análisis descriptivo

- **Estadísticas descriptivas de datos numéricos:** los resultados se compilan a través de varios métodos numéricos. Una medida estadística primaria para los datos cualitativos es la proporción, o porcentaje, de los valores de datos en cada categoría. La métrica numérica más utilizada para los datos cuantitativos es la media, la mediana, el modo, los percentiles, la escala, la varianza y la desviación estándar. La media a menudo denominada promedio, se calcula agregando todos los valores de datos para una variable y dividiendo la suma por los valores de datos. La media es la estimación de la ubicación central de los datos. La mediana es otra variable de posición fundamental que no está influenciada por valores de datos extremadamente grandes o mínimos, a diferencia de la media. Están directamente en el medio de los conjuntos de datos, mientras que el modo es el valor más frecuente en el conjunto de datos. La media, la mediana y el modo se conocen generalmente como el centro de tendencia o ubicación. El percentil, la escala, la varianza y la desviación estándar, por otro lado, se conocen como la medida de variabilidad o dispersión. Se utiliza para determinar en qué medida se varían los conjuntos de datos. Estas medidas de análisis se encuentran a menudo en varios conjuntos de programación como python.

- **Estadísticas descriptivas de datos categóricos:** las variables categóricas representan tipos de datos que se pueden desglosar en grupos. Algunos ejemplos de variables categóricas son la raza, el género, el grupo de edad y el nivel de educación. Mientras que estas dos últimas variables también se pueden considerar numéricamente mediante el uso de valores exactos para la edad completa y el grado más alto, categorizar dichas variables en un número relativamente pequeño de grupos es a menudo más informativo. El análisis de datos categóricos generalmente implica el uso de tablas de datos.

Cómo el negocio utiliza el análisis descriptivo

Las empresas se benefician del análisis descriptivo, ya que automatiza y simplifica el proceso de análisis de datos. Muchas empresas recopilan grandes volúmenes de datos estructurados (formularios) y datos no estructurados ricos en medios. Las organizaciones combinarán estos modelos de datos invirtiendo en análisis para obtener una visión general completa de las operaciones.

Las empresas aumentarán su productividad con el análisis de datos a medida que el análisis allana el camino para las innovaciones, lo que dará lugar a nuevos métodos operativos, que a su vez mejorarán la productividad. El análisis descriptivo muestra información valiosa, tendencias y patrones en los datos que no se encuentran a través de otros fines estadísticos al aprovechar múltiples técnicas analíticas sofisticadas, como la regresión, las estadísticas de resumen y la agrupación en clústeres, para revelar estos nuevos patrones. Por lo tanto, abrir nuevas oportunidades de crecimiento y reducir los costos operativos.

El análisis de datos ofrece información vital con significado. Por ejemplo, las ventas de un millón de dólares son un logro impresionante, pero si no hay más antecedentes para la cifra de ventas, entonces no es muy valioso. El análisis de datos ofrece las necesidades de toma de decisiones para administradores de antecedentes, ejecutivos y partes interesadas. Las empresas recopilan una gran cantidad de datos y análisis son necesarios para buscar la información relevante. Google, por ejemplo, tiene más de 108 millones de usuarios, Twitter tiene 1.100 millones de visitas mensuales y Amazon tiene 89 millones de visitantes únicos cada mes. Las empresas recopilan una gran cantidad de datos, pero sólo es útil cuando hay un programa de análisis eficaz para tamificar los detalles.

En pocas palabras, las siguientes son algunas aplicaciones típicas de análisis descriptivo

- Resumir eventos pasados como el desgaste de los clientes de la tierra, las ventas o el éxito de las campañas de marketing.

- Tabula las métricas de las redes sociales, como preferencias, tweets o seguidores en Facebook.

- Inversores y brokers llevan a cabo investigaciones teóricas y empíricas de sus carteras, lo que en el futuro les permite decidir sobre mejores opciones de inversión.

- El diagnóstico post mortem también se puede denominar análisis descriptivo. Se utiliza para casi toda la documentación del gobierno, como marketing, ingresos, contabilidad y operaciones.

- Las organizaciones utilizan análisis avanzados para lograr una ventaja competitiva, lo que también las sustenta en la predicción de tendencias futuras. La previsión permite a las empresas tomar decisiones optimizadas y así aumentar su rentabilidad.

En resumen, podemos decir que las soluciones entregadas a través de análisis descriptivos se dividen en cinco categorías. Esto incluye lo siguiente:

- **Extraer y planificar datos**: Se debe realizar una revisión de los datos. La reduplicación, la transformación y la limpieza son solo algunos ejemplos de los pasos en la preparación de los datos que deben seguirse antes de la revisión. Este es a menudo el movimiento que consume más tiempo y requiere mucha mano de obra y que toma hasta el 80% del tiempo de un analista, pero es crucial para la precisión. En esencia, todo esto se puede cuidar con la ayuda de análisis descriptivos.

- **Métricas de negocio express**: se utilizan para determinar qué indicadores son relevantes para medir el rendimiento con respecto a los objetivos del negocio. Aumentar los ingresos, reducir los costos, aumentar la eficiencia operativa y evaluar la rentabilidad serían algunos ejemplos. Para ayudar a supervisar los logros, cada objetivo debe tener KPI relacionados.

- **Identificar los datos necesarios:** los datos empresariales se almacenan dentro de la organización en muchas fuentes diferentes, incluidos sistemas de información, bases de datos, escritorios y archivos de TI para sombras. Para medir con precisión los KPI, las empresas necesitan catalogar y preparar las fuentes de datos adecuadas para recopilar los datos necesarios y calcular las métricas en función del estado actual del mercado.

- **Analizar datos:** para determinar tendencias y cuantificar el rendimiento, los analistas de datos pueden crear modelos y ejecutar análisis como estadísticas de resumen, agrupación en clústeres y análisis de regresión de datos. Las métricas clave para medir el rendimiento en función de los resultados históricos se miden y se comparan con los objetivos empresariales especificados. Los científicos de datos a menudo utilizan software de código abierto como R y Python para interpretar y visualizar datos desde una perspectiva programática.

- **Presentación de datos:** Los hallazgos analíticos se presentan típicamente en forma de gráficos y gráficos a las partes interesadas. Aquí es donde entra en juego la visualización de datos mencionada anteriormente. Las herramientas de BI ofrecen a los usuarios la capacidad de ver visualmente los datos de una manera a la que pueden acceder los analistas que no son de datos. Muchas herramientas de autoservicio para mostrar datos también permiten a los usuarios empresariales crear sus visualizaciones y manipular la salida.

En resumen, el análisis descriptivo le ayuda a comprender los datos, que es un paso esencial en la ciencia de datos. Esto se debe a que La ciencia de datos se trata de hacer predicciones, y si no puede comprender las tendencias de los datos existentes, no puede llevar a cabo las predicciones necesarias sobre un tema determinado.

Capítulo Cinco

Análisis Predictivo

Con la abundancia de datos disponibles para las empresas en su cadena de suministro en estos días, las organizaciones están buscando herramientas analíticas para obtener valor de una gran cantidad de datos para ayudar a mejorar la toma de decisiones. Sin embargo, con el análisis predictivo, las empresas ahora pueden maximizar las tecnologías disponibles para evaluar los datos históricos y anticipar lo que podría suceder en el futuro.

Modelado predictivo Aprendizaje automatizado

El modelado predictivo es un método que implementa datos y otras estadísticas para predecir los resultados de los datos y del modelo. Estos modelos se pueden utilizar para pronosticar todo, desde el rendimiento de la industria y las calificaciones de los productos hasta los avances tecnológicos y el gasto de los consumidores.

El modelado predictivo a veces se conoce como:

- Análisis predictivo

- Análisis predictivo

- Aprendizaje automático

Estas palabras se utilizan con frecuencia como sinónimos.

Sin embargo, el análisis predictivo se utiliza a menudo para referirse a aplicaciones comerciales de modelado predictivo, mientras que el modelado predictivo se utiliza de forma más general o académica. El aprendizaje automático también es distinto del modelado predictivo y se describe como el uso de técnicas estadísticas para permitir que un equipo construya modelos predictivos. El aprendizaje automático y el modelado predictivo se utilizan a menudo indistintamente en algunos casos. El aprendizaje automático, sin embargo, es una rama de la inteligencia artificial que se refiere a la inteligencia mostrada por máquina.

Análisis predictivo explicado

Los análisis predictivos se utilizan para predecir un resultado determinado, utilizando datos históricos y herramientas analíticas como el aprendizaje automático y, por supuesto, métodos estadísticos. El enfoque de análisis predictivo tiene como objetivo generar un grado significativo de precisión en los conocimientos futuros. Con la llegada de modelos y herramientas de análisis predictivo tecnológicamente avanzados, cualquier organización puede ahora utilizar datos pasados y actuales para predecir los comportamientos y tendencias del negocio con precisión. Según un informe de Zion Market Research de 2017, ha atraído el apoyo de variedades de empresas con el mercado global.

El análisis predictivo deriva su influencia de un gran número de herramientas y tecnologías. Algunos de ellos incluyen aprendizaje automático, minería de datos y Surtido de procesos matemáticos. La mayoría de las empresas utilizan el análisis predictivo para identificar patrones que predicen el rendimiento de la organización dentro de un período determinado rápidamente. Se basan en los parámetros dados para el análisis empresarial. Para la detección de riesgos y oportunidades, las empresas pueden detectar fácilmente patrones razonables con la ayuda de análisis predictivos. Por ejemplo, un modelo específico se puede diseñar solo para identificar nuevas relaciones entre diferentes factores en el comportamiento.

Los procedimientos de análisis predictivo pueden incluir lo siguiente:

Defina el ámbito del proyecto: identifique el ámbito del proyecto, la entrega que utilizó, los objetivos de negocio y los conjuntos de datos que se van a emplear.

Recopilación de datos: la recopilación de datos implica la recopilación y medición de información sobre variables específicas de interés. En el análisis predictivo, los datos se pueden recopilar de varias fuentes para el análisis

Análisis de datos: uno de los procedimientos críticos en el análisis predictivo. Aquí, los datos recopilados se inspeccionan, limpian, transforman y modelan con el objetivo principal de descubrir conclusiones razonables sobre un tema específico.

Análisis estadístico: el análisis estadístico le permite probar y validar suposiciones utilizando modelos estadísticos estándar.

Modelado predictivo: el modelado predictivo proporciona la capacidad de realizar información reflexiva sobre el futuro.

Implementación de modelos predictivos: proporciona una opción realista que se puede utilizar para implementar los resultados analíticos en el proceso de toma de decisiones diario, que es necesario para obtener resultados, informes, así como resultados. Esto se puede lograr automatizando las decisiones, lo que es, lo que es, lo que es, lo que es, lo que es más importante, basado en el modelado.

Supervisión y evaluación de modelos: generalmente, los modelos se supervisan rutinariamente para revisar el rendimiento, así como para garantizar que el resultado proporcionado sea igual de predicho.

Modelos de análisis predictivo

Los modelos son la base del análisis predictivo, las plantillas que permiten a los usuarios transformar datos pasados y actuales en información procesable, creando resultados positivos a largo plazo. En ningún orden en particular, vamos a explicar algunas de las plantillas predictivas más utilizadas incluyen

- **Modelo de segmentación de clientes:** Agrupe a los consumidores en función de atributos y hábitos de compra similares.

- **Modelo de mantenimiento predictivo:** estimar el riesgo de descomponer los equipos esenciales.

- **Modelo de valor de por vida del cliente:** identifique a los clientes que tienen más probabilidades de invertir más en productos y servicios.

- **Modelo de garantía de calidad:** Encuentre y evite errores al entregar productos o servicios a los consumidores, para evitar decepciones y costes adicionales.

Técnicas de modelado y herramientas de análisis predictivo

Las herramientas, técnicas y estrategias de análisis predictivo proporcionan a los clientes información profunda sobre diversas operaciones empresariales. Se pueden utilizar varias herramientas y técnicas para pronosticar diferentes tipos de comportamientos, como la asignación de recursos, cuándo iniciar una nueva campaña y cuándo agregar stock adicional para aumentar la cadena de suministro de una organización. Esto se puede llevar a cabo fácilmente utilizando la amplia gama de conjuntos de datos y la información.

La mayoría de los usuarios de análisis predictivos utilizan herramientas predictivas de desarrolladores externos. La mayoría de estas herramientas a menudo están diseñadas para satisfacer las diversas necesidades de varias empresas. Algunos de los principales proveedores de software de esta herramienta, digno de mención, incluyen Microsoft, IBM, software, constructores de información, etc.

Los usuarios del modelo, por otro lado, tienen varias matrices de técnicas de modelado predictivo. Muchos métodos son excepcionales para productos y servicios específicos. Aún así, un núcleo de herramientas genéricas ahora se utiliza comúnmente en varias arquitecturas de análisis predictivo, como árboles de decisión, regresión, métodos de bifurcación e incluso redes neuronales.

Los árboles de decisión, un método comúnmente utilizado en el análisis predictivo, se centran en un diagrama esquemático en forma de árbol que se utiliza para evaluar una acción determinada o para ilustrar un resultado estadístico. El método de bifurcación, por otro lado, también se utiliza para demostrar el siguiente resultado potencial de una decisión determinada y cómo un resultado o resultado determinado puede resultar en otro.

Los métodos de regresión se utilizan para tomar decisiones valiosas en áreas como finanzas, negocios y otros modelos financieros. El análisis de regresión permite a los usuarios predecir los valores de los activos y las relaciones entre dichas variables. Las redes neuronales están a la vanguardia de las técnicas analíticas predictivas, heurística diseñadas para rastrear correlaciones causales en un conjunto de datos emulando cómo funciona una mente humana

Algoritmo de análisis predictivo

Los usuarios de análisis predictivos pueden compartir fácilmente una amplia gama de técnicas matemáticas, de minería de datos en la nube y de aprendizaje automático diseñadas específicamente para su uso en modelos de análisis predictivo. Los algoritmos suelen estar diseñados para abordar un problema empresarial en particular o colecciones de problemas empresariales, mejorar un algoritmo existente o proporcionar algún tipo de funcionalidad innovadora. Los algoritmos de agrupación en clústeres, por ejemplo, están bien diseñados para la segmentación de consumidores, la identificación de grupos y otras tareas relacionadas con problemas sociales. Por lo general, los algoritmos de clasificación se pueden utilizar para mejorar la lealtad de los clientes o para crear un sistema de revisión. Normalmente, para crear un programa de puntuación de crédito, puede usar un algoritmo de regresión.

Por otro lado, usted va por un algoritmo de clasificación cuando necesita construir un sistema de revisión. El análisis de regresión o un algoritmo de regresión generalmente se elige para construir un sistema de crédito al consumidor o para predecir lo que sucederá en el futuro

Beneficios del análisis predictivo

El análisis predictivo hace que sea más preciso y confiable mirar al futuro que otros métodos de análisis. Como tal, animará a los adoptantes a encontrar maneras de ahorrar dinero y ganarlo. Las aerolíneas, por ejemplo, a menudo utilizan análisis predictivos para establecer tarifas que reflejan las tendencias de viaje anteriores Los minoristas también utilizan modelos predictivos para pronosticar las necesidades de inventario, supervisar los horarios de entrega y configurar diseños de tienda para maximizar las ventas. Los restaurantes, hoteles y otros actores de la industria hotelera pueden utilizar la tecnología para predecir el número de huéspedes en una noche determinada para optimizar la ocupación y los beneficios.

El análisis predictivo también podría utilizarse para diagnosticar y evitar diferentes tipos de comportamiento criminal antes de hacer cualquier daño grave. Una empresa puede identificar eventos que están fuera de lo común mediante el uso de análisis predictivos para investigar los hábitos y actos de los usuarios, incluido el fraude con tarjetas de crédito, a la vigilancia corporativa a las amenazas cibernéticas.

Las organizaciones también pueden generar nuevos comentarios o ventas de los consumidores mejorando las campañas de marketing mediante análisis predictivos, así como promoviendo oportunidades de venta cruzada. Los modelos predictivos pueden permitir a las empresas desarrollar, retener y hacer crecer sus clientes más importantes.

Emplear análisis predictivos en situaciones de la vida real
Hoy en día, las organizaciones hacen un uso sin fin del análisis predictivo para diversas funciones con una organización. La tecnología ayuda a los adoptantes en campos tan diversos como finanzas, atención médica, venta al por menor y hospitalidad, productos farmacéuticos, automotriz, aeroespacial y fabricación.

Estos son algunos ejemplos de cómo se utiliza el análisis predictivo en varias industrias:

- **Aplicación de la ley:** utilice tendencias y datos penales para definir barrios que puedan requerir protección adicional durante períodos específicos del año.

- **Venta al por menor:** Realice un seguimiento del consumidor en línea en tiempo real para determinar cuándo y si incluir detalles u ofertas adicionales del producto aumentaría la probabilidad de compra completada.

- **Automotriz:** Incorpora informes históricos y fallas de otros componentes en futuros planes de desarrollo automotriz. Estudie los comportamientos del conductor y la retroalimentación para desarrollar mejores tecnologías para la asistencia al conductor y, en última instancia, los vehículos autónomos.

- **Energía:** predecir precios a largo plazo y ratios de demanda de productos. Determine el impacto en los costos de servicio de eventos meteorológicos, fallas de equipos, regulaciones y otras variables.

- **Servicios financieros**: Desarrollar modelos de riesgo crediticio. Previsión de las tendencias del mercado financiero. Predecir el impacto en el negocio y el mercado de las nuevas políticas, leyes y regulaciones.

- **Fabricación :** pronosticar la ubicación y la tasa de fallas de la máquina. Optimice los suministros de materias primas en función de las demandas potenciales proyectadas.

- **Aeroespacial**: aquí, el análisis predictivo se utiliza para estimar el impacto de las operaciones de mantenimiento adecuadas en la calidad de la aeronave, el uso de combustible y la disponibilidad.

Un escenario de la vida real sobre cómo utilizar el análisis predictivo

Cómo Amazon utiliza el análisis predictivo para obtener una visión realista de los consumidores

El modelo de negocio original de Amazon se originó en una librería en línea hace mucho tiempo. Sin embargo, ahora son uno de los mayores distribuidores mundiales de bienes físicos, bienes virtuales como la transmisión de vídeo y, más recientemente, los servicios web.

Todo esto se ha construido con la ayuda de cambios tecnológicos recientes, así como sistemas diseñados para predecir o predecir el comportamiento del consumidor. Con este concepto en mente, Amazon también se ha convertido en un fabricante de bienes y servicios, no sólo un vendedor. Además de poner en marcha películas y programas de televisión, desarrollan y comercializan electrónica, junto con tabletas, cajas de TV y hardware de streaming.

Lo que la ciencia de datos y el big data están ayudando a Amazon

Sobrecargar el conocimiento es un gran problema, y a menudo se sabe que los minoristas pierden más que la mayor parte del negocio.

La venta al por menor digital depende de hacer que tantos productos o servicios sean atractivos y estén disponibles para el público, lo que puede aumentar la probabilidad de ventas. Empresas como Amazon han prosperado adoptando un modelo de supermercado "todo bajo un mismo techo".

El problema principal de la preocupación aquí es que un cliente a veces puede sentirse abrumado, o debemos decir perplejo cuando se le presenta una variedad de opciones. Psicológicamente, la ansiedad por sufrir de "remordimiento del comprador" -perder dinero al tomar decisiones de compra mal informadas- puede contribuir a que retengamos el dinero de gasto hasta que estemos seguros de que hemos hecho suficiente investigación.

El número confuso de opciones puede incluso hacernos cambiar de opinión por completo sobre el hecho de que necesitamos un televisor ultra-HD de $2,000 y decidimos ir de vacaciones en su lugar. Es el mismo problema importante que a menudo afecta a varios proyectos que involucran grandes cantidades de información. Los clientes pueden enriquecerse en datos (con muchas opciones) pero son pobres, con una idea mínima de cuál sería la decisión de compra más segura para satisfacer sus necesidades y demandas.

¿Qué datos se utilizaron en el proceso analítico?
Amazon recopila datos de usuarios cuando visitan el sitio, rastreando todo, desde el momento en que buscan en cada página hasta la terminología utilizada en las opiniones de los usuarios que publican. Utilizan conjuntos de datos externos, como la información del censo,

para definir nuestros perfiles. Si utiliza sus aplicaciones móviles en su teléfono inteligente o tableta con GPS, también se pueden recopilar sus datos de ubicación y otras aplicaciones y servicios que utiliza en su teléfono. El uso de los servicios de contenido de streaming de Amazon, como Amazon Prime y Audible, les proporciona información más detallada sobre dónde, cuándo y cómo ve y escucha la televisión, las películas y el audio.

Cómo se utiliza la ciencia de datos en la práctica

Esencialmente, Amazon utilizaba Big Data recopilado de los clientes mientras navegaba por el sitio para crear y ajustar su motor de recomendaciones. Amazon no inventó un motor de recomendaciones; en cambio, se introdujo para el creciente uso público. La teoría detrás de esto a menudo se basa en el enfoque predictivo de los negocios. En otras palabras, cuanto más razonable sea la cantidad de datos derivados del público, mejor será la predicción, que se puede aplicar al mismo tiempo para determinar el comportamiento de compra del cliente. Una vez logrado, pueden agilizar el proceso de persuadirlo a comprarlo tratando de reducir el nivel de visualización del producto para que usted pueda buscar a través de su catálogo.

El motor de recomendaciones de Amazon se basa generalmente en el filtrado colaborativo.

Esto simplemente significa que determina lo que crees que quieres al averiguar quién eres, a través de tus hábitos de búsqueda y compra mientras te ofrece artículos que las personas con un perfil similar han comprado en el pasado.

Amazon recopila datos sobre cada uno de sus clientes mientras utiliza sus servicios. Además de lo que está comprando, supervisan lo que está mirando, su dirección de envío para determinar los datos demográficos (al saber en qué vecindario vive, pueden dar un buen paso para adivinar su nivel de ingresos) y si está dejando comentarios y comentarios de los clientes.

También examinan su tiempo de navegación para determinar sus comportamientos habituales y hacer coincidir sus datos con otros que siguen patrones similares. ?

Capítulo Seis

Obtener Perspectivas de Negocio con Análisis Prescriptivos

La tecnología nos ha dado la capacidad de predecir tendencias empresariales y predecir el éxito de maneras que los líderes empresariales de ayer no pudieron comprender. En el pasado, las empresas tenían que depender de pequeños tamaños de muestra, cuestionarios básicos y otros métodos de recopilación de datos para predecir, pero ya no, tendencias generales. El mundo empresarial moderno está inundado de datos. Donde quiera que cambie, algún sitio web o dispositivo pide sus datos o los recopila en silencio en segundo plano, usted puede estar preguntando por qué? Pero adivina qué, todos esos datos tienen que ir a algún lugar, y al mismo tiempo, se utilizan para obtener información reflexiva.

Todos los datos recopilados por las empresas se pueden utilizar para explicar las tendencias actuales, predecir lo que sucederá a continuación y, lo que es más importante, prescribir el curso de acción correcto que una organización puede tomar para asegurar el progreso de la manera más eficiente posible a través del proceso de análisis prescriptivo. Y sorprendentemente, nuestro enfoque en este capítulo es desentrañar todos los conceptos básicos del análisis prescriptivo, cómo colabora con la inteligencia empresarial en la oferta de soluciones empresariales, cómo otras organizaciones lo utilizan para diversas decisiones y cómo puede empezar a usarlo para una visión razonable.

Análisis prescriptivo explicado

Como se indicó anteriormente en el capítulo anterior, este método de análisis implica un análisis de datos que produce comentarios instantáneos con respecto a las prácticas de automatización del negocio dirigidas a lograr múltiples resultados esperados. Básicamente, el análisis prescriptivo utiliza la información a nuestra disposición (datos) para comprender completamente los datos, llevar a cabo predicciones de negocio sobre resultados futuros y recomendar los posibles pasos de soluciones basados en simulaciones educadas. Este método de análisis implica la evaluación de los datos empresariales para tomar un curso de acción en particular. Mientras que otros métodos de análisis de datos se utilizan para identificar un evento o pronosticar un resultado futuro, el análisis prescriptivo se utiliza para tomar medidas procesables para resolver un problema (o aprovechar una oportunidad disponible).

Durante este proceso, los algoritmos, el aprendizaje automático y las estrategias de minería de datos se utilizan para evaluar y tomar decisiones valiosas sobre grandes cantidades de datos. Las nuevas tecnologías también han hecho que el análisis prescriptivo sea más favorable para el negocio. De esta manera, estas máquinas pueden generar automáticamente tendencias y relaciones en los datos empresariales y recomendar opciones que se pueden tomar en cualquier momento. Muchos programas informáticos son incluso capaces de implementar estas decisiones automáticamente (esto es lo que sucede en el caso de las tarifas de billetes de avión o precios de Uber).

El análisis prescriptivo simplifica el proceso de toma de decisiones para las empresas. Tomar medidas procesables que están respaldadas por datos simplemente implica que usted será capaz de responder más eficazmente a las expectativas de los clientes, resolver problemas a un ritmo más rápido y considerar los niveles de riesgo.

El análisis prescriptivo es el tercer y último paso en el procesamiento de datos moderno e informatizado. Estas tres piezas incluyen análisis descriptivos, predictivos y prescriptivos, que hemos explicado en el capítulo anterior.

El enfoque prescriptivo de los negocios es la evolución natural de las técnicas descriptivas y predictivas. Va un paso más allá para eliminar la especulación popular en torno al análisis de datos. También ahorra mucho tiempo tanto para los propietarios de negocios como para los científicos de datos que intentan comprender lo que significan sus datos y qué puntos se pueden conectar para proporcionar a sus clientes una experiencia personalizada y amigable con el cliente.

¿Por qué las empresas necesitan análisis prescriptivos?

Para obtener inteligencia estratégica, el negocio promedio actualmente tiene una huella en línea que permite al empleador recopilar, consumir, analizar y realizar la presentación de datos. Dado que la mayoría de los propietarios o gerentes de organizaciones suelen ser personas ocupadas que administran sus actividades comerciales diarias, no tienen tiempo para identificar la tecnología de datos, especialmente el análisis empresarial avanzado, que es esencial para aumentar los beneficios de la organización.

Muchos ejecutivos corporativos prefieren una sin embargo, estrategias de negocio, que están disponibles cuando es necesario. En otras palabras, los ejecutivos corporativos necesitan información basada en datos o estrategias basadas en la información para los problemas de negocio en caso de una emergencia para administrar eficazmente sus actividades diarias, pero no necesariamente tienen las herramientas o habilidades necesarias para perseguir las ciencias de datos. Precisamente aquí es donde entra en cuenta el análisis prescriptivo.

Si bien los propietarios de la empresa pueden tener la comprensión necesaria del conocimiento sobre su área de especialización y pueden ayudar con los datos necesarios para el análisis de datos, quieren que los profesionales de datos calificados den el salto realizando análisis prescriptivos avanzados que se requieren para soluciones empresariales concretas a problemas organizativos específicos. La naturaleza prescriptiva del análisis de datos atrae particularmente a los líderes empresariales que necesitan una solución urgente a sus problemas empresariales.

El valor transitorio de la analítica prescriptiva para el negocio

Todo el proceso de análisis prescriptivo ha existido durante bastante tiempo. Sin embargo, normalmente se utiliza para abordar el nicho multifacético, incluidos problemas como la programación, el enrutamiento y la dotación de personal, acciones que son extremadamente complejas donde se soluciona el concepto del problema y tradicionalmente han incluido científicos de datos en lugar de individuos de negocios segmentados. Hoy en día, el uso de análisis prescriptivos se está extendiendo a las unidades de negocio de las manos de la tecnología de la información (TI) o los científicos de datos. Por lo tanto, su valor para la mayoría de los propietarios de negocios han aumentado con el tiempo, ya que cada investigación empresarial, ideas e inferencias dibujadas con la ayuda de análisis descriptivos o predictivos quedarán sin sentido sin la ayuda de análisis prescriptivos. Así que suficiente de la conversación, supongo, vamos a tomar un momento para explorar los beneficios de la analítica predictiva en las decisiones de negocio y perspectivas.

- **Mejor rendimiento en las decisiones empresariales**

El análisis prescriptivo descubre decisiones valiosas que pueden ayudar a mejorar el rendimiento económico y funcional, particularmente cierto cuando se utiliza con fines de decisión que anteriormente han sido apoyados a través de herramientas intuitivas por el usuario. Sin embargo, el uso de análisis prescriptivos puede tener un impacto razonable en las actividades de las empresas, incluyendo:

   o **Aumentar la productividad de la organización con múltiples objetivos**. Por ejemplo, la implementación de análisis prescriptivos en la producción de stock, cuando se hace correctamente, puede aumentar el rendimiento del negocio y estimular el crecimiento de la organización.

- o **Aumento de la eficiencia operativa:** esto simplemente significa hacer más con menos recursos. por ejemplo, optimizando la distribución del personal a través de análisis prescriptivos, una organización puede realizar sus tareas internas mientras aumenta el crecimiento

- **Tomar decisiones basadas en datos en tiempo real**

El análisis prescriptivo simplifica el proceso de toma de decisiones de un negocio mediante el uso de un enfoque basado en datos. De esta manera, puedes mantenerte un paso por delante de la competencia y aprovechar las nuevas oportunidades.

- **Creación de una experiencia de usuario altamente personalizada**

El análisis prescriptivo le permite crear una experiencia coherente y personalizada para todos los clientes. Las empresas pueden utilizar este enfoque para recomendar productos, proporcionar descuentos oportunos y dar recomendaciones de sitios web en tiempo real.

- **Resolver problemas que puedan obstaculizar el crecimiento del negocio**

El análisis prescriptivo ofrece medios eficaces para resolver problemas empresariales. Por ejemplo, si su estrategia de precios actual es reducir los costos, el uso del aprendizaje automático para calcular varios factores de mercado diferentes podría dar lugar a precios más competitivos para sus productos.

Cómo funciona el análisis prescriptivo

Básicamente, los algoritmos de análisis prescriptivo s son de dos categorías. Es decir, algoritmos exactos y heurística

- Los algoritmos heurísticos no proporcionan ninguna garantía de la mejor respuesta. Si están bien diseñados, pueden ofrecer soluciones rápidas, pero a la vez eficaces para un problema determinado.

- Los algoritmos exactos garantizan la mejor respuesta. Sin embargo, el tiempo necesario para ofrecer soluciones para un problema determinado puede aumentar con el tamaño del problema. Es decir, puede ser necesario un plazo más corto para resolver un problema menos complejo de lo que sería en comparación con un caso más grave.

Heurística/Reglas - Todo lo que debes saber

La heurística o las reglas son reglas de matriz que están sujetas a problemas. Estos a menudo se utilizan cuando el tema en cuestión no es táctico o estratégico. Alternativamente, pueden ser la elección correcta cuando el mismo conjunto de decisiones debe tomarse continuamente en un día. Utilizan tecnologías complejas para explotar aspectos específicos de un problema. Normalmente requerimos que se cree una matriz determinada de funciones numéricas (por ejemplo, f(t) ?w), una colección de directivas (como "if... Entonces... "), o ambos al tomar una decisión, pero para la heurística, lo contrario es el caso.

Por ejemplo, cuando hacemos un recorrido o un paseo, a menudo confiamos en un GPS para guiarlo a través de una ruta determinada o a veces una serie de comandos. Lo contrario es el caso de la heurística; solo puede depender de las reglas para ayudarle a guiarlo a través de la ruta dada. Es posible que no esté tomando la ruta más corta (en la distancia o en el tiempo). Podrías terminar conduciendo 10 kilómetros más de lo necesario y tomar aproximadamente 30 minutos más para llegar a tu destino. En algunos casos, es posible que no llegue a su destino esperado, especialmente en situaciones en las que no tiene información previa. Para un heurístico, esta estrategia se considera como la mejor alternativa. No te equivoques; esto es sólo un análisis de cómo funciona la heurística – funcionan con una regla dada en lugar de un algoritmo automatizado.

En su término simple, emplea un método práctico que puede no ser el mejor absoluto, pero sólo suficiente para satisfacer una necesidad dada. A menudo se consideran como un "atajo mental" a un problema dado. Un ejemplo básico de heurística es el estereotipo

Algoritmo de optimización – Lo básico

Esto se define simplemente como una mezcla de funciones numéricas y algoritmos automatizados para encontrar una solución óptima a un problema dado. Aquí, un problema específico se describe usando ecuaciones matemáticas como la indicada anteriormente. Estos conjuntos de funciones numéricas se utilizan para construir modelos de solución después de que se ha generado el modelo y se envían a un algoritmo automatizado donde el problema se resuelve a la vez. Por ejemplo, MS Excel es una herramienta estándar utilizada para la toma de decisiones empresariales, que a menudo se describe mediante la creación de una hipótesis de un resultado esperado. Esto se hace mediante características como instrucciones IF, búsquedas y funciones. Después de lo cual se proporciona la solución al problema dado cuando se introducen valores. Pero entonces, realmente no hay una manera específica de conocer la solución correcta al problema a menos que se utilice una estrategia de optimización.

Por lo tanto, un enfoque de análisis prescriptivo, por definición, se basará en la heurística comúnmente conocida como reglas u optimización, también conocida como algoritmo. El uso de ambos simultáneamente puede ser posible en algunos casos, pero en la mayoría de los casos, apenas se utilizan juntos en análisis prescriptivos. Un enfoque nunca es mejor que el otro. Pero para obtener lo mejor al usar cualquiera de ellos, los ejecutivos de negocios deben saber el mejor momento para aplicar cada uno de ellos, o ambos si es necesario.

Requisitos utilizados para evaluar el mejor método de análisis prescriptivo

Tipo de problema a resolver : La mayoría de los problemas de negocio se resuelven mejor con heurística, mientras que otros son mejores para el algoritmo. Por lo tanto, entender el tipo de problema a resolver es una tarea esencial para una solución empresarial eficaz.

¿Qué tan complejo es el problema? Varios problemas son bastante complejos y difíciles de resolver. Problemas como viajar, por ejemplo, generalmente pueden parecer complejos de resolver cuando se usa la optimización. A veces, un problema dado se resuelve mejor usando reglas en lugar de optimización.

¿Con qué frecuencia se necesita para resolver el problema? Si una nueva decisión tiene que tomarse con frecuencia, tal vez cientos, incluso miles, de veces al día, entonces la heurística probablemente será una mejor opción de sobreoptimización.

¿Cuánto tiempo esperará una respuesta cada vez que aborde un problema determinado? Para soluciones que requieren atención inmediata, un enfoque heurístico es sin duda el mejor enfoque para ir con. Sin embargo, si el tiempo de respuesta no es una gran preocupación, la optimización también podría ser su mejor oportunidad.

Caso de uso de análisis prescriptivo: Ventas y marketing

Analisis prescriptivo se utiliza ampliamente en las operaciones de venta al por menor y marketing para optimizar productos y precios, identificar micromercados, administrar la cadena de suministro y diseñar campañas dirigidas, por nombrar algunos.

Caso de uso de análisis prescriptivo: La investigación en salud sugiere que las predicciones por sí solas no pueden resolver los problemas de la atención al paciente. Un paso adicional que describe los datos relacionados junto con las previsiones, y también los posibles protocolos de tratamiento, hace que el estudio sea útil.

El paso adicional implica análisis prescriptivos en los que se identifican explicaciones brillantes basadas en evidencia detrás de las previsiones junto con posibles protocolos para el tratamiento. Este enfoque de análisis ofrece beneficios inmediatos para el médico, que puede ser un experto en atención médica, pero no está adecuadamente calificado en tecnología de datos para llegar a soluciones rápidas y directas.

Caso de uso de análisis prescriptivo: energía y servicios públicos
Otro ejemplo esencial es la energía y los servicios públicos. Los precios del gas natural fluctúan significativamente dependiendo de su disponibilidad, demanda, econometría, condiciones políticas y climáticas. Los fabricantes de gas, las empresas de transporte (pipeline) y las empresas de servicios públicos tienen un gran interés en pronosticar los precios del gas con mayor precisión para que puedan bloquearse en condiciones favorables mientras cubren los riesgos a la baja. El análisis prescriptivo puede predecir con precisión los precios simulando variables internas y externas, y también puede incluir opciones de decisión y mostrar el efecto de cada elección de decisión.

Capítulo Siete

Modelado de Clasificación de un Vistazo

Para cada científico de datos, el modelado de clasificación es una herramienta esencial que se debe utilizar. Esto se debe a que usan el modelado de clasificación para realizar análisis predictivos. La clasificación es otra herramienta esencial de aprendizaje automático supervisada, que hace inferencias útiles a partir de datos etiquetados. Las etiquetas de datos facilitan la toma de decisiones de los modelos en función del conjunto de reglas lógicas y deducciones que haya definido. De forma similar al enfoque k-means, un algoritmo de agrupación en clústeres puede ayudarle a realizar predicciones en subgrupos mediante los conjuntos de datos sin etiquetar. Hemos explorado los conceptos del aprendizaje automático en las versiones primaria y avanzada del libro, pero esta vez, creo que es hora de llevar las cosas un poco más lejos profundizando un poco más en los algoritmos de aprendizaje automático basados en un caso práctico útil.

Los clasificadores de aprendizaje basados en instancias son alumnos supervisados y perezosos: no tienen un período de preparación y simplemente memorizan los datos de entrenamiento en memoria para predecir clasificaciones de nuevos puntos de datos. Un método de clasificador examina las instancias —observaciones dentro de un conjunto de datos— y el clasificador busca observaciones que sean más similares para cada nueva observación y, a continuación, clasifica la nueva observación en función de su similitud con las instancias del conjunto de entrenamiento. La mayoría de los clasificadores basados en instancias y deducciones útiles pueden incluir lo siguiente:

- K-vecino más cercano, a menudo escrito como el kNN.

- Mapas auto-organizador

- Aprendizaje ponderado localmente

Si no está seguro acerca de la distribución del conjunto de datos, los clasificadores basados en instancias pueden ser la mejor toma, pero asegúrese de conocer también los pros y los contras de estos clasificadores.

Por ejemplo, no son adecuados para los siguientes conjuntos de datos

- Conjuntos de datos con variación aleatoria insoluble

- Conjuntos de datos con variables que faltan

- Conjuntos de datos con características irrelevantes

Puede que tenga que apegarme al algoritmo de clasificación de vecinos más cercanos (comúnmente conocido como kNN) para mantener este capítulo tan simple como sea posible. Sin embargo, los conceptos involucrados en kNN son un poco complicados, así que antes de ir más lejos, tomemos un momento para explorar métodos vecinos más cercanos promedio más sencillo sin moverse más profundamente en el enfoque kNN.

Agrupación y Clasificación

El enfoque principal de los algoritmos de agrupación en clústeres y los algoritmos de clasificación es derivar deducciones razonables de datos estructurados y no estructurados y extraer valor de ellos. Si está tratando con una amplia gama de datos no estructurados, debe dividirlos o dividirlos en algún tipo de clasificaciones racionales antes de intentar analizar para obtener inferencias razonables.

Una visión más detallada del algoritmo de clasificación

Es posible que haya aprendido de agrupar y pensó que era la misma idea que la agrupación en clústeres. La mayoría de la gente piensa en eso, pero esa no es la idea principal acerca de los algoritmos de clasificación. Tiene datos etiquetados en el algoritmo de clasificación, por lo que ya sabe la cantidad de clases en las que se debe acumular antes de analizarlos. Ya sabe qué clase desea que se asigne cada punto de datos. Por otro lado, si tiene datos sin etiquetar, de modo que tenga un concepto predeterminado sobre la cantidad de clústeres que son adecuados para su análisis.

Utilice algoritmos de clasificación para derivar un modelo predictivo que sea esencial para agrupar los resultados prospectivos; esto se puede llevar a cabo con la información que usted sabe acerca de un conjunto de datos etiquetado existente. Si su objetivo es usar el conjunto de datos y sus subconjuntos conocidos para construir un modelo que sea esencial para predecir la categorización de observaciones futuras, es posible que desee considerar el uso de algoritmos de clasificación. Sin embargo, al clasificar sus datos, tenga en cuenta los peligros futuros de subajuste y sobreajuste de sus datos. El sobreajuste y el ajuste de datos son dos problemas importantes que son difíciles de evitar durante la clasificación de datos. Aunque los dos son principalmente conceptos estadísticos, mientras proba una perspectiva de aprendizaje automático, abordaré los dos brevemente.

Sobreajuste

Echemos un vistazo a la ilustración a continuación.

Digamos que tenemos la intención de hacer una predicción racional orientada a tomar una decisión razonable sobre la posibilidad de que un estudiante tenga una entrevista de trabajo basada en su currículum vitae.

Ahora, supongamos que estamos entrenando un modelo usando 5.000 curriculum vitae y sus resultados.

Probamos el modelo siguiente en la matriz real de datos para determinar el resultado, y sorprendentemente, el resultado representa un mayor nivel de precisión, digamos 90%. Suena interesante, ¿verdad?

Pero aquí viene el gran problema - Cuando intentamos ejecutar el mismo modelo en un conjunto de datos recientemente descubierto (curriculum vitae), sólo obtenemos un 45 por ciento de precisión ... ¡Oops! Con esta ilustración, podemos decir que nuestro modelo probablemente está sobreajustado porque no hace inferencias racionales de la información proporcionada. Esto se llama sobreajuste. El sobreajuste es la situación en la que el modelo de aprendizaje funciona muy bien en los datos de entrenamiento, capturando casi todos los elementos. Pero es débil cuando se trata de generalizar cualquier dato potencial. La razón principal del sobreajuste puede ser atribuible al hecho de que se utiliza un modelo muy complejo para un conjunto de datos que se puede aprender con un modelo más simple. En este caso, el modelo intenta capturar el ruido y los valores atípicos y también comienza a encontrar relaciones entre ellos. El subajuste es lo opuesto al sobreajuste de datos. Y en este caso, es difícil para el modelo encontrar una conexión entre las estructuras subyacentes relevantes.

Las dos soluciones más comunes para el sobreajuste pueden incluir las siguientes:

- Puede intentar reducir el ruido y los valores atípicos en los datos. Esto se puede hacer en la etapa de preprocesamiento, que es una etapa común en cualquier proyecto de aprendizaje automático.

- También puede intentar recopilar más datos. De esta manera, el modelo encontrará difícil encontrar una relación entre el ruido e intentar generalizar los datos relevantes.

de todos modos los dos pasos anteriores son sólo el principio. También puede intentar establecer hiperparámetros y eliminar nuevas características. Tienden a funcionar muy bien en algunos casos. Por otro lado, el subajuste se puede resolver rápidamente mediante el uso de un modelo más complejo que el modelo lineal de uso común. Esto puede capturar fácilmente las características mejor.

Modelado de datos con el analista vecino más cercano

En su núcleo, los métodos vecinos funcionan tomando el valor de atributo de una observación y luego localizando otra observación cuyo valor de atributo está más cerca de ella numéricamente. Debido a que la técnica vecina más cercana es un método de clasificación, puede utilizarla para realizar tareas tan orientadas científicamente como deducir la estructura molecular de una proteína humana vital o detectar relaciones evolutivas biológicas clave o tan impulsadas por el negocio como diseñar motores de recomendación para sitios de comercio electrónico o construir modelos predictivos para transacciones de consumidores. No hay límite para las aplicaciones.

En la tecnología GPS, una buena analogía para el concepto de vecino más cercano se puede ver a continuación.

Imagina que necesitas desesperadamente un café con helado Starbucks, pero no sabes dónde está la tienda más cercana. ¿Qué vas a hacer? Supongo que pedir a su Smartphone para las ubicaciones más cercanas será su apuesta más segura! El sistema busca empresas llamadas Starbucks dentro de la proximidad razonable a su ubicación actual cuando lo hace. Después de generar una lista de resultados, el sistema le informará con la dirección de la cafetería Starbucks más cercana a su ubicación actual, o deberíamos decir la más cercana a usted.

El propósito principal del estudio del vecino más cercano, como sugiere la palabra vecino más cercano, es analizar el conjunto de datos para identificar la observación que es cuantitativamente más similar a su observación. Recuerde que las comparaciones de similitud pueden basarse en cualquier atributo cuantitativo, ya sea la distancia, la edad, los ingresos, el peso o cualquier otro factor que pueda caracterizar el hallazgo que está investigando. La distancia es el atributo comparativo más accesible.

En mi analogía de Starbucks, las coordenadas A, B, C de la tienda reportadas por su Smartphone son las más similares a las coordenadas A, B, C de su ubicación actual.

Un análisis de vecino más cercano moderno a menudo se realiza mediante algoritmos computacionales. El algoritmo de vecino más cercano se conoce como algoritmo de vínculo único, un algoritmo que combina clústeres si se comparte al menos un borde conectivo (es decir, una línea de límite compartida) entre ellos. Puede aprender los conceptos básicos del algoritmo de vecino promedio más cercano y el algoritmo de vecino más cercano en las secciones siguientes.

Clasificación de datos con algoritmos medios más cercanos

Un algoritmo de vecino más cercano promedio está diseñado para clasificar las observaciones en función de las distancias aritméticas medias entre dos conjuntos de datos. El algoritmo de vecino más cercano promedio es una gran manera de hacerlo si su objetivo es clasificar y agrupar observaciones por similitud promedio.

Un conjunto de datos se compone de observaciones para los clasificadores vecinos más cercanos, cada uno con una variable x e y. El valor de entrada, o función, se representa mediante una variable x y la variable y representa la marca de datos o la variable de destino. Si la distancia media de una distribución aleatoria hipotética es inferior a la media, se sabe que la distribución de las características examinadas está agrupada. Las características se consideran dispersas si la distancia media es más significativa que una distribución aleatoria hipotética. La relación media de vecino más cercana se calcula como la distancia media observada dividida por la distancia media esperada (con la distancia media esperada basada en una distribución aleatoria hipotética con el mismo número de características que cubren la misma área total).

Algoritmos de clasificador de vecinos más cercanos a K explicados

El vecino más cercano de K es un clasificador supervisado del aprendizaje automático, que utiliza las observaciones que memoriza del conjunto de datos probado para predecir clasificaciones para nuevas observaciones sin etiquetar. KNN hace sus predicciones basadas en la similitud, de modo que cuanto más similares sean las observaciones de entrenamiento a las observaciones entrantes nuevas, más probable es que el clasificador asigne ambas a la misma clase. KNN funciona mejor si el conjunto de datos existente tiene alguna de las siguientes características:

• Si los datasets tienen poco ruido

- Si están etiquetados y libres de valores atípicos

- Tienen grupos distinguibles

- Se fabrican únicamente a partir de características relevantes, pero aún seleccionadas.

Si está trabajando con un gran volumen de conjunto de datos, es posible que desee evitar el uso del clasificador kNN, ya que las predicciones de conjuntos de datos más masivos probablemente tardarán demasiado tiempo.

KNN es conocido como un algoritmo de aprendizaje automático perezoso en el contexto más amplio del aprendizaje automático, en otras palabras, tiene poca o ninguna fase de entrenamiento. Esto memoriza los datos del entrenamiento y luego utiliza esa información como base sobre la que se pueden categorizar nuevas observaciones. El objetivo del kNN es estimar la clase P del punto de consulta en función de las clases de los vecinos más cercanos. KNN funciona de una manera similar a cómo funciona el cerebro humano de esta manera. El algoritmo kNN es una generalización del algoritmo del vecino más cercano. En lugar de mirar al vecino más cercano, considere los números k de los vecinos más cercanos desde dentro de un conjunto de datos que contiene n número de puntos de datos: k define cuántos vecinos más cercanos afectarán al proceso de clasificación. El clasificador clasifica el punto de consulta P en kNN según las etiquetas de clasificación que se encuentran en la mayoría de los puntos k más cercanos que rodean el punto de consulta.

Si sabe poco sobre la distribución del conjunto de datos, kNN es un método de clasificación útil para su uso. Además, si tiene una idea sólida de los criterios de distribución y selección de su conjunto de datos (criterios para identificar y eliminar el ruido en el conjunto de datos), esta información se puede utilizar para crear mejoras significativas en el rendimiento del algoritmo. KNN es uno de los métodos de clasificación más simples y fáciles, pero produce resultados competitivos en comparación con algunas de las formas más sofisticadas de aprendizaje automático. El algoritmo kNN fue probablemente clasificado entre los diez algoritmos de minería de datos más influyentes por la comunidad de investigación académica debido a su simplicidad y los resultados competitivos que proporciona.

Para usar kNN, todo lo que necesita es seleccionar un punto de consulta en el conjunto de datos de ejemplo, normalmente denominado P, y, a continuación, calcular el k más cercano del vecino a ese punto. El punto de consulta P se clasifica con una etiqueta que es la misma que la etiqueta que rodea la mayoría de los puntos k más cercanos.

Soluciones del mundo real con algoritmo KNN

A lo largo del negocio minorista moderno, los métodos de reconocimiento de patrones adyacentes más cercanos a K se utilizan comúnmente para prevenir el robo. Por supuesto, ya no es una nueva tendencia ver cámaras en casi todos los puntos de venta que visita, pero la mayoría de la gente no sabe cómo utilizar los datos recopilados de estos dispositivos.

Podrías imaginarte ser rastreado en la habitación con cámaras para cualquier acto dudoso, y tal vez así es como se han hecho las cosas en los últimos años. Sin embargo, con el avance tecnológico general, y sin la necesidad de asistencia humana, un sistema de escrutinio avanzado es lo suficientemente inteligente como para procesar y describir datos e información derivados de dicho video con menos alboroto. Los sistemas avanzados ahora pueden utilizar los vecinos más cercanos para reconocer patrones visuales para escanear y detectar paquetes ocultos en la caja en la parte inferior de un carro de la compra. Si se observa un artículo que coincide exactamente con un objeto que aparece en la base de datos, el precio del producto detectado podría incluso agregarse automáticamente a la factura del cliente. Si bien esta práctica de contabilidad automatizada no se utiliza ampliamente ahora, la tecnología se ha desarrollado y está disponible para su uso. En el comercio minorista, kNN también se puede utilizar para desenterrar patrones en el uso de tarjetas de crédito.

Muchas nuevas aplicaciones de software que analizan transacciones utilizan algoritmos de vecinos más cercanos para realizar los análisis necesarios en los datos del registro, de modo que los actos dudosos se detectan fácilmente.

Capítulo Ocho

Visualización de Datos con D3.Js

En el mundo del big data y la ciencia de datos, una herramienta de visualización de datos, estrategias y tecnología es una herramienta esencial que se utiliza comúnmente para analizar conjuntos de datos masivos y tomar decisiones basadas en datos sobre una población objetivo. La verdad es que puede obtener la visualización de datos perfecta que necesita para satisfacer las necesidades exactas de su público objetivo en la sala de reuniones o la sala de juntas. Pero aquí hay un hecho rápido, lo que funciona en la sala de reuniones puede no funcionar necesariamente en esa sala de reuniones virtual o en la World Wide Web.

En este capítulo, le estaría atravesando los diversos procesos sobre cómo puede utilizar la tecnología D3.js para crear visualizaciones personalizadas basadas en web, el tipo de visualizaciones que necesita si está presentando su trabajo en línea. El poder de programación en D3.js le permite la libertad de generar una visualización de datos increíble, pero dinámica que su audiencia puede interactuar y explorar directamente desde sus navegadores, sin ningún complemento específico.

Por qué D3.js es su mejor toma para la visualización de datos

Una vez que D3 fue lanzado años atrás, se hizo evidente que se convertiría en una técnica irresistible para las visualizaciones de datos. No hace falta decir que no fue, o solo, el primer recurso para la visualización de datos de todos modos. Así que aquí está la pregunta; ¿por qué tuvo éxito cuando tantas otras tecnologías de visualización de datos han fallado continuamente? Un atributo importante de D3.Js es que funciona bien en la Web. La visualización de datos está en su mejor momento si puede llegar a un público más amplio o se puede ver fácilmente, y no hay otra ubicación superior para esto que en la web. Protovis fue uno de los primeros en progresar en esta dirección. Manyeyes, por otro lado, también era bastante bueno, pero carecía de versatilidad gráfica, y las visualizaciones producidas estaban lejos de ser efectivas. Algunos otros predecesores de D3 como Prefuse es bastante eficaz, así, pero apenas se ejecuta en un navegador sin usar un plug-in.

Una ventaja adicional sobre otros recursos de visualización de datos se debe a su flexibilidad de nivel. Es tan flexible como las pilas de tecnología web del lado cliente (HTML, CSS y SVG) porque funciona perfectamente con las tecnologías web existentes y puede manipular cualquier parte del modelo de objetos de documento. Esto le da enormes ventajas sobre cualquier otra herramienta de visualización de datos, ya que se puede manipular fácilmente y puede cubrir fácilmente regiones más extensas de una página web.

D3.js como biblioteca Javascript de código abierto

D3.js es una biblioteca JavaScript para el manejo de documentos basados en datos. Le ayuda a dar vida a los datos mediante HTML, SVG y CSS. El enfoque de estándares web de D3 le ofrece todas las capacidades de los navegadores modernos sin necesidad de conectarse a una plataforma propietaria, al tiempo que integra elementos de visualización activos con un enfoque basado en datos para la manipulación de DOM. Puede utilizar esta biblioteca para crear documentos de alta calidad controlados por datos (D3) dentro de una fracción del tiempo habitual y con una fracción del esfuerzo necesario para codificar en JavaScript simple (también k.a. vainilla).

En esencia, D3.js es una colección de clases y funciones que puede usar para ejecutar cadenas JavaScript de nivel inferior mucho más largas cuando se aplica un poco de codificación. D3.js solo inicia un nivel adecuado de comandos en la biblioteca JavaScript, los que se utilizan comúnmente en la visualización de datos. Estos comandos se utilizan para hacer cosas como dibujar ejes, trazar elementos y volver a calcular posiciones al cambiar el tamaño de los gráficos. Si su objetivo es crear visualizaciones de datos dinámicas o interactivas basadas en web (visualizaciones que ajustan la respuesta a las interacciones del usuario), D3.js es la biblioteca JavaScript perfecta para usar. Si desea que los usuarios puedan interactuar con la visualización de datos y elegir qué datos mostrar, debe crear una visualización dinámica.

Por lo tanto, con las visualizaciones de datos dinámicos, los usuarios pueden realizar fácilmente lo siguiente.

- Interactúe con la visualización para seleccionar los conjuntos de datos que se van a mostrar

- Ver datos adicionales cuando colocan el cursor del ratón sobre la visualización o al realizar clics seleccionados

- Profundice en niveles más profundos de datos relacionados para ver vistas más detalladas sobre partes interesantes de los datos

- Explora pantallas animadas que muestran cambios a lo largo del tiempo

- Elija entre una variedad de transiciones diferentes entre vistas.

Para crear visualizaciones de datos interactivas y basadas en web con D3.js, debemos explorar algunos conceptos subyacentes que debe comprender para asegurarse de que permanece en la parte superior del juego. Por lo tanto, exploraré los fundamentos de JavaScript, HTML, CSS y PHP para crear visualizaciones usando D3.js en las siguientes secciones. Puede obtener información sobre el modelo de objetos de documento (DOM) de JavaScript y cómo interactúa con el lenguaje de marcado de hipertexto (HTML) para producir cambios dinámicos en el HTML de una página web.

HTML y DOM

La columna vertebral de una página web es Lenguaje de marcado de hipertexto (HTML). Le proporciona el contenido estático que ve en muchos sitios web, particularmente más antiguos. Con su texto sin formato y su mínima interactividad, HTML es reconocible. Es posible que tenga varios hipervínculos a otras páginas estáticas y aburridas en todo el sitio, que son las únicas características interactivas con sitios HTML sin formato. Puede usar HTML para mostrar texto sin formato con un rango de etiquetas que proporcionan instrucciones al explorador del cliente. JavaScript utiliza el modelo de objetos de documento HTML (DOM). A través del DOM HTML, JavaScript puede interactuar con las etiquetas HTML y su contenido. El DOM trata las etiquetas en un lenguaje orientado a objetos (como JavaScript) como capas jerárquicas. DOM le permite controlar selecciones de objetos basadas en propiedades de atributo de objeto.

A través de D3.js, el propósito de HTML es producir páginas HTML dinámicas y cambiantes proporcionando una parte inferior desnuda de las etiquetas estáticas y el material de la página web que puede interactuar con a través de JavaScript DOM. Basado en una estructura básica HTML desnuda, D3.js se construye. Aunque HTML es estático, D3.js lo representa más fluido cuando un programador o una interacción de usuario permite que los scripts defectuosos modifiquen el código HTML subyacente sobre la marcha. El HTML mostrado es a menudo complejo y diferente del que se envió originalmente al navegador.

JavaScript y SVG en visualizaciones de datos
Con JavaScript, puede realizar un trabajo eficiente del lado del cliente (en el equipo del usuario). El envío de datos desde el servidor

al dispositivo del cliente a través de la Web es el aspecto más lento de cualquier interacción usuario-sitio web.

Puede ser mucho más rápido si envía una cadena de instrucciones más corta y directa para volver a procesar la información, que puede ser utilizada por un cliente de navegador web y luego crear el sitio web utilizando la velocidad de procesamiento de un cliente en lugar de enviar toda la información necesaria para una pantalla del navegador. JavaScript le da una gran solución si desea mantener un nivel decente de seguridad sin un plug-in o permiso especial para ejecutar código en su navegador. JavaScript es rápido, además! Como es el lenguaje de programación basado en navegador, JavaScript está libre de características avanzadas que mejoran, pero también el ritmo de lenguajes específicos. Formato de imagen vectorial que ofrece imágenes para visualizaciones interactivas y basadas en web. D3.js es un formato de archivo utilizado por SVG para almacenar gráficos vectoriales para el uso de visualización de datos basado en web en 2 dimensiones.

En JavaScript, la mayoría de los gráficos se basan en gráficos vectoriales escalables. Sin embargo, los gráficos vectoriales requieren menos ancho de banda que las imágenes porque los gráficos vectoriales proporcionan instrucciones sobre cómo dibujarlos en comparación con las representaciones de píxeles de píxel es un píxel ráster de imagen definitiva. Si desea implementar gráficos en la Web rápidamente, lo que le da habilidades sin pérdidas, entonces SVG es la solución perfecta. SVG es ideal para la creación de barras, líneas y marcadores de elementos gráficos.

D3.js se puede utilizar para elegir, insertar, modificar o eliminar elementos SVG en una lista, al igual que los elementos HTML. Debido a que D3.js es la herramienta más útil para tratar con elementos gráficos basados en web, la mayoría de los elementos SVG se utilizan para comunicarse con D3.js.

Básicamente, con las montones de información que hemos explicado, puede empezar a reflexionar sobre las visualizaciones de datos, D3.js y por qué nos hemos tomado el tiempo para explorar sus conceptos básicos y algunas otras estrategias avanzadas y, sobre todo, su impacto en la toma de decisiones empresariales. Tomemos un tiempo para explorar su impacto en las decisiones y estrategias de negocio.

- **Evaluación predictiva de las ventas: con la ayuda de la visualización de registros en tiempo real, los ejecutivos de** ingresos pueden llevar a cabo análisis predictivos avanzados para sus cifras de ingresos y ventas, viendo las cifras de ventas actualizadas, así como explorar por qué la mercancía real tiene un bajo rendimiento y las razones por las que las ventas están retrasadas. Por ejemplo, los descuentos presentados por los competidores pueden ser una de esas razones.

- **Mayor comprensión de los hechos y decisiones empresariales**
Los objetos visuales humanos pueden tomar y dibujar registros cercanos rápidamente sin problemas con la ayuda de fotografías, gráficos y otras formas de imágenes en lugar de palabras escritas y

algunas otras figuras matemáticas. Además, la mayoría de los informes de inteligencia empresarial que podrían compilarse para los gerentes de alto nivel suelen estar llenos de tablas e ilustraciones que han descuidado por completo la necesidad de hacer que la información sea brillante para las personas que la necesitan. Por otro lado, la visualización de datos permite a los usuarios adquirir cantidades considerables de hechos relacionados con el rendimiento diario y general de las condiciones de negocio. También permite a individuos y organizaciones percibir las relaciones que existen entre los conjuntos de información multidimensional. Ofrece nuevos enfoques para realizar análisis de datos mediante el uso de gráficos, gráficos y, a veces, mapas.

- **Mayor comprensión de la actividad empresarial de una organización**

Una ventaja significativa de la visualización de datos es que ofrece a sus usuarios la flexibilidad de percibir las relaciones comerciales de manera más eficaz a medida que se producen entre las diversas condiciones de negocio y su rendimiento. En el creciente entorno empresarial actual con competiciones cada vez mayores, sacar el máximo provecho de estas visualizaciones nunca ha sido más significativo para el crecimiento del negocio.

- **Identificación rápida de tendencias organizativas e industriales**

el mundo actual, la cantidad de datos que la mayoría de las empresas pueden recopilar sobre el mercado general y la condición del cliente de un determinado valor empresarial puede proporcionar información racional sobre nuevas oportunidades de negocio y otros requisitos para el crecimiento de los ingresos, suponiendo que puedan detectar el creciente nivel de oportunidades de datos. Mediante la visualización de datos, los usuarios pueden comprender los cambios en el comportamiento del cliente y otras condiciones industriales en varios conjuntos de datos mucho más rápidamente.

- **Un estudio preciso de las emociones de los consumidores**

Con la ayuda de la visualización de datos, las organizaciones también pueden proporcionar una visión más profunda de los sentimientos de los clientes y otros datos que detectan las crecientes oportunidades para el lanzamiento de su nuevo producto. Estos valiosos conocimientos permiten a las empresas tomar medidas sobre nuevas oportunidades de negocio y seguir ganando, y en la cima de su juego.

- **Contacto directo con datos**

La visualización también ayuda a las empresas a interactuar con sus datos fácilmente. La forma en que aporta soluciones empresariales racionales al juego es uno de los beneficios interminables de la visualización de datos. Estas herramientas permiten a los usuarios la flexibilidad de maniobrar e interactuar con los datos, a diferencia de las tablas y gráficos unidimensionales tradicionales que solo se pueden ver.

- **Fácil comprensión de datos**

Con la ayuda de la visualización de datos, las organizaciones pueden abordar el big data y facilitar su comprensión, independientemente de la industria, ya sea la industria del entretenimiento o el mundo financiero. También les proporciona una profunda visión, animándoles a tomar una decisión racional, así como medidas urgentes para garantizar que el problema en cuestión se resuelva por completo.

Capítulo Nueve

Explicación de la Ciencia de Datos con Python

Python se ha utilizado ampliamente en la última década en el área de la ciencia de datos y es un lenguaje de programación flexible. Si bien es mejor desarrollar lenguajes de programación comunes como Java y C++, Python garantiza que el procesamiento, el análisis y la visualización de datos se puedan realizar fácilmente. Desde entonces se ha ganado una reputación por el nivel de innovación que ha mostrado en la ciencia de datos. Sin embargo, Python parece haber tenido tanto éxito en la visualización y análisis de datos, de tal manera que parece que ha desplazado a R como uno de los lenguajes más comunes y ampliamente aceptados en la programación para su uso en la ciencia de datos.

El estado de Python como uno de los lenguajes de programación más populares por ahí puede estar vinculado al hecho de que:

a) Ha demostrado ser seguro aprender en comparación con otros lenguajes de programación, y b) permite a los usuarios la flexibilidad de realizar múltiples tareas con sólo unas pocas líneas de codificación.

Te presentaré los conceptos básicos de programación con Python en este capítulo.

Comprender estas definiciones le permitirá familiarizarse con los componentes principales del lenguaje. A continuación, presento la información que necesita aprender para configurar un entorno de trabajo típico de Python. De esta manera, usted puede convertirse en un profesional en ciencia de datos fácilmente, entonces usted ha imaginado alguna vez. También es posible que deba presentarle algunas de las mejores bibliotecas de Python para la manipulación de datos, la informática matemática, la visualización de datos y otras tareas relacionadas. Hagamos el caminar, ¿sí?

Habilidades de Python en el negocio

El uso de Python en la mayoría de las organizaciones puede ser numeroso. A veces, es un caso de reducir lo que necesita que haga en lugar de simplemente lo que puede hacer por usted. Hay un sinfín de posibilidades. Sin embargo, debemos echar un vistazo rápido para explorar algunos de los proyectos que Python puede ser utilizado en su negocio.

- Python se puede utilizar para crear una interfaz de usuario interactiva para el sitio web, el mercado en línea y la aplicación de su empresa

- Actúa para varios activos como código de código abierto (por ejemplo, el sitio), ya que es fácil de comprender.

- Sirve como un lenguaje funcional de ciencia de datos, que incluye aprendizaje automático, análisis de datos y visualización.

- Scripting o más simplemente crear un pequeño programa de automatización de tareas.

Comprender los conceptos básicos

Python se puede utilizar para hacer cualquier cosa que va desde operaciones matemáticas simples hasta visualización de datos e incluso análisis predictivos.

Siempre es importante aprender los conceptos básicos de un idioma, independientemente de la tarea en cuestión, antes de tratar de profundizar en sus bibliotecas más especializadas.

Python es un lenguaje de programación completamente orientado a objetos. Esto indica que básicamente todo en lenguaje python es a menudo considerado como una entidad u objeto por la mayoría de las personas. Un objeto en Python es todo lo que se puede asignar a una variable o pasar a una función como argumento. Todos los artefactos considerados en el lenguaje de programación de Python pueden incluir clases, cadenas de números, listas, tuplas, conjuntos, funciones y diccionario.

Además, los números, cadenas, listas, tuplas, conjuntos y diccionarios funcionan como los tipos de datos principales de Python simple: sin formato aquí implica Python sin ninguna extensión externa adicional. (Le presentaré las bibliotecas de Python externas de NumPy, SciPy y MatPlotLib en la sección "Tener el nombre basado con algunas bibliotecas de Python útiles" más adelante en este capítulo; agregar estas bibliotecas también le proporcionará tipos de datos adicionales.) En Python, una función esencialmente hace lo mismo que en matemáticas simples: acepta entradas de datos, procesos y salidas. Los efectos de la salida dependen enteramente de lo que la tarea ha sido programada para hacer. Por otro lado, las clases son prototipos de objetos diseñados para producir objetos específicos.

Si su objetivo en Python es escribir código simple, reutilizable y fácil de modificar, se deben usar funciones y clases. Ayuda a mantener el código útil y estructurado mediante el uso de funciones y clases.

Tipos de datos en lenguaje Python

Si le hubiera gustado embarrar los pies en Python, le recomendamos que se tome tiempo para aprender algunos de los tipos de datos más utilizados en Python. Los números y las cadenas son los tipos de datos más comunes en Python. Esto se debe a que se pueden integrar fácilmente en otros tipos de datos en el lenguaje python, incluidos los tipos de datos más complejos. Las variables se pueden asignar a todos los tipos de datos de Python. Sin embargo, en el lenguaje Python, todos los tipos de objeto como números, cadenas, listas, tuplas, conjuntos y diccionarios se conocen a menudo como tipos de datos en Python.

Números

Los tipos de datos como números contienen valores numéricos que se pueden usar para realizar todas las formas de operaciones matemáticas. Los números pueden venir en los siguientes formatos:

1. Enteros - un formato de número entero

2. Flotar: un formato de número real, escrito con un punto decimal

3. Complejo: un formato de número imaginario, representado por el cuadrado raíz de −1.

4. Largo: un formato de número entero con un número dado de tamaño de dígito

Las cadenas de Python son probablemente el tipo de datos más utilizado en Python, así como en cualquier otro lenguaje de programación. En pocas palabras, las cadenas se escriben entre comillas como uno o más caracteres. Los codificadores de Python a menudo usan estructuras de datos en lugar de tipos de datos para hacer referencia a listas, tuplas, conjuntos y diccionarios. Las estructuras de datos son unidades básicas que coordinan los datos de tal manera que el programa o la aplicación con la que está trabajando puede utilizarlos de manera eficiente. Las listas, tuplas, conjuntos y diccionarios son estructuras desde su punto de vista, pero tenga en cuenta que todavía constan de uno o más tipos específicos de datos (por ejemplo, números y cadenas).

Listas

Las listas son secuencias de números y cadenas. Simplemente incluya los elementos de la lista (divididos por comas) entre corchetes para crear una lista.

Se asigna automáticamente un número de índice a cada miembro de la lista a partir de 0.

Con este índice, puede acceder a cada elemento y devolver el valor correspondiente de la lista. Si necesita almacenar y evaluar matrices de datos largas, es más fácil usar listas porque es bastante fácil extraer información estadística almacenando los datos dentro de una lista.

En este ejemplo, la estimación de elementos de lista se calcula sumando primero los aspectos a través de la función sum y, a continuación, dividiéndolos por el número de elementos de la lista. Supongo que ahora se puede ver que es tan simple como ABC. Todo lo que necesita es seguir los procedimientos anteriores, y *voila* que está establecido!

Tuplas

Las tuplas son listas más o menos similares, excepto que después de crearlas, no se puede cambiar su contenido. También debe utilizar corchetes normales en lugar de corchetes al crear tuplas. Sin embargo, las tuplas se utilizan mejor cuando desea asegurarse de que los datos permanecen en un formato de solo lectura.

Diccionarios

Los diccionarios son estructuras de datos compuestas por pares de clave y valor. Cada par de valores hace referencia a una clave determinada en un diccionario y, por lo tanto, se puede tener acceso a cada valor mediante esa clave.

Establece

Los conjuntos también son similares a las listas. Pero a diferencia de las listas, los elementos de los conjuntos están desordenados. Debido a esta característica desordenada de conjuntos, es casi imposible indexarlos, y debido a esto, apenas se utilizan en comparación con otros tipos de datos en Python.

Uso de bucles en Python

Utilizando el número de índice de elemento, puede acceder fácilmente a una función de lista mientras trata con listas de Python. Del mismo modo, utilizando sus números de índice correspondientes, puede llegar a otros elementos de la lista. Este enfoque se vuelve muy ineficiente cuando examina grandes cantidades de datos y necesita tener acceso a todos los elementos de una lista. En estos casos, en su lugar, debe usar un método de bucle.

Para una serie de objetos, puede usar el bucle para ejecutar el mismo bloque de código muchas veces. Por lo tanto, simplemente crea un bucle para iterar automáticamente a través de cada elemento de la lista en lugar de tener acceso a todos los elementos manualmente uno por uno. En Python, puede utilizar dos tipos de bucles: el bucle 'for' y el bucle 'while'. La técnica de bucle más utilizada entre estos dos es la técnica de bucle for, una técnica de bucle diseñada explícitamente para recorrer en iteración secuencias, cadenas, tuplas, conjuntos y diccionarios.

Otra técnica útil de bucle en Python es el bucle while. Utilice un bucle while para realizar acciones dadas cuando un conjunto determinado de la condición es true. Al tratar con matrices de datos largas, el bucle es esencial, ya que es el caso mientras se trabaja con imágenes ráster. El bucle le permite aplicar este comportamiento a todos los datos o solo a las clases de datos predefinidas.

Comprender los conceptos de función y clases

Las funciones y clases son componentes esenciales de prácticamente todos los lenguajes de programación. Proporcionan una forma de desarrollar código reutilizable.

Jugando con funciones

Las funciones son bloques de código que toman una entrada, la procesan y, al mismo tiempo, producen una salida confiable.

Los números, cadenas, listas, objetos o funciones pueden ser entradas de función. En Python, hay dos tipos principales de Python: funciones integradas y funciones personalizadas. Las funciones integradas son funciones predefinidas dentro de Python. Simplemente escribiendo sus nombres, puede usarlos fácilmente para un efecto dado. Por otro lado, las funciones personalizadas o definidas por el usuario se pueden implementar simplemente escribiendo un código personalizado para realizar un conjunto determinado de funciones. En general, los desarrolladores pueden escribir una función definida por el usuario o tomando prestado de una biblioteca de terceros.

Del mismo modo, su función escrita también puede servir como una biblioteca de terceros para otros usuarios

Escritura de funciones personalizadas con Python
Al escribir funciones personalizadas con Python, los siguientes son algunos procedimientos a seguir. Tenga en cuenta que es posible que necesitemos integrar más medidas según sea necesario para funcionalidades adicionales

Fase 1: Declare la función de fword def, seguida del nombre del método.

Fase 2: Indique los argumentos dentro de los paréntesis iniciales y finales de la función y termine la oración con dos puntos.

Fase 3 : Proporcione las instrucciones para ejecutar el programa.

Fase 4 : Durante esta fase, puede finalizar la función utilizando una instrucción return, o viceversa.

La siguiente es una sintaxis general para definir funciones

```
Def userDefFunction (arg1, arg2, arg3 ...):
```
Declaración del programa1
 Declaración del programa3
 Declaración del programa3

....

Return;

Jugando con clases

Aunque las clases son bloques codificados que unen funciones y variables para crear determinados objetos, difieren ligeramente de las funciones. El conjunto de funciones y clases asociadas a una clase representa el blueprint de un determinado objeto. Las clases, en otras palabras, deletrean lo que tiene que suceder para construir un objeto.

Una vez que se crea una clase, mediante una llamada a una instancia de clase, puede crear la instancia de objeto real. En Python, esto se denomina creación de instancias de un objeto, es decir, crear una instancia de esa clase.

Cómo puede crear una clase

La clase más fácil se puede especificar fácilmente con la palabra clave 'class'. Usaremos lo siguiente como ejemplo.

```
>>> Libro de clases:
... Pasar
...
>>> Reservar á book()
>>> imprimir (libro)
<__main__. Objeto Book en 0x7f315c573550>
```

Lo anterior es sólo una clase vacía sin ninguna funcionalidad específica.

Una clase, cuando se usa sola, es inútil a menos que se combine con algún conjunto de funciones. Las funcionalidades se especifican normalmente estableciendo atributos que sirven como contenedores para datos y funciones relacionadas con atributos. Estos conjuntos de funciones a menudo se consideran "métodos".

Atributos

Para definir la siguiente clase con el nombre 'Book.' A esta clase se le dará un nombre de atributo para la clasificación efectiva. Esto se describe a continuación

```
>>> clase Libro:
... name á "python" - establecer un atributo 'name' de la clase
...
```

Puede designar una variable para la clase. Esto se conoce simplemente como 'creación de instancias de objetos'. Mediante el operador de punto, puede acceder fácilmente a los atributos dentro de la clase. Por ejemplo, utilizando la ilustración 'libro', puede acceder fácilmente al atributo dentro del nombre de clase 'book.'

crear una instancia del libro de clases y asignarlo a la variable Book, digamos:

```
>>> reservar á book()
>>> - acceder al nombre del atributo de clase dentro del libro de clases.
>>> imprimir (book.name)
Python
```

Método de especificación de clase

Puede especificar un conjunto de funciones que tendrán acceso al atributo de clase una vez que haya atributos que "pertenezcan" a la clase. Estos se conocen como métodos. Al definir estos métodos, es posible que deba proporcionar una palabra clave automática a la técnica con el primer argumento.

Por ejemplo, puede especificar una clase 'Book' con un atributo name y un método change name. El nombre del método 'change' incluirá un nuevo argumento name junto con la palabra clave 'self.'

```
>>> libro de clases:
... nombre : "python"
...
... def change_name(self, new_name): tome nota del primer argumento 'self.'
... self.name de new_name
...
```

Ahora, con un libro variable, puede crear fácilmente una instancia de esta clase Book y cambiar el nombre con el método change name.

```
>>> - crear una instancia de la clase
>>> reservar á book()
```

Para imprimir el nombre del objeto actual
```
>>> imprimir(book.name)
Python
```

>>> • Cambiar el nombre utilizando el método change_name
>>> book.change_name("ficción")
>>> imprimir(book.name)
Ficción

Los valores de estos atributos especificados se pueden dar en tiempo de ejecución especificando los atributos del método init. Esto se ilustra utilizando los ejemplos siguientes.

libro de clases:

```
def __init__(auto, nombre):
self.name nombre
```

```
def change_name (auto, new_name):
self.name de new_name
```

Ahora puede definir valores independientes de atributos para objetos específicos. esto se puede describir a continuación:

>>> Se deben crear instancias de dos variables
>>> Python á book("python")
>>> ficción á libro("ficción")

>>> para imprimir cada nombre de estas variables, puede:
>>> print(python.name)
Python
>>> print(fiction.name)

Ficción

Puede utilizarlo para crear objetos una vez que haya terminado de definir la clase. Simplemente instale el paquete, de la siguiente manera:

>>> Descargar ("ftpexample.com", "directorio FTP")

¡Y esto es todo! Acaba de declarar el dominio FTP exclusivo y el directorio FTP interno donde se almacenan los datos con este breve fragmento. Aparece una lista después de ejecutar este último párrafo, que le proporciona datos que puede controlar y analizar según sea necesario.

Python para el análisis dedatos: una guía paso a paso

Ya sabemos lo popular que es Python en el mundo de la computadora. La mayoría de los usuarios de Python ni siquiera estudiaron ciencias de la computación en la escuela, sin embargo, encuentran la programación como una de las habilidades básicas necesarias para prosperar en su campo. Lo bueno es que Python tiene una comunidad de usuarios acogedora dedicada a su gran base de datos. Aparte de eso, esta sección todavía puede ayudarle a comenzar cuando se trata de problemas relacionados con el análisis de datos con Python.

En esta sección, me gustaba hacer uso de situaciones del mundo real en mi análisis, pero antes de empezar, tenía como gusto que exploremos algunos de los conceptos básicos como instalaciones de

Python, importaciones de archivos y cómo usar Python para algunas tareas específicas.

Instalación de Python en Windows y Mac

El Mac viene con una versión básica preinstalada de Python, y Windows, por otro lado, apenas se envía en absoluto con Python. Ya sea que estés usando un Mac o un PC con Windows, te recomiendo descargar una distribución gratuita de Python que te dé tantos módulos útiles como puedas. Recomiendo Anaconda de Continuum Analytics. Con 197 paquetes, incluidos NumPy, SciPy y MatPlotLib, esta versión viene con Python. Me gusta cómo Anaconda viene con el software pandas también (abreviatura de PANel DAta analySis) porque este paquete le ayuda a construir y manipular un marco de datos tabular, como una tabla de Excel. Aún así, esta vez, son mucho mejores.

En Python, también necesita un marco de programación para hacer cualquier cosa de cualquier importancia. Anaconda viene con el entorno de programación para IPython, que recomiendo que utilice. IPython se ejecuta en su navegador web y le permite escribir código en celdas separadas y luego ver los resultados para cada etapa. Para acceder a IPython en su navegador web, simplemente navegue y abra el software IPython Notebook después de descargar Anaconda. El software inicia el cliente del navegador web automáticamente.

Tenga en cuenta que no escribe los programas usted mismo cuando utiliza la ciencia de datos para resolver problemas. En su lugar, para interactuar con los datos, utilice lenguajes y herramientas de programación precompiladas. Por lo tanto, puede elegir entre instalar la versión 2 o la versión 3 al descargar su distribución gratuita de Python. El lenguaje Python fue completamente revisado en 2010, haciéndolo más fuerte en formas que sólo los científicos informáticos pueden entender. El problema es que la nueva versión no es compatible con versiones anteriores, es decir, los scripts de Python 2 no son compatibles con una configuración de Python 3.

Para ejecutarse en Python 3, los scripts de Python 2 requieren cambios de sintaxis. Suena como un escenario terrible, y aunque no es indiscutible, la mayoría de los Pythonistas, los usuarios de Python, lo están haciendo bien de todos modos. Sin embargo, recomiendo encarecidamente usar la versión final de Python 2 versión Python 2.7.8. A finales de 2014, la gran mayoría de los usuarios de Python que no son de CompSci utilizan esa versión. Es perfecto para la ciencia de datos, es más fácil de aprender que Python 3, y hay millones de fragmentos y scripts en sitios como GitHub que puedes copiar para hacer la vida más fácil.

Carga de archivos CSV en Python

para cargar datos desde archivos CSV, asegúrese de que el archivo de datos (el archivo class grades.csv, para ser precisos) se coloque en la carpeta IPython Notebooks antes de iniciar. IPython siempre mira la carpeta de IPython Notebooks de forma predeterminada para encontrar los archivos externos a los que llama el código.

En Python, un codificador puede insertar sus comentarios en el código prefijando todas las líneas de comentario con un símbolo hash, un #symbol, por si aún no sabes sobre comentarios. Ambos comentarios son invisibles para el cliente mientras que son visibles para los programadores y sus compañeros. puede seguir el sencillo paso a continuación para cargar su archivo:

Etapa 1: Localice la parte/ubicación del archivo

En primer lugar, debe localizar la ruta de acceso completa en la que se almacena el archivo CSV. desde mi extremo, el archivo CSV se almacena a menudo en lo siguiente:

C:'Usuarios'''Descargar'**Ganancias**.csv

Tendrás que modificar el tuyo usando las siguientes directrices

- El nombre del archivo (como negrita). Puede utilizar un nombre de archivo independiente. Sin embargo, asegúrese de que el nombre elegido o especificado coincida exactamente con el nombre real del archivo que se va a exportar

- Su extensión de archivo, que es el acrónimo después del nombre de archivo anterior. Tenga en cuenta que la extensión de archivo siempre debe ser 'CSV' al importar el archivo CSV.

Etapa 2: Ajuste en su código Python

Puede copiar o escribir el código especificado a continuación mientras cambia los campos obligatorios de su ruta de acceso

507

Importa pandas como 'pd.'

df á pd.read_csv (r'C:'Usuarios'Ron'Desktop'Clients.csv') #read el archivo CSV (ponga 'r' antes de la cadena de ruta de acceso para dirigir cualquier carácter especial en la ruta de acceso, como ").

No se olvide de poner el nombre del archivo al final de la ruta + ". CSV"

impresión (df)

Etapa 3: Por último, puede ejecutar el código para importar el archivo

Además, puede realizar diferentes estadísticas o análisis utilizando el archivo CSV importado. Supongamos que queremos calcular las estadísticas utilizando el archivo CSV importado

- beneficio medio

- Agregado de beneficios

- beneficio máximo

- beneficio mínimo

- recuento de beneficios

- beneficio medio

Podemos hacerlo fácilmente con el siguiente código de paso:

Importar pandas como pd

df á pd.read_csv (r'C:'Usuarios'Ron'Desktop'stats.csv')

• Bloque 1 - estadísticas simples
mean1 á df['profit'].mean()
sum1 á df['profit'].sum()
max1 á df['profit'].max()
min1 á df['profit'].min()
count1 á df['profit'].count()
median1 á df['profit'].median())
• Imprimir
impresión ('Beneficio medio: ' + str(mean1))
impresión ('Suma de beneficio: ' + str(sum1))
impresión ('Beneficio máximo: ' + str(max1))
impresión ('Beneficio mínimo: ' + str(min1))
impresión ('Recuento de beneficios: ' + str(count1))
impresión ('Beneficio medio: ' + str(medianan1))

Después de ejecutar correctamente el código especificado, puede obtener fácilmente el resultado deseado, al tiempo que realiza deducciones significativas con el efecto generado. Nunca pensaste que sería tan fácil, ¿eh? Bueno, aquí tienes; puede empezar a hacer inferencias estadísticas.

Capítulo Diez

Una Guía Rápida Para
Aprender R Para Empresas

¿Por qué aprender R de código abierto?R es un sistema de software estadístico libre de código abierto que ha sido ampliamente adoptado en la última década a lo largo del campo de la ciencia de datos. Al igual que Python, es común entre la mayoría de los científicos de datos. Sin embargo, hay algunas disputas interminables entre los estilos de ciencia de datos sobre qué lenguaje de programación es el más adecuado para la ciencia de datos. Los profesionales que favorecen a R generalmente lo hacen debido a sus funciones avanzadas de programación estadística y visualización de datos, capacidades que en Python simplemente no se pueden replicar. Específicamente, cuando se trata de profesionales de ciencia de datos, la base de usuarios de R es más significativa que la de Python.

¿Por qué aprender R de código abierto?

Realmente no creo que tenga una razón fuera de la caja de todos modos. Suena gracioso, ¿eh? Pero hablando por mi propia experiencia, con respecto a cómo empecé como científico de datos, fue una experiencia divertida pero memorable. Nunca tuve conocimientos previos de informática. Pero entonces, me di cuenta de que para convertirse en un gurú de la ciencia de datos, uno tiene que obtener conocimientos esenciales sobre R o Python, y en algunos casos, ambos. Y como principiante, supongo que fui por R en lugar de Python, y durante este proceso, disfruté de los siguientes beneficios:

• Sin cargos por suscripción

- Los procedimientos de programación son un poco más fáciles que algunos otros lenguajes de programación

- Fácil acceso a más de 7000 paquetes adaptados a diferentes tareas informáticas.

- El apoyo de la comunidad de R de código abierto es enorme. Los usuarios de R de código abierto siempre están dispuestos a ayudarle.

- Y sobre todo, puede acceder fácilmente a una experiencia informática eficaz, incluidas estrategias y técnicas analíticas, que es una de las habilidades más buscadas que son necesarias para impulsar el crecimiento del negocio.

Lista de empresas que utilizan R para procesos de negocio y crecimiento

- **Twitter**: utiliza R para mostrar y supervisar la experiencia del usuario

- **Ford:** análisis de redes sociales que ha ayudado a apoyar las decisiones de diseño de sus coches New York Times Infographics, periodismo de datos

- **Microsoft:** Lanzamiento de Microsoft R Open, distribución R mejorada y servidor Microsoft R tras la adquisición de Revolution Analytics en 2015

- **Grupo de Análisis de Datos de Derechos Humanos**: Medir el impacto de la guerra con la ayuda de R de código abierto

- **Google:** crearon la guía de estilo R para la comunidad de usuarios insidiosas de Google

Explorar los conceptos básicos

R no es tan fácil de aprender como Python, pero para algunas formas de análisis estadístico avanzado, puede ser más eficiente. Aunque la curva de aprendizaje de R es algo más empinada que la de Python, el lenguaje de programación sigue siendo relativamente sencillo. Todo lo que necesita hacer es aprender el vocabulario básico utilizado para explicar el idioma cuidadosamente, y no debería ser demasiado difícil entender cómo funciona el software después de dominarlo.

R es un lenguaje orientado a objetos; esto significa igualmente que las diferentes partes que componen el idioma pertenecen a clases — cada clase con su definición y función específica. Un ejemplo particular de una clase se conoce como instancia de esa clase y, por lo tanto, hereda las características de la clase. Las clases son polimórficas, lo que significa que las subclases de una clase pueden tener su propio conjunto de comportamientos únicos, pero comparten parte de la misma funcionalidad de la clase primaria. Para explicar esto mejor, echemos un vistazo rápido a la función de impresión de la R — imprimir ( ). Dado que la función es polimórfica y depende de la clase del objeto que se va a imprimir, la función puede funcionar de forma diferente.

Por lo tanto, en muchos casos, esta función y muchos otros realizan el mismo trabajo general, pero difieren ligeramente por clase.

Generalmente, a menudo se sabe que R trabaja con los siguientes objetos

- **Matriz**: matriz se puede definir simplemente como una matriz de un vector. Una matriz puede ser de cualquier tipo (numérico, carácter o booleano), pero de cualquier manera, toda la matriz debe ser del mismo tipo. La característica de una matriz es su número de dimensiones. A diferencia de un vector, una matriz solo tiene dos dimensiones: número de fila y número de columna.

- **Vector:** un vector es una lista ordenada del mismo tipo: carácter alfanumérico, numérico o booleano. Los vectores pueden tener una variedad de dimensiones. Por ejemplo, el vector A -["T", "box", "ref"] es un vector tridimensional de tipo carácter. El b -5, 2.1,-8, 13] es un vector bidimensional de tipo computacional. Para identificar elementos específicos de estos vectores, los siguientes códigos podrían introducirse en modo interactivo en la solicitud para que R produzca los siguientes retornos: A[[1]] "T" o A[2] "box" o A[3] " ref". el mismo proceso también se puede utilizar para identificar elementos específicos en el vector B

- **Listas:** Una lista es una lista de tipos de elementos arbitrarios, incluidas otras listas o vectores. Las listas se conocen a menudo como vectores genéricos, ya que algunas de las mismas operaciones vectoriales también se pueden realizar en listas.

- **Marcos de datos: un marco de datos es una categoría de recopilación que es idéntica a una tabla de base de datos.** Generalmente, un marco de datos es una matriz o una lista de vectores, específicamente aquellos que son de la misma longitud. La información de un registro individual se almacena en una fila de tabla, pero lo más probable es que los elementos de la fila no sean del mismo estilo. Sin embargo, todos los elementos de una sola columna son todos de los mismos estilos. Los marcos de datos también se estructuran de esta misma manera, de modo que cada índice posible corresponde a una fila de estos vectores, mientras que cada vector de un marco de datos corresponde a una columna de una tabla de datos.

Hay dos formas de acceder a vectores, matrices y listas de elementos en R. Los corchetes únicos [] se utilizan normalmente para dar una matriz vectorial, o lista (respectivamente), como parte de los elementos indexados. Por el contrario, los corchetes dobles [[]] proporcionan un único elemento. Los usuarios de R no están de acuerdo con el uso correcto de [] y [[]] para la indexación. En términos generales, el corchete doble ([]]) tiene varias ventajas: si se introduce un índice que está fuera del límite, por ejemplo, devuelve un mensaje de error. Sin embargo, si desea especificar más de un elemento de un vector, matriz o lista, utiliza un solo corchete ([]). Ahora que tienes el conocimiento fundamental del vocabulario básico de R, vamos a hacer un ritmo rápido en el trato principal.

Cómo instalar el estudio R

La versión anterior de R se puede descargar e instalar. Pero le insto a empezar con RStudio. Ofrece una experiencia mucho mejor de codificación. Para los usuarios de Windows, Windows Vista y versiones posteriores de R Studio están disponibles. Siga los pasos siguientes para instalar R Studio:

- Vaya a https:/www.rstudio.com/products/rstudio/download/ Seleccione y haga clic en el instalador de R Studio en función de su sistema operativo en la sección Installers for Supported Platforms.' Deberías comenzar a descargarlo tan pronto como hagas clic.

- Haga clic en Siguiente>Completar.

- Descargar Completo.

- Haga clic en el icono del escritorio o utilice ' ventanas de búsqueda' para acceder al programa para iniciar R Studio.

- **Script R**: Puede escribir códigos aquí, como su nombre indica. Simplemente seleccione las líneas de código para ejecutar esos códigos y presione Ctrl+Intro. Alternativamente, en la esquina superior derecha de R Script, puede hacer clic en la pequeña ubicación del botón Ejecutar.

- **Entorno R**: Este espacio muestra el conjunto añadido de elementos externos. Esto incluye un conjunto de datos, variables, vectores, etc. Además, mire esta área para comprobar si los datos se han cargado correctamente en R.

- **Consola de R:** esta área muestra la salida de código que está ejecutando. También puede escribir códigos directamente en la consola. Es imposible rastrear el código introducido directamente en la consola de R más adelante. Aquí es donde puede utilizar el script R.

- **Salida gráfica**: Los gráficos creados durante el análisis de datos exploratorios se muestran en este espacio. Puede elegir paquetes, no sólo gráficos, sino buscar soporte con la documentación oficial de R incrustado.

Estructuras de control en el lenguaje de programación R

Como su nombre indica, la estructura de control 'controla' los flujos de código/comando dentro de una función. Una función es un grupo de varios comandos utilizados para automatizar una tarea de programación repetitiva.

516

Por ejemplo, tiene diez conjuntos de datos. Es posible que necesite encontrar el promedio de la columna; «ingresos» en un grupo de datos determinado. Esto se suele hacer de dos maneras: o bien se escribe el código diez veces para calcular o se crea una función, esencialmente para la necesidad de satisfacer.

Voy a explicar algunas de las estructuras de control en R en lo siguiente:

Si, si no: Para probar una condición, se utiliza esta estructura.

Para: Esto se utiliza cuando un número determinado de veces se va a ejecutar en un bucle. Normalmente recorre en iteración los elementos de un objeto (lista, vector).

Mientras: Comienza llevando a cabo ensayos con una condición y sólo se ejecuta si se encuentra que la condición es verdadera. La condición se volverá a comprobar una vez que se ejecute el bucle. Por lo tanto, la condición debe cambiarse para que el bucle no continúe progresivamente. Existen otras estructuras de control, pero no se utilizan comúnmente como las que hemos explicado anteriormente. Estas estructuras son:

- **Break**: se utiliza para romper la implementación de un bucle

- **Siguiente**: le da al usuario un fácil acceso para omitir la iteración.

- **Repetir**: realiza un bucle infinito

- **Return:** ayuda al usuario a finalizar una función.

Si encuentras las estructuras de control difíciles de entender, no te preocupes. Para complementar el trabajo realizado por las estructuras de control, R es compatible con varios paquetes, por lo que no tiene nada de qué preocuparse

Paquetes de R funcionales para ayudarle a empezar

En esta sección, voy a cubrir algunos paquetes significativos y potentes en el modelado predictivo de los paquetes de 7800 paquetes enumerados en CRAN. Esto incluye:

1. **Paquetes de importación de datos**: R proporciona variedades de paquetes que se pueden utilizar para importar conjuntos de datos de varios formatos; algunos de estos formatos pueden venir en forma de txt., SQL, etc. Al importar archivos grandes para uso urgente, le recomiendo que instale cualquiera de los siguientes paquetes como readt, jsonlite, data. table, etc.

2. **Paquetes de visualización de datos:** R también ha desarrollado comandos para trazar gráficos. Son buenos creando gráficos básicos. Pero cuando es necesario para visualizaciones avanzadas, se vuelve complicado. Sin embargo, para crear gráficos avanzados, debe considerar la instalación de ggplot2.

3. **Paquetes de manipulación de datos:** R tiene un conjunto de herramientas de manipulación de datos alto. Estos paquetes le permiten llevar a cabo cálculos fundamentales y complejos rápidamente utilizando plyr, dplyr, lubridate, lubridate, stringr son los conjuntos más utilizados.

4. **Paquetes de modelado /aprendizaje automático:** el paquete Caret, por ejemplo, es una potente herramienta de modelado que se puede utilizar para crear un modelo para el lenguaje de aprendizaje automático. Puede caber en otros algoritmos de paquetes como rpart, gbm, bosque aleatorio, etc.

Análisis de negocio mediante el análisis de datos exploratorios en R

Vamos a echar un vistazo rápido a varios aspectos y pasos de modelado predictivo utilizando R. Aunque hemos realizado muchos estudios sobre análisis predictivo, esta sección cubre las finales sobre análisis predictivo, así que asegúrate de seguirnos mientras te guiamos por lo esencial.

La exploración de datos es una etapa esencial de cada modelo predictivo. Hasta que aprenda a explorar los conjuntos de datos de principio a fin, no podrá crear modelos excelentes y prácticos. Esta etapa sirve como base para otros procesos esenciales de análisis empresarial, como la manipulación de datos. Por lo tanto, debe estar familiarizado con los siguientes términos:

- **Variable dependiente o de respuesta:** en cada conjunto de datos determinado, la variable dependiente (y) es la variable que predecimos.

- **Variable independiente o predictora:** la variable independiente es simplemente el inverso de una variable dependiente. Se utilizan para realizar posibles predicciones en la variable dependiente. Por lo tanto, podemos decir que la variable dependiente depende de la variable predictora para pronosticar los resultados.

- **Datos del tren:** los datos del tren se utilizan a menudo en un modelo predictivo. Se pueden identificar fácilmente utilizando la variable de respuesta; en otras palabras, los datos del tren contienen una variable de respuesta.

- **Datos de prueba:** Los datos de prueba, por otro lado, se utilizan comúnmente para verificar la precisión del modelo (predictivo) desarrollado. Estos datos siempre incluyen menos observaciones que el conjunto de datos del tren y apenas incluye la variable de respuesta.

- Ahora que hemos sido capaces de explorar los conceptos básicos y algunos de los conceptos más comunes utilizados con frecuencia en la programación de R, supongo que es el momento de centrarse en cómo R puede ser útil para las tareas más comunes en el flujo de trabajo de análisis de datos.

Importación de sus datos

Primero debe obtener sus datos en R antes de empezar a analizar. Lo bueno es que todo tipo de formatos de datos se pueden importar en R, la parte difícil es que los diferentes tipos a menudo necesitan un enfoque diferente

- Archivos planos: Puede importar archivos planos desde el paquete utils preinstalado con funciones como read.table) (y read.csv). Los paquetes R específicos para importar datos de archivo plano son el léaxo y el fread del paquete data.table) (función.

- Con el paquete readxl, el paquete gdata y el paquete XLConnect, puede obtener sus archivos de Excel en R. (Leer más sobre la importación de archivos de Excel a R)

- La conexión a una base de datos se produce con paquetes únicos como RMySQL, RpostgreSQL y ROracle. Se accede a la base de datos y se manipula a través de DBI.

- El kit de haven le ayuda a importar archivos de datos de SAS, STATA y SPSS en R. Puede importar formatos como Systat y Weka a través del paquete externo.

Manipulación de sus datos

Realizar la manipulación de datos con R es un tema amplio; sin embargo, la siguiente es una lista de paquetes en R que debe dominar al realizar la manipulación de datos:

- El paquete de ordenantes: el objetivo principal del paquete de ordenantes es ayudarle a crear un dato ordenado. Un dato ordenado, por otro lado, es un dato donde cada variable está en una columna, cada observación está en una fila y cada valor de datos es una celda.

- Los datos definen una forma estándar de almacenar conjuntos de datos que se han utilizado en todo el archivo. Una vez que sus datos están ordenados, pasa menos tiempo luchando contra algoritmos, mientras que le da la flexibilidad y el tiempo necesarios para trabajar en su análisis.

- El paquete stringr: Las cadenas son los menos glamurosos entre todos los componentes de R, pero en muchas tareas de limpieza y preparación de datos, desempeñan un papel importante. El paquete stringr proporciona un conjunto coherente de funciones diseñadas para facilitar el trabajo con cadenas de la forma más fácil posible. Si no está familiarizado con las cadenas, le recomiendo encarecidamente que se tome el tiempo para explorar los conceptos básicos. Stringr se basa en stringi, que a menudo hace uso de la biblioteca DeC para implementar rápida y correctamente manipulaciones de cadenas conjuntas. Los paquetes Stringr se centran en las características de manipulación de cadenas más importantes y ampliamente utilizadas, mientras que stringi ofrece un conjunto completo que cubre casi todo lo que puedas imaginar. Intente buscar en stringi si nota que stringr carece de una función que necesita.

Esto se debe a que ambos paquetes comparten convenciones similares, por lo que debe encontrar stringi relativamente fácil de usar una vez que haya dominado cómo hacer uso de stringr.

- **Paquete dplyr**: el paquete dplyr hace que la manipulación de datos sea mucho más sencilla y accesible. Proporciona herramientas sencillas para las tareas de manipulación de datos más utilizadas. Por ejemplo, cuando se utilizan marcos de datos como objetos, es mejor familiarizarse con el paquete 'dplyr'. Sin embargo, en el caso de tareas masivas de agregación de datos, es posible que deba probar otros paquetes como data.table package

- **Paquete lubridate:** Cuando trabaje con horas y fechas, instale un paquete de lubridato que haga que sea un poco más fácil trabajar con ella.

- Algunos paquetes de R como quantmod proporcionan un excelente soporte para el análisis de series temporales en R.

Visualización y análisis de datos con R

Los paquetes R robustos pueden ayudarle a hacer cosas como predecir, analizar multivariantes y analizar factores. Rápidamente presento en esta sección una visión general de algunos de los paquetes de visualización de datos populares que son útiles para este tipo de trabajo.

Los paquetes predictivos de R constan de diferentes variables predictivas. Para el análisis de series temporales univariadas, puede optar por utilizar ARIMA para dicho análisis. O tal vez quieras usar R para gestionar la calidad. El paquete QCC de R (qcc) se puede utilizar para el control de calidad y el control estadístico del proceso.

En la práctica de la ciencia de datos, es probable que se beneficie de prácticamente cualquier kit que se especialice en análisis multivariante. Si desea ejecutar la regresión logística, puede utilizar el modelo logit multinomial de R. Este modelo utiliza observaciones de clase conocidas para "entrenar" el algoritmo y definir grupos de otras observaciones cuyas clases son desconocidas.

Puede utilizar el análisis de factores si desea utilizar R para tomar datos indiferenciados e identificar cuáles de sus factores son esenciales para un propósito determinado. Para ilustrar el concepto fundamental del análisis de factores de una mejor manera, Imagine que posee un restaurante. Desea hacer todo lo posible para asegurarse de que su calificación de satisfacción del cliente sea lo más alta posible, ¿verdad? La verdad es que el análisis de factores puede ayudarle a determinar qué variables exactas tienen el impacto más significativo en las calificaciones de satisfacción del cliente, lo que podría fusionarse en factores de ambiente generales, diseño de restaurantes y apariencia/actitud/conocimiento de los empleados. Puede trabajar eficientemente con esta información para mejorar estas variables para aumentar la satisfacción del cliente y, con ello, la lealtad de la marca. Pocas personas ingresan manualmente los datos en R. Los datos se descargan de Microsoft Excel o de una base de datos relacional con más frecuencia que no. Los paquetes de controladores están disponibles para importar datos de diferentes tipos de bases de datos relacionales, incluidos RSQLite, RPostgreSQL, RMySQL y RODBC, y paquetes para muchos otros RDBMS. Uno de los atributos fiables de R es cómo proporciona a los usuarios la capacidad de producir ilustraciones gráficas de visualizaciones de datos de calidad de publicación o incluso que pueden ayudarle a comprender sus datos. El kit ggplot2 le ofrece diferentes opciones para ver los datos. Por lo tanto, si está buscando una manera eficiente y fácil de producir visualizaciones de datos concisas que se pueden utilizar para comunicar información útil con los conjuntos de datos, no busque más allá del paquete de visualización de datos ggplot2 para R.

Este paquete ha sido diseñado para ayudarle a crear todo tipo de visualización de R, incluyendo gráficos dispersos, gráficos e histogramas y varios gráficos para la densidad. También ofrece una amplia gama de diseños. Ggplot2 es útil si desea mostrar datos; sin embargo, si vas a hacer narración de datos o arte de datos, probablemente no sea la mejor opción.

Análisis y mapeo de patrones de puntos espaciales con estadísticas de escupidos

Los datos espaciales se pueden utilizar para crear flujos de trabajo de limpieza de datos automatizados que convierten formatos de datos en varios conjuntos de datos grandes. Puede utilizar el paquete de estadísticas spat para analizar datos espaciales en R. Normalmente, este paquete se utiliza para analizar datos de patrón de puntos. Aún así, también se puede utilizar para analizar patrones de línea, píxeles y datos de red lineales. De forma predeterminada, puede usar el paquete para admitir sus análisis con conjuntos de datos geográficos, ecológicos y medioambientales. La estadística Spat le ayudará a imaginar un cambio espaciotemporal en una o más variables a lo largo del tiempo con sus capacidades de análisis de patrón de punto de espacio-tiempo.

El paquete también viene con capacidades para gráficos tridimensionales. Dado que spat stat es un kit de análisis de datos geográficos, es ampliamente utilizado en ecología, geociencias y botánica, o estudios ambientales. Sin embargo, la mayoría de las organizaciones lo han empleado con éxito en el pasado para estudios basados en la ubicación relacionados con la industria, la logística, las ventas, etc.

Capítulo Once

SQL en Ciencia de Datos

SQL, o lenguaje de consulta estructurado, es un estándar que se usa para crear, mantener y proteger bases de datos relacionales. Es un conjunto de reglas que se pueden usar para consultar, actualizar, modificar, agregar o quitar datos de bases de datos grandes y complejas de forma rápida y eficiente. Para hacer estas cosas, utilice SQL en lugar de usar Python o Excel, ya que SQL es la forma más fácil y rápida de realizar el trabajo. Proporciona un conjunto muy simple de comandos principales y métodos que son difíciles de estropear mientras se realizan estas tareas. En este capítulo, le presentaré algunos conceptos básicos de SQL y le explicaré cómo usar SQL para realizar tareas esenciales como consultar, ordenar e incluso estructuras de datos de minas de texto, lo que puede mejorar sus operaciones empresariales diarias. Pero antes de ir más lejos, debemos hacer una breve explicación de qué base de datos se trata.

Base de datos explicada

Una base de datos es una colección de información, en su idioma más simple, se conoce comúnmente como datos almacenados en un servidor. Los datos están organizados de tal manera que el usuario final puede recuperar, administrar y editar fácilmente los datos de manera significativa. Estos datos podrían ser sencillos, por ejemplo, información personal sobre clientes o clientes. También podría ser inventario, pedidos, llamadas o cualquier cosa que alguien necesite para realizar un seguimiento. Depende del usuario determinar qué datos deben agregarse y el formato que se va a utilizar.

Cuando se utiliza una base de datos, los datos no se almacenan en el disco duro del equipo, sino que se almacenan en algún lugar de la nube en un servidor. Las llamadas/consultas se realizan mediante un sistema de administración de bases de datos (DBMS) para recuperar la información. Esta parte se conoce comúnmente como el back-end. Los desarrolladores web crean un sitio web y aplicaciones de base de datos fáciles de usar para mostrar los datos de una manera significativa al usuario. Esta parte se conoce como el front-end. Aunque hay muchos otros modelos para bases de datos, como modelos jerárquicos y de red, el modelo de base de datos relacional es el más común entre todos. El modelo de base de datos relacional se desarrolló a principios de la década de 1970, y hasta el día de hoy, sigue siendo el modelo más común. Los datos se almacenan en relaciones, tomando la forma de tablas de columnas (campos) y filas (registros/elementos). El usuario debe utilizar un sistema de administración de bases de datos relacionales (RDBMS) para acceder y comunicarse con los datos contenidos en una base de datos relacional. SQL (Structured Query Language) es el lenguaje más común utilizado para consultar y administrar bases de datos relacionales.

Introducción a SQL

Aunque puede usar SQL para trabajar con datos estructurados que residen en sistemas de administración de bases de datos relacionales, no puede usar SQL estándar como solución de control de big data. Esto se debe a que el manejo de big data mediante la tecnología de base de datos relacional es una tarea ardua.

Aunque el lenguaje de consulta estructural de nombre sugiere que SQL es un lenguaje de programación, por favor no se deje llevar por el momento SQL no es un lenguaje de programación como python o R de código abierto.

Como alternativa, es un lenguaje de comandos y sintaxis que solo puede usar para crear, administrar y buscar sistemas de bases de datos relacionales. SQL admite algunos formularios de programación principales, como condicionales y bucles. Aún así, para hacer algo más complicado, tendría que importar los resultados de la consulta SQL en otro marco de programación y, a continuación, hacer lo necesario. SQL se ha vuelto tan inmensamente influyente en el campo de los datos, y los usuarios apasionados a menudo se encuentran debatiendo sobre si SQL debe pronunciarse "ess-queue-el" o "sequel". La mayoría de los usuarios que he conocido en el pasado a menudo se inclinan hacia este último.

Una de las características fundamentales de SQL es que puede usarlo solo en datos estructurados que se encuentra en una base de datos relacional. Con una entrada mínima del usuario, los sistemas de gestión de bases de datos SQL (DBMS) optimizan su estructura, lo que permite un rendimiento operativo ultrarrápido.

Aunque los DBMS de SQL son conocidos por sus capacidades de consulta organizadas rápidamente en la base de datos, esta velocidad y eficacia dependen en gran medida de la indexación adecuada. Una buena indexación en SQL es vital para una rápida recuperación de datos. Sin embargo, un índice en este contexto es una tabla de búsqueda creada para indizar datos en las tablas de una base de datos. De forma similar a cómo cumplen, agregan e ignoran diferentes partes del estándar HTML de diferentes maneras, las reglas SQL se interpretan de manera ligeramente diferente, dependiendo de si está trabajando con software de proveedor comercial o de código abierto. Debido a que no todas las soluciones SQL son iguales, aprender sobre las ventajas y desventajas de algunas de las soluciones SQL más comunes en el mercado es una buena idea. Estas son las tres implementaciones SQL de código abierto más populares de los científicos de datos:

- **SQLite:** Este software es mucho más restringido que otras implementaciones de SQL, especialmente cuando se trata de administración de usuarios y personalización de mejora del rendimiento, pero es un gran lugar para empezar cuando aprende SQL por primera vez.

- **MySQL:** MySQL es de lejos la versión de código abierto más conocida de SQL. Proporciona una variante completa y confiable de SQL, y se han utilizado mucho en los backends de varios sitios web.

- **PostgreSQL**: Este software añade elementos orientados a objetos al lenguaje relacional de SQL, lo que lo convierte en una alternativa popular para los programadores que desean integrar objetos SQL en el modelo de objetos de su plataforma.

El aspecto más significativo de las bases de datos relacionales, como se puede adivinar por el nombre, es que son relacionales: se componen de tablas relacionadas. Imagine una hoja de cálculo de Excel con filas, columnas y relaciones predefinidas entre columnas compartidas para ilustrar la idea de una base de datos relacional. Ahora, imagine tener un libro de Excel con muchas hojas de trabajo (tablas), y en una o más hojas de trabajo, cada hoja tiene una columna con el mismo nombre que una columna. Puesto que estas hojas de cálculo tienen una relación compartida, puede usar esa relación compartida en todas las hojas de cálculo relevantes si usa SQL.

La clave principal de una tabla es una columna de valores que identifican de forma única cada fila dentro de esa tabla. Un buen ejemplo de claves principales son los números de identificación de empleado para una tabla de empleados. Una clave externa es una columna de una tabla que coincide con la clave principal de otra y se utiliza para vincular tablas.

Manteniendo el enfoque en los términos, tenga en cuenta que la ciencia de la base de datos adecuada también asigna diferentes significados a palabras específicas, como se puede ver en esta lista

- Columnas, denominadas campos, claves y atributos

- Filas, llamadas registros

- Células, llamadas valores

La ciencia de la base de datos utiliza muchos sinónimos. Trato de seguir usando las palabras columna, fila y celda, en aras de la simplicidad. Y dado que la clave principal y las claves externas son palabras comunes, las estoy usando para definir estos dos tipos diferentes de columnas.

La principal ventaja de utilizar los sistemas de administración de bases de datos relacionales (RDBMS, en resumen) es que son rápidos, tienen amplias capacidades de almacenamiento y manejo (en comparación con aplicaciones de hojas de cálculo como Excel) y son herramientas ideales para ayudarle a mantener la integridad de los datos: la consistencia y precisión de los datos en su base de datos. Puede usar SQL y un RDBMS si necesita realizar ajustes y actualizaciones rápidos y precisos en los conjuntos de datos.

Diseño de base de datos con SQL

Si desea asegurarse de que su base de datos será de utilidad para usted en un futuro previsible, debe invertir tiempo y recursos en un excelente diseño de base de datos. Si desea crear bases de datos que ofrezcan un rendimiento rápido y resultados sin errores, el diseño de la base de datos debe ser impecable o lo más manejable posible.

Al escribir los datos en una tabla de datos, considere primero cuidadosamente las tablas y columnas que desea incluir, los tipos de datos que esas tablas contendrán y las relaciones que desea crear entre esas tablas.

Cada hora que pasa organizando su base de datos y prediciendo necesidades futuras, puede ahorrar innumerables horas fuera de la carretera cuando su base de datos podría contener un millón de documentos. Las bases de datos mal planificadas pueden convertirse fácilmente en monstruosidades lentas y plagada de errores, evitarlas a toda costa.

Al diseñar las bases de datos, puede tener en cuenta estos tres conceptos (texto, numérico, fecha), ya que son esenciales para el diseño adecuado de la base de datos:

1. Tipos de datos

Una de las primeras cosas que debe hacer al construir una tabla de datos es identificar el formulario de datos para cada columna. Este tipo de datos se pueden clasificar a partir de cualquiera de las siguientes opciones:

- **Texto: si la columna va a contener valores de**texto, puede identificarla como un tipo de datos con una longitud fija o un tipo de longitud indeterminada de datos de texto.

- **Numérico:** puede clasificarlo como tipo de datos numéricos si la columna debe contener valores numéricos. Estos se pueden representar como flotantes o enteros.

- **Fecha:** si tiene un valor basado en fecha o hora en la columna, puede definirlo como un formulario de fecha o un tipo de fecha y hora de datos.

Los tipos de texto de datos son convenientes, pero son malos para las búsquedas. Si tiene la intención de consultar una columna, es mejor asignar una longitud fija a esa columna.

2. Restricciones

Una consideración esencial en el diseño de bases de datos son las restricciones correctamente diseñadas.

En el contexto de SQL, puede pensar en ellas como reglas que se utilizan para controlar el tipo de datos que se pueden colocar en una tabla. sin embargo, al intentar agregar restricciones, primero decida si cada columna puede contener un valor NULL. (NULL no es lo mismo que null o cero datos; implica una ausencia total de datos de celda.) Por ejemplo, si tiene una tabla de productos básicos que está vendiendo, ciertamente no desea aceptar un NULL en la columna Precio. Sin embargo, algunos productos pueden tener descripciones largas en la columna Descripción del producto, por lo que algunas de las celdas de esta columna pueden contener valores NULL. En cualquier tipo de datos, también puede restringir el tipo de valores de entrada que acepta la columna. Imagine que tiene un área de texto para el ID de empleado que debe contener valores que son precisamente dos letras seguidas de siete números, como ZQ1025670. Dado que no desea que la base de datos acepte un error, debe identificar cualquier forma de restricciones que permita que todos los valores especificados en las celdas de columna ID de empleado tengan exactamente dos letras y seguidos de siete números.

3. Normalización

Después de definir los tipos de datos y las restricciones, debe tratar con la normalización: estructurar la base de datos para que los cambios, adiciones o eliminaciones de los datos se realicen solo una vez y no den lugar a anomalías, datos incoherentes. Hay muchos grados y formas diferentes de normalización (al menos siete), pero para cada base de datos SQL agradable, estable y estructurada, las siguientes propiedades son inevitables.

- Claves principales: cada tabla tiene una clave principal, que es un valor único para cada fila de esa columna.

- No redundancia de columnas: no hay dos tablas con la misma columna a menos que sea la clave principal de una y la clave externa de otra.

- Sin dependencias múltiples: el valor de cada columna dependerá de una sola columna, cuyo valor no depende de ninguna otra columna. Por lo tanto, los valores calculados (valores como el total de una factura) deben llevarse a cabo sobre la marcha para cada consulta y no deben codificarse de forma rígida en la base de datos. Esto significa que los códigos postales deben almacenarse en una tabla independiente, ya que el código postal se basa en tres columnas: dirección, lugar y estado.

- Indices de columna: como puede recordar, un índice es una tabla de búsqueda en SQL que apunta a los datos de las tablas de base de datos. Si crea un índice de columna (un índice de una columna específica), se asigna un valor de clave único a cada registro de esa columna que se indiza en una tabla de búsqueda. La indexación de las columnas permite una recuperación más rápida de los datos de esa columna. Es una excelente idea crear un índice de columna o utilizarlo como criterio de búsqueda para búsquedas frecuentes. El índice de columnas ocupa memoria, pero aumenta enormemente la velocidad de tu misión. También es fácil de configurar. Simplemente dígale a su DBMS SQL que indexe una lista específica y, a continuación, el programa la configurará por usted. Si le preocupa que sus consultas sean lentas, primero asegúrese de que tiene todos los índices que necesita antes de realizar otros esfuerzos, tal vez más activos, para resolver problemas.

- Separación del tema: Otro aspecto del diseño correcto de la base de datos es que cada tabla solo debe especificar datos para un tema o tema. Esto no es necesariamente una teoría de la normalización per se, pero tiene como objetivo lograr un objetivo similar.

Comandos SQL utilizados con frecuencia para el trabajo de base de datos

Hay algunos comandos SQL de uso común a los que probablemente debería acostumbrarse, ya que son esenciales para cada trabajo de base de datos. Al tratar con bases de datos, un programador podría escribir comandos como:

- **Crear una base de datos**, utilizada para crear una base de datos

- **Crear tabla**, tal como su nombre indica, se pueden aplicar fácilmente al crear una nueva tabla

- **Seleccionar** — encontrar / extraer algunos datos de una base de datos determinada

- **Actualizar:** se puede utilizar al realizar ajustes y editar datos determinados

- **Delete** — para eliminar algunos datos.

Sin embargo, cuanto más complicada se vuelva una base de datos, más comandos necesitarás usar como programador. Estos comandos se utilizan para escribir consultas: consultas que le permiten ejecutar datos en bases de datos. En otras palabras, el sistema interpreta los comandos y los procesa cuando se introducen esos comandos en un sistema de base de datos. Por ejemplo, el resultado podría ser un nuevo registro en la base de datos o la creación de una nueva base de datos.

Usos de SQL en la industria y las empresas

Las bases de datos y, por lo tanto, SQL, en general, se utilizan comúnmente en el campo de la tecnología, más específicamente, en casi todas las áreas donde se trata de cantidades significativas de datos. Echemos un vistazo a algunas de las industrias que utilizan más comúnmente SQL.

1. **Plataformas de redes sociales:** Las plataformas de redes sociales implican una gran cantidad de procesamiento de datos. Las aplicaciones sociales como Instagram y Snapchat usan SQL para almacenar información de perfil de usuario, como la biografía y la ubicación. Actualiza la base de datos de la aplicación cuando un usuario crea una nueva publicación o comparte una foto y registra los mensajes enviados de un usuario a otro para que el usuario pueda recuperar mensajes para leerlos de nuevo más adelante.

2. **En el sector financiero**: el software bancario y los procesadores de pagos como Stripe almacenan y operan continuamente datos sobre transacciones financieras y usuarios. Hay una base de datos compleja detrás de estas operaciones. Además, los sistemas de bases de datos bancarias tienen especificaciones de seguridad adicionales que requieren el nivel más alto de aplicación de riesgos en el código SQL utilizado.

3. **Aplicaciones de música:** la mayoría de las aplicaciones de música como Spotify y Pandora también hacen un uso

intensivo de las bases de datos. Entre otras cosas, las bases de datos ayudan a estas aplicaciones a almacenar vastas bibliotecas de archivos de música y álbumes de diferentes artistas utilizan estos datos para encontrar lo que el usuario está buscando, guardar datos y preferencias del usuario, etc.

SQL se utiliza para administrar las bases de datos a su alrededor. Tales piezas de software ejecutan algunas formas de SQL desde las redes sociales en su teléfono a las aplicaciones en su dispositivo. Con tal aplicabilidad universal, se puede ver por qué este lenguaje de programación para la base de datos es una herramienta tan útil para tener dentro de la correa de herramientas de su desarrollador.

Capítulo Doce

Ciencia de Datos con Excel

Siempre me he maravillado con el inmenso poder de excel. Este programa no sólo es capaz de realizar los cálculos de datos necesarios, sino que también se puede utilizar para realizar el análisis de datos. Es ampliamente utilizado para varios propósitos, incluyendo modelado financiero y análisis de negocios. Puede convertirse en un buen paso adelante para la mayoría de los científicos de datos y propietarios de negocios que están en el análisis de datos del mundo.

Incluso es recomendable tener conocimientos de Excel antes de aprender R o Python. Agregar Excel a tus conjuntos de habilidades no duele. Excel, con su amplia gama de funciones, visualización, matrices, le permite generar información rápida a partir de datos que sería difícil de ver de otra manera. Explicaré en este capítulo cómo puede usar Microsoft Excel para llevar a cabo algunas tareas esenciales que son útiles en el campo de la ciencia de datos

Trabajar con Excel

Microsoft Excel es una de las herramientas más populares entre las estrategias, herramientas y técnicas de ciencia de datos. Aunque originalmente estaba destinado a actuar como una simple hoja de cálculo, ha sido testigo de varios cambios y avances desde el inicio.

Con esto, se ha convertido en la elección de las personas en las aplicaciones para el análisis de datos. Microsoft ha agregado más y más herramientas de análisis y visualización con cada versión en respuesta a las demandas de los usuarios. Cuando Excel avanza, también lo hace sus habilidades tanto en la munging de datos como en la tarea de ciencia de datos.

Las características de Excel 2013 eran herramientas de gráficos, tablas dinámicas y macros fáciles de usar. Más aún, ayuda a crear secuencias de comandos de Visual Basic, lo que le permite crear scripts necesarios para automatizar tareas repetibles. Los pros de usar Excel en ciencia de datos son enormes. Una de ellas es el hecho de que proporciona una forma rápida y fácil de acercarse y personalizar sus datos. Si desea capturar todos los puntos de datos de su conjunto de datos, puede hacerlo rápida y fácilmente con Excel. Muchos científicos de datos comienzan con Excel y, finalmente, agregan otros recursos y plataformas a medida que se encuentran presionando contra los límites de las tareas que Excel está diseñado para hacer. Además, incluso los mejores científicos de datos que tienen Excel en su cinturón de herramientas como una herramienta esencial. No puede usar Excel todos los días cuando trabaje en ciencia de datos, pero aprender a usarlo hará que su trabajo sea más fácil.

Excel ofrece varias soluciones analíticas a varios usuarios. La interfaz está bien compartimentada para evitar confundir a los nuevos usuarios mientras suministran a los usuarios avanzados con las características más avanzadas que necesitan. Le mostraré en las siguientes secciones cómo puede usar Excel para obtener la información que se conoce rápidamente. También estoy implementando tablas dinámicas y macros de Excel y mostrándole cómo usarlas para hacer que las actividades de limpieza y análisis de datos sean aún más accesibles.

Aprender sus conjuntos de datos a través de Excel

Cuando esté empezando con un nuevo conjunto de datos y necesite detectar patrones o tendencias lo más rápido posible, use Excel. Excel proporciona funcionalidad esencial precisamente para estos propósitos. Las principales características para un análisis de datos rápido y sucio son

1. **Filtros:** Los filtros son útiles al filtrar todos los registros que no están relacionados con el estudio. Puede utilizar estos filtros para tamificar datos irrelevantes fuera de la vista de datos mientras se limita la búsqueda de datos a solo los datos que son importantes para el análisis. Simplemente seleccione los datos y haga clic en el botón Ordenar y filtrar en la pestaña Inicio y luego seleccione Filtrar de las opciones que aparecen. Con la funcionalidad Filtro de Excel, puede ordenar o restringir la vista de forma rápida y eficaz solo a los subconjuntos de datos que más le interesen.

2. **Formato condicional**: esta técnica de Excel se utiliza para especificar las condiciones de Excel y los registros que cumplen el requisito. Esta función de Excel garantiza que los valores atípicos y patrones de los datasets tabulares se puedan detectar fácilmente. Imagínese después de una entrada de

datos donde las ventas totales de JT Group en febrero mostraron $528,127.50, pero se esperaba que fueran sólo $28,127.50. Usted no está muy seguro de dónde se encuentra el error, pero usted sabe que tiene que ser significativo porque las cifras parecen casi $500,000 de descuento. Para mostrar rápidamente este valor atípico, seleccione todos los registros en la columna Ventas totales y, a continuación, haga clic en el botón Formato condicional de la ficha Inicio de la cinta de opciones. Si el objetivo es encontrar tendencias en los datasets tabulares, puede hacerlo mediante la opción Escalas de color. Después de cambiar la cifra de Ventas totales del grupo JT a $20,818.77, seleccione todas las celdas de la columna Ventas totales y, a continuación, active la versión de Escalas de color del formato condicional.

3. **Gráficos**: Los gráficos se han utilizado durante mucho tiempo para la detección visual de valores atípicos y tendencias de datos, por lo que el gráfico es una parte integral de casi todos los análisis de ciencia de datos. La herramienta Gráficos de Excel le ayuda a reconocer valores atípicos y patrones en sus resultados visualmente. además, puede utilizar el gráfico de líneas de Excel para detectar tendencias en los conjuntos de datos visualmente

Generación de inferencias a partir de datos con una tabla dinámica

Siempre que trabaja con datos de la empresa, está buscando respuestas a preguntas como "¿Cuántos ingresos aportan las sucursales de la Región Norte?" O" ¿Cuál fue el número medio de clientes del producto A?" Y muchos otros.

La tabla dinámica de Excel le ayuda a responder esas preguntas sin esfuerzo. Una tabla dinámica es una tabla de resumen que le permite contar, promediar, calcular y realizar otros cálculos según la característica de referencia que ha elegido, es decir, transforma una tabla de datos en una tabla inferente que nos permite tomar decisiones.

Creación de una tabla dinámica con Excel

Paso-1: Haga clic en cualquier parte de la lista de datos. Seleccione la pestaña Insertar y, a continuación, haga clic en la tabla dinámica. Excel selecciona el área que contiene los datos automáticamente, incluidos los encabezados. Si el área no está seleccionada correctamente, arrástrela sobre el área para la selección manual. Es mejor colocar la tabla dinámica en una hoja nueva, así que haga clic en la ubicación Nueva hoja de trabajo y, a continuación, haga clic en Aceptar.

Paso-2: Ahora, puede ver el panel de la Lista de campos de tabla dinámica que contiene los campos de su lista; todo lo que necesita hacer es organizarlos en las cajas a los pies del panel. Una vez que haya hecho eso, su tabla dinámica se convierte en el diagrama de la izquierda.

Realización de tareas de Excel con macros

Dentro de Excel, las macros sirven como una serie de funciones y comandos para automatizar tareas. Utilice macros si desea ahorrar tiempo (y molestias) automatizando las tareas de Excel que repite de forma rutinaria.

Las macros son progresiones prescript elaboradas en VBAs, es decir, aplicaciones básicas visuales. Ellos (Macros) se pueden utilizar para reducir la cantidad de procesamiento manual que se necesita al trabajar con información de Excel. Se espera que active la pestaña Desarrollador de Excel desde el menú Opciones de la pestaña Archivo para acceder a macros. (Cuando el menú esté resaltado y abierto, seleccione Personalizar cinta de opciones en las opciones de la izquierda y, a continuación, haga clic en la casilla de verificación Desarrollador en la columna de la derecha.) Con la pestaña Desarrollador, puede grabar una macro, importar la creada por otra persona o codificar la suya propia en VBA.

Además, con macros de Excel, puede pedirle a Excel que le grabe una vez mientras está pasando por el proceso y, a continuación, agregue un comando de tecla a esa grabación para crear la macro. Cada vez que necesite replicar el mismo proceso en el futuro después de crear la macro, simplemente ejecute la macro presionando el comando central y el script ejecutará todos los pasos necesarios para usted.

De forma predeterminada, al grabar una macro, se graba en modo Absoluto. Si en su lugar, desea que la macro se documente en el modo Relativo, debe seleccionar la opción Usar referencias relativas antes de grabar la macro

- Absoluto: Después de empezar a grabar la macro, al ejecutar la macro en el futuro, cada acción y movimiento que realice se repite, y esas acciones o cambios no se realizan en ninguna referencia relativa a cualquier celda que estuviera activa cuando comenzó a grabar. Al igual que lo grabó, la rutina macro se repite.

- Relativo: las acciones y movimientos que realice se registrarán como vinculados a la celda que eligió cuando comenzó a grabar. En el futuro, cuando ejecute la macro, se ejecutará para compararla con la celda seleccionada, comportándose como si esa celda fuera la misma celda que seleccionó inicialmente al registrar la macro.

Tenga en cuenta que los comandos macro no entran en la pila Deshacer en Excel. Si utiliza una macro para modificar o eliminar datos, el cambio lo mantendrá pegado en una tarea.

Primero, revise sus macros y guarde sus hojas de trabajo antes de usarlas para que si algo sale mal, pueda volver al archivo guardado.

La mayoría de los usuarios de Excel cambian con frecuencia entre VBA y Excel para programar sus macros. Dado que VBA es un lenguaje de programación completo, las posibilidades de combinar Excel con VBA son prácticamente infinitas. Aún así, antes de hacer cambios, pregúntate si se espera que trabajes dentro de los límites de tu hoja de cálculo. Esto es particularmente esencial si vas a invertir tiempo en el aprendizaje de un lenguaje de programación. De lo contrario, podría considerar aprender un lenguaje relacionado con la informática científica, como R o Python. Estos lenguajes, que son de código abierto, tienen una sintaxis más fácil de usar y son mucho más flexibles y potentes.

Excel es sin duda uno de los mejores programas jamás hechos, y ha seguido siendo el estándar de oro para casi todas las empresas de todo el mundo. Pero ya seas un novato o un usuario avanzado, siempre queda algo por aprender. Hemos cubierto algunos de los métodos y estrategias avanzadas que a menudo utilizan la mayoría de las organizaciones para estimular su rendimiento empresarial. Así que si probablemente necesita más excavaciones para hacer en Excel, hay varios recursos en línea para ayudarle.

Capítulo Trece

KNIME Para Ciencia de
Datos y Análisis Avanzado

K NIME (la palabra K es silenciosa, de tal manera que se pronuncia n-m) es una plataforma de clasificación superior para el análisis de datos con amplias aplicaciones en diferentes industrias y diversas integraciones con algunos productos, como almacenamiento de conjuntos de datos (o base de datos), varios lenguajes de programación, marcos de aprendizaje automático y procedimientos de aprendizaje profundo.

La filosofía y el concepto de KNIME es ser visualmente inclusivos y "encajar" cualquier software y recursos de datos que se requieran para su análisis. Si no sabe cómo codificar, pero aún quiere experimentar las numerosas recompensas que el análisis predictivo personalizado tiene para ofrecer, este es el capítulo para usted. En este capítulo, vamos a estar atravesando algunos elementos esenciales de KNIME, y cómo se puede utilizar para realizar análisis predictivos en los negocios. Así que al final de este capítulo, apuesto a que serás capaz de predecir una venta organizacional sin siquiera escribir un fragmento de código. ¿Te preguntas si eso es posible? Vamos a trabajar en el proceso.

KNIME y sus capacidades

KNIME es un marco modular (o plataforma) para construir y ejecutar gráficamente flujos de trabajo y canalizaciones de análisis de datos a partir de componentes predefinidos (llamados "nodos"). Sin embargo, para el análisis avanzado, se pueden proporcionar características y funciones adicionales a través de algunas de las llamadas extensiones KNIME. En otras palabras, la plataforma ofrece a los usuarios la flexibilidad de generar y diseñar flujos de datos, implementar procedimientos analíticos esenciales visualmente y, al mismo tiempo, inspeccionar los modelos de resultados y las vistas.

Los flujos de trabajo de KNIME también han demostrado ser eficaces en la creación de plantillas de informe que se pueden exportar a diferentes tipos de formatos de documento, incluidos pdf, ppt y otros. Además de las funciones mencionadas anteriormente de KNIME, algunas otras funciones y atributos pueden incluir:

- KNIMES procesa grandes volúmenes de datos que solo están restringidos al espacio disponible en el disco duro (aunque no se limita a la RAM disponible).

- Tienen complementos adicionales que garantizan la integración adecuada de la minería de texto, la minería visual y, por supuesto, los métodos de análisis de series temporales.

- KNIME incorpora funciones esenciales de otros proyectos de código abierto como algoritmos de aprendizaje automático para un análisis de datos adecuado.

Uso de KNIME para análisis avanzados

Como se ha dicho anteriormente, KNIME se ha utilizado para varias funciones en el pasado. Sin embargo, para el propósito de este libro, nos centraremos en el uso de KNIME en la realización de análisis avanzados. Antes de empezar a inquietar de todos modos, la plataforma es bastante fácil de usar, por lo que puede acomodar cómodamente a los principiantes y gurús que están interesados y están en el negocio de la codificación. Por lo tanto, los principiantes y usuarios avanzados de KNIME pueden utilizar el análisis predictivo para lo siguiente:

- **Sentimentalización y Análisis de Red:** puede realizar el análisis necesario sobre sentimientos individuales e industriales dentro de sus redes sociales, ayudarle a reconocer qué áreas de su negocio están funcionando bien y las áreas vitales de su negocio que necesitan alguna investigación. Puede utilizar el análisis de opiniones para supervisar y detectar desde el principio sus tasas de satisfacción del cliente; esto le dará una idea de cómo satisfacer mejor a sus clientes mientras construye su lealtad de marca. KNIME ofrece un flujo de trabajo de redes sociales y un plug-in de procesamiento de texto que puede utilizar fácilmente con sus datos de redes sociales para predecir y monitorear fácilmente cómo los clientes y clientes potenciales se sienten acerca de su marca. Y al mismo tiempo proporcionar el análisis necesario para mantenerlo actualizado sobre cómo sus clientes y clientes se sienten acerca de su producto, su marca en general y su oferta.

- **Análisis de ventas adicionales y ventas cruzadas:** Desarrolle modelos de ventas cruzadas y ventas adicionales que le permitan aumentar las ventas proporcionando recomendaciones óptimas para otros artículos que probablemente también sean de interés para los clientes.

- **Predicción del uso de energía y auditoría:** se puede utilizar para realizar análisis de series temporales y construir modelos de regresión a partir de datos sobre el uso de energía. Ya no es noticia que la previsión y auditoría del uso de la energía sean esenciales para un análisis y planificación de energía adecuados. Dentro de esta herramienta, puede utilizar el análisis de tendencias y el modelado auto-regresivo para crear un modelo predictivo basado en datos históricos y tendencias de datos. En resumen, la plataforma KNIME proporciona predicción de uso de energía que se puede utilizar para hacer modelos predictivos para el consumo de energía.

- **Reducción de ventas de Churn:** extraiga los datos de los clientes para determinar qué clientes es más probable que pierda y por qué. KNIME se utiliza para reducir la tasa de agitación del cliente. Si desea utilizar KNIME para reducir la tasa de renovación de clientes, KNIME ofrece un flujo de trabajo de análisis de rotación fresco. Puede visitar el sitio web oficial de KNIME para acceder a una guía paso a paso sobre cómo se puede hacer esto. Sin embargo, exploraremos algunas directrices prácticas sobre cómo se puede hacer esto utilizando la plataforma KNIME.

Conclusión

La ciencia avanzada de datos y el análisis empresarial tienen una gran demanda en todas las organizaciones, con compensaciones y la capacidad de generar información empresarial que puede estimular el crecimiento en todas las áreas del negocio. Por lo tanto, la necesidad de mojarse los pies con métodos y estrategias avanzadas de ciencia de datos.

Todo el procedimiento de ciencia de datos incluye limpieza de datos, munging, lenguajes de programación, y de hecho, todo lo relacionado con los datos, dependiendo del tamaño de la organización, que hemos cubierto en este libro para ayudar a su ruta de aprendizaje menos extenuante. Idealmente, el método, las pautas y las estrategias de este libro pueden ayudarle rápidamente a comenzar con la ciencia de datos avanzada.

Así que aquí está la buena noticia, si usted ha leído este libro de principio a fin, usted seguro que estaría en la parte superior de su juego como un científico de datos avanzado. En particular, le llevamos a través de algunas directrices paso a paso sobre el procedimiento general de análisis de datos avanzados. El primer capítulo le llevó a través de la omnisciente de las oportunidades de datos, sólo para mantenerlo al tanto de las crecientes oportunidades de big data. Hemos ido un paso más allá para revisar los conceptos básicos en el capítulo 2, sólo para mantenerlo informado sobre los aspectos esenciales de la ciencia de datos.

También se daría cuenta de que nos tomamos tiempo para explicar los diversos aspectos de la analítica mientras nos centramos más en el análisis predictivo y el análisis prescriptivo. Esto se debe a que otros aspectos del análisis son solo una base para la ciencia avanzada de datos, mientras que los análisis predictivos y prescriptivos son el foco principal de este libro (Análisis avanzado). Otros capítulos del libro se centran en varios lenguajes de programación y método de visualización de datos que pueden ayudarle a convertirse en un gurú de la ciencia de datos.

Si tuviéramos que mirar hacia el futuro de la ciencia de datos, la tendencia y el avance tecnológico crecerían escandalosamente en prácticamente todos los aspectos de un negocio. Por lo tanto, le recomiendo que comience con algunas de las estrategias, herramientas y técnicas discutidas en este libro.

En resumen, la ciencia de datos es un campo fascinante. Las innovaciones y mejoras industriales que ha proporcionado a varias empresas son enormes. ¡Así que aquí nos convertimos en un gurú de la ciencia de datos con nuestras estrategias, métodos y técnicas avanzadas!

Referencias

Aamodt, A., & Plaza, E. (1994). Razonamiento basado en casos: cuestiones fundacionales, variaciones metodológicas y enfoques del sistema.

Adams, N. M., & Hand, D. J. (1999): Comparación de clasificadores cuando los costos de asignaciones erróneas son inciertos.

Aha, D. W. (Ed.). (1997). *Aprendizaje perezoso*. Kluwer Academic Publishers, Norwell, MA, EE.UU. Aha, D. W., Kibler, D., & Albert, M. K. (1991).

Aggarwal, C., & Yu, P. (2008). *Minería de datos con preservación de la privacidad: Modelos y algoritmos.*

Breiman, L., Friedman, J., Olshen, R., & Stone, C. (1984). *Arboles de clasificación y regresión.* Wadsworth International Group, Belmont, CA.

Brooks, D. (2013). Qué datos no pueden hacer. *New York Times,* 18 de febrero.

Brown, L., Gans, N., Mandelbaum, A., Sakov, A., Shen, H., Zeltyn, S., & Zhao, L. (2005). *Revista de la Asociación* Estadística Americana , *100*(469), 36-50.

Pocos, S. (2009) : Técnicas de*Visualización Simple para El Análisis Cuantitativo,* 1a edición. Analytics Press, Burlingame, CA, EE. UU.

Pocos, S. (2006) Diseño del panel de *información: La comunicación visual efectiva de los datos.* O'Reilly Media, Sebastopol, CA, Estados Unidos.

Pocos, S. (2015) *Señal: Entender lo que importa en un mundo de ruido.* Analytics Press, Burlingame, CA, EE. UU.

Taneja, R. (2013) Videojuegos: El mayor desafío de big data, http://conferences.oreilly.com/strata/strata2013/public/schedule/detail/27603.

New Zoo (2015) Top 25 empresas de juegos por ingresos, http://www.newzoo.com/free/rankings/top-25-companies-by-game-revenues/

www.ingramcontent.com/pod-product-compliance
Lightning Source LLC
LaVergne TN
LVHW022258060326
832902LV00020B/3149